Bohner
Ott
Deusch

Mathematik

für die Einführungsphase
Kerncurriculum Niedersachsen
Berufliches Gymnasium

Statistik und Analysis
Arbeitsheft

Merkur
Verlag Rinteln

Wirtschaftswissenschaftliche Bücherei für Schule und Praxis
Begründet von Handelsschul-Direktor Dipl.-Hdl. Friedrich Hutkap †

Verfasser:

Kurt Bohner

Lehrauftrag Mathematik am BS Wangen

Studium der Mathematik und Physik an der Universität Konstanz

Roland Ott

Studium der Mathematik an der Universität Tübingen

Ronald Deusch

Lehrauftrag Mathematik am BSZ Bietigheim-Bissingen

Studium der Mathematik an der Universität Tübingen

Umschlag: Kreis oben: Syda Productions - www.colourbox.de

* * * * * * * * *

1. Auflage 2018

Gesamtherstellung:

Merkur Verlag Rinteln Hutkap GmbH & Co. KG, 31735 Rinteln

E-Mail: info@merkur-verlag.de

lehrer-service@merkur-verlag.de

Internet: www.merkur-verlag.de

ISBN 978-3-8120-2695-6

Einleitung

Das Arbeitsheft dient zur Aufbereitung, Wiederholung und Festigung des im Schülerbuch behandelten Lernstoffs. Es soll parallel zum Schülerbuch verwendet werden.
Die begleitende Unterstützung durch die Lehrkraft ist gewünscht und sehr sinnvoll.

Das Arbeitsheft enthält ergänzende Aufgaben zur Wiederholung und ermöglicht eine Lernkontrolle in Eigenverantwortung. Das im Vergleich zum Schülerbuch veränderte Format und die Form der Darstellung wirken motivierend auf Schüler/innen.
Einige Aufgaben beinhalten fächerübergreifende Aspekte in Handlungssituationen.
Das Arbeitsheft hilft, das Erlernte zu festigen und damit eine gute Grundlage für die schriftliche Prüfung zu schaffen.

Inhaltsverzeichnis

0 Basiswissen

Terme und Gleichungen

1 Vereinfachen Sie den Term.

$x - 3x - 8(x + 1)$	$= x - 3x - 8x - 8 = -10x - 8$
$x + 5(x - y + 2) - 6x - 2y$	$=$
$7(x - 2) + 3(x - 5)$	$=$
$12x - 6(x - 1) + 12$	$=$
$2 \cdot 4a \cdot 3b + 5a \cdot 2b - 18ab$	$=$
$2(x^2 - x) + (x^2 - x - 3) \cdot (-5)$	$=$
$8a - 3x + 6a - (x + a) - 5(a - 2x)$	$=$

2 Multiplizieren Sie aus.

$2x(1 + 6y) + x(3 - 2y)$	$= 2x + 12xy + 3x - 2xy = 5x + 10xy$
$4(x + 2y - 3z) + 4$	$=$
$(x - 7)(x - 2)$	$=$
$\frac{1}{4}(x - 2)(x + 6)$	$=$
$4(x - 6y) - 8(x - 6y)$	$=$

3 Klammern Sie aus.

$24x + 16y - 12$	$= 4 \cdot 6x + 4 \cdot 4y - 4 \cdot 3 = 4(6x + 4y - 3)$
$4x + 8y - 12z$	$=$
$tx - 3tx + t$	$=$
$24a + 16ab - 12ac$	$=$
$4(x - 6y) - 8(x - 6y)$	$=$

4 Berechnen Sie ohne Hilfsmittel.

$1 - \frac{1}{7}$	$= \frac{7}{7} - \frac{1}{7} = \frac{6}{7}$	$-2 \cdot (-\frac{2}{9}) \cdot (-\frac{2}{5})$	$= \frac{4}{9} \cdot (-\frac{2}{5}) = -\frac{8}{45}$
$-\frac{2}{5} + \frac{6}{5}$	=	$\frac{1}{9} \cdot (-7)$	=
$-\frac{24}{5} - 5$	=	$-\frac{2}{5} \cdot \frac{5}{6}$	=
$\frac{2}{9} - 1 - \frac{5}{9}$	=	$-\frac{5+3}{4} \cdot (-4)$	=
$-\frac{(5+3)}{6} - \frac{4}{6}$	=	$\frac{9}{2} \cdot (-\frac{4}{9})$	=
$\frac{9-2}{-7}$	=	$(\frac{2}{3})^2 - \frac{4}{3} \cdot \frac{2}{3}$	=
$\frac{3}{2} - \frac{4}{5} - \frac{6}{4} - \frac{4}{5}$	=	$5 - \frac{7}{3} - \frac{1+3}{6}$	=
$-\frac{5+7}{12} + \frac{5-7}{12}$	=	$-\frac{1}{a} \cdot \frac{3}{5} + \frac{1}{a}$	=

5 Formulieren Sie einen Term für den Text.

Summe aus dem fünffachen einer Zahl und 13	
Subtrahiere von 46 das Doppelte einer Zahl	
Gesamtkosten aus: Fixkosten 20 €, Kosten pro Stück 0,75 €	

6 Wenden Sie eine binomische Formel an.

$(x+1)^2$	$= x^2 + 2x + 1$	$x^2 - 12x + 36$	$= (x-6)^2$
$x^2 + 8x + 16$	=	$(t-5)^2$	=
$(x-3)^2$	=	$(x-a)^2$	=
$4(x-6y)(x+6y)$	=	$(2x-1)^2$	=
$x^2 - x + \frac{1}{4}$	=	$x^2 + 20x + 100$	=

7 Ergänzen Sie den Term.

$(x + \_\_)^2 = x^2 + \_\_ \cdot 5x$ ______	$(x+5)^2 = x^2 + 2 \cdot 5x + 25$
$\frac{5}{4}a - \frac{3}{4}b = \frac{1}{4} \cdot (\_\_\_\_\_\_)$	$49 - 14a + a^2 = (\_\_\_\_\_\_) \cdot (\_\_\_\_\_\_)$
$(x - \_\_)^2 = x^2 - 2tx$ ______	$x^2 + 7x + 10 = (x \_\_\_)(x \_\_\_)$
$(x - \_\_ y)(x + \_\_ y) = x^2 \_\_ 4y^2$	$2x^2 - \ldots x = x(\_\_\_ - 5)$

8 Lösen Sie nach x bzw. t auf.

$A = \frac{1}{2}xy$	$U = 2(a + x)$	$V = \frac{G}{3} \cdot (5x)$	$v = a \cdot t + v_0$
$A = \frac{1}{2}xy \quad \vert : y$ $\frac{A}{y} = \frac{1}{2}x \quad \vert \cdot 2$ $x = \frac{2A}{y}$			

9 Stellen Sie als eine Potenz dar.

$12 \cdot 12 \cdot 12$	$= 12^3$	$4^6 \cdot 2^6$	$= (4 \cdot 2)^6 = 8^6$
$36 \cdot 6$	=	$9^3 \cdot 9^2$	=
144	=	$2^3 + 2^3$	=
$2^2 \cdot 8$	=	$2^4 - 2^3$	=
$(5 - 7) \cdot (5 - 7)$	=	$(9 - 2) \cdot 7^3$	=

10 Berechnen Sie.

$6^2 + 3^2 - 2^3$	$= 36 + 9 - 8 = 37$	$2^4 - 1$	$= 16 - 1 = 15$
$a^2 \cdot a$	=	$3^3 \cdot 2$	=
$x^4 - 4x^4 - 5x^4$	=	$4^3 \cdot 4^2$	=
$c^3 \cdot c^3 \cdot c^4$	=	$1^5 + 1^{18}$	=
10^5	=	$-(1 - 2)^{13}$	=

11 Vereinfachen Sie, wenn möglich.

$\sqrt{4} \cdot \sqrt{3}$	$= \sqrt{4 \cdot 3} = \sqrt{12}$	$(\sqrt{2t})^2$	$= 2t$
$3 \cdot \sqrt{6} - \sqrt{6}$	=	$(\sqrt{\frac{t}{2}})^4$	=
$\sqrt{2} \cdot \sqrt{18}$	=	$(\sqrt{5})^3$	=
$\sqrt{\frac{16}{9} + 6 \cdot \frac{8}{9}}$	=	$\sqrt{5}\,\sqrt{20}$	=
$\sqrt{-1}$	=	$\sqrt{t} + \sqrt{4t}$	=

12 Lösen Sie die Gleichungen.

$x = -3x - 8$	$x + 5 = 2 - 6x$	$7(x - 2) = 3(x - 5)$
$x = -3x - 8 \quad | +3x$ Sortieren: $4x = -8 \quad | :4$ $x = -2$		
$12x - 12(x + 1) + 12 = 0$	$\frac{1}{2}x - \frac{3}{2} = 1 - 2x$	$3(6x - 14) = 12x + 6(x - 3)$
$\frac{7}{2}x - 1 = -\frac{7}{3}x$	$\frac{3}{2}(6 - 3x) = 6 - 3x$	$x(2x - 1) = 1 + 2x^2 + 6x$
$4 - \frac{x}{5} - \frac{x}{3} = -1$	$\frac{2x}{3} - 4 = -\frac{5}{6}x - 1$	$t - 2x = \frac{3}{4}x + \frac{t}{3}$

13 Kreuzen Sie die richtige Lösung an.

$5(x - 3) = 0$	☐ 2	☐ 3	☐ 0
$x + 5 = 4 - x$	☐ −1	☐ −0,5	☐ −2
$7x - 3 = 3(x - 1)$	☐ 0	☐ −1	☐ 1
$\frac{1}{7}x - \frac{3}{7} = 0$	☐ $-\frac{3}{7}$	☐ $\frac{3}{7}$	☐ 3

Kopfübungen

Eine Kopfübung besteht aus 10 kleinen Aufgaben aus dem Basiswissen, die ohne Hilfsmittel in maximal 10 Minuten gelöst werden sollten.

Übung 1

Setzen Sie $x = 41$ in $-3 - 2(x - 2)$ ein.	
Wie viel cm sind $\frac{3}{4}$ m?	
Faktorisieren Sie $4x^2 - 8x$.	
Bestimmen Sie die Lösung von $4x - 1 = 13$.	
Zwei Lastwagen fahren den Schutt in 6 Stunden weg. Wie lange brauchen 3 Lastwagen?	
30 % von 200 €.	
$3^4 - 3^2$	
$0{,}05 \cdot 0{,}2$	
Mittelwert von 4, 6, 8 und 12.	
Multiplizieren Sie aus: $(a - 2b)^2$.	

Übung 2

Setzen Sie $x = -2$ in $-3 - 2x^2$ ein.	
Wie viel g sind $\frac{2}{3}$ von 96 kg?	
Faktorisieren Sie $x^2 - 2x + 1$.	
Bestimmen Sie die Lösung von $x^2 - 1 = 3$.	
Man halbiert die Fläche eines Quadrates viermal. Welcher Anteil der Gesamtfläche bleibt übrig?	
15 % von 120 €.	
$(9 - 2) \cdot (-7)$	
Schreiben Sie als Dezimalzahl: 10,5 %.	
Multiplizieren Sie aus: $(x - 4)(x - 1)$.	
Wie groß ist ein Innenwinkel im gleichseitigen Dreieck?	

Übung 3

Berechnen Sie das arithmetische Mittel der Zahlen 1,4; 1,4; 1,6; 1,6 und 3.	
Schreiben Sie als Prozentzahl: 0,196.	
Faktorisieren Sie: $12uv - 18v^2$.	
Bestimmen Sie die Lösung von $0{,}1 \cdot 2^x = 1{,}6$.	
Geben Sie den Satz von Pythagoras in Worten an.	
2,5 % von 40000 m^2.	
Möbelhaus A bietet 25% Rabatt auf alle gekauften Waren. Sie zahlen 180 €. Wie hoch war der ursprüngliche Preis?	
Berechnen Sie 99 • 101.	
200 € werden jährlich zu 3,5 % verzinst. Nach 6 Monaten wird das Konto aufgelöst. Wie viel Geld erhält sie?	
Lösen Sie $(x + 1)(x - 1) + 1 = 2$.	

Übung 4

Fassen Sie zusammen: $5 \cdot 25^2$.	
Schreiben Sie ohne Wurzelzeichen: $\sqrt{x^3}$.	
Faktorisieren Sie mit binomischer Formel: $4x^2 + 4x + 1$.	
Lösen Sie: $x(x + 4) = 0$.	
Berechnen Sie $\frac{3}{8} + \frac{5}{16} + \frac{7}{32}$.	
Ein Rechteck ist 6 cm lang und 4 cm breit. Welche Kantenlänge hat ein flächengleiches Quadrat?	
Berechnen Sie 550 • 11.	
Anna verwendet die Formel: $V = \frac{1}{3} \cdot G \cdot h$. Was möchte Sie berechnen?	
Bestimmen Sie die Lösungsmenge: $\frac{2}{3}x - (4 - \frac{7}{3}x) = 3x$.	
Wie groß ist die Wahrscheinlichkeit beim Würfeln einen Pasch zu würfeln?	

2 Bohner, Ott, Deusch ISBN 978-3-8120-2695-6

I Beschreibende Statistik

1 Erfassung und Darstellung von Daten

1 Datenerhebung in einer 11. Klasse

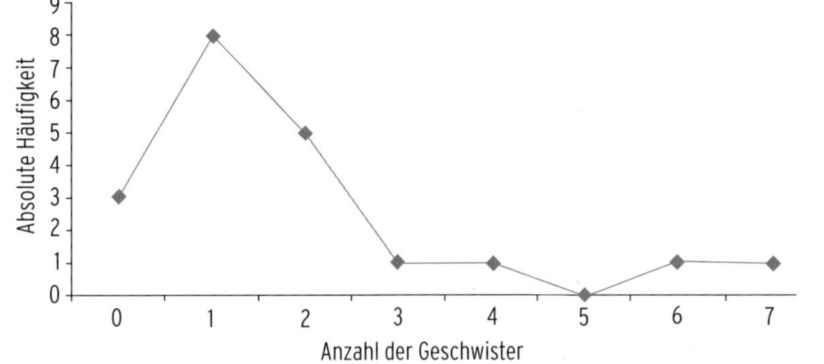

Diagramm 1: ______________

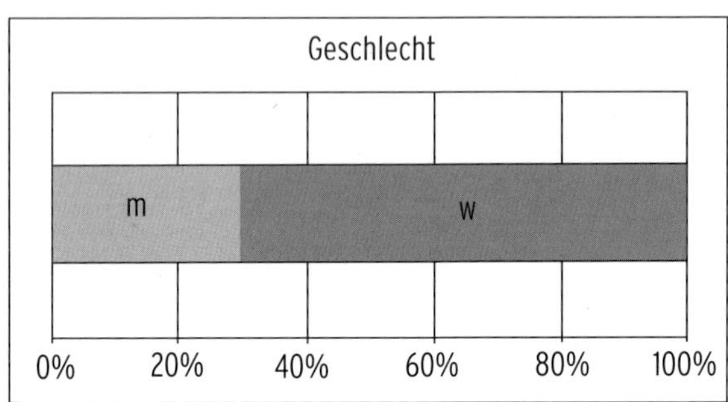

Alterstruktur

5% 5% 10% 30% 50%

16 17 18 19 20

Diagramm 2: ______________

Diagramm 3: ______________

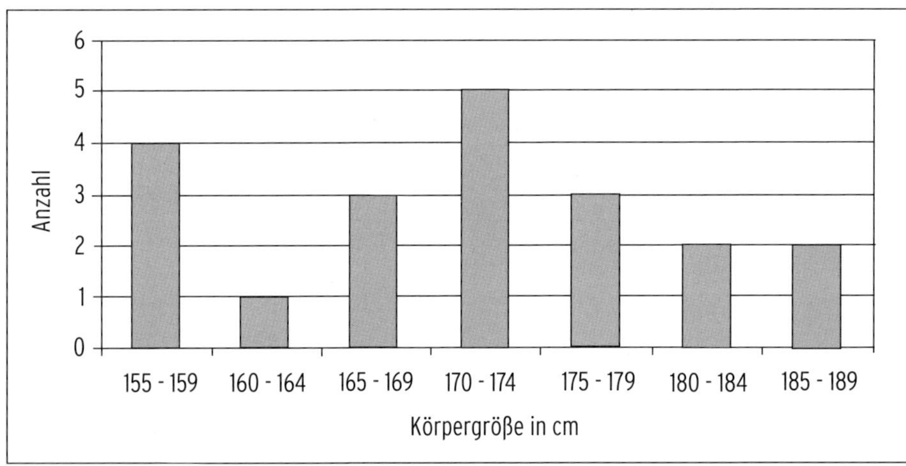

Diagramm 4: ______________

1.1 Bezeichnen Sie die dargestellten Diagrammtypen. Tragen Sie die Bezeichnungen ein.

1.2 Geben Sie Unterschiede der Diagramme D2 und D3 zu den Diagrammen D1 und D4 an.

1.3 Formulieren Sie Unterschiede des Diagramms D4 zu allen anderen.

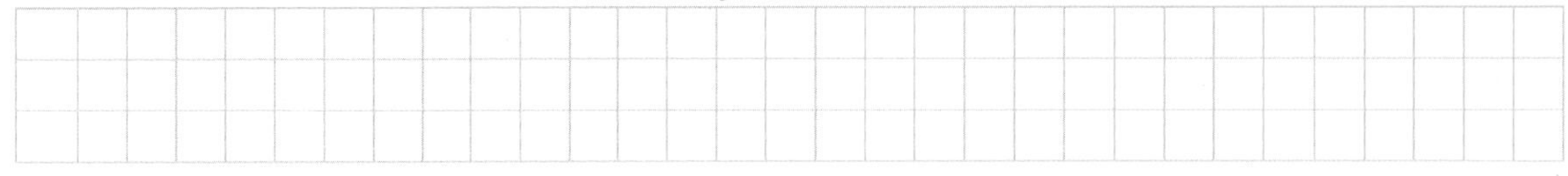

2 Beantworten Sie folgende Aufgaben mithilfe der Diagramme auf Seite 10. Notieren Sie auch Rechnungen, wenn diese hierzu erforderlich sind.

a) Bestimmen Sie den Anteil der männlichen Schüler in der Klasse.

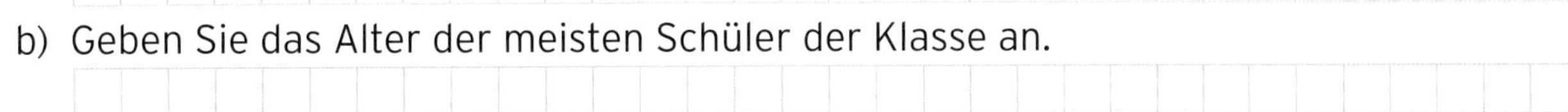

b) Geben Sie das Alter der meisten Schüler der Klasse an.

c) Ermitteln Sie die Anzahl Schüler und Schülerinnen mit drei Geschwister.

d) Bestimmen Sie durchschnittliche Anzahl an Geschwistern.

Absolute und relative Häufigkeit

1 In vier verschiedenen Kursen am BG wurde das Alter von Schülern und Schülerinnen ermittelt. Man erhielt folgende Daten:

Kurs A

Alter	17	18	19	20
Anzahl	4	16	3	2

Kurs B

Alter	17	18	19	20
Anzahl	4	13	2	1

a) Ermitteln Sie, in welchem Kurs die relative Häufigkeit der 18-Jährigen größer ist.

b) In Kurs C sind $\frac{3}{5}$ der Schüler 18 Jahre alt, in Kurs D wird der Anteil derer mit 0,72 angegeben. Bestimmen Sie den Anteil der 18-Jährigen in diesen beiden Kursen, wenn insgesamt jeweils 25 Schüler die Kurse C und D besuchen.

2 Monatlich werden die Marktanteile der Fernsehanstalten ermittelt.

2.1 Dazu werden 3 600 Personen im Alter von 14 bis 49 Jahre befragt. Die Tabelle zeigt die Marktanteile bei den 14 – 49Jährigen.
Berechnen Sie die Anzahl der Stimmen für den jeweiligen Sender. Füllen Sie die Tabelle aus. Zeichnen Sie ein Kreisdiagramm, in dem das Ergebnis dargestellt wird.

Sender	Das Erste	ZDF	RTL	SAT 1	VOX	Sonstige
rel. Häufigkeit	5,6 %	6,2 %	15,4 %	8,1 %	7,0 %	
abs. Häufigkeit						

Kreisdiagramm:

2.2 Um die Marktanteile beim Gesamtpublikum (ab 3 Jahre) zu ermitteln, werden 5 000 Personen befragt. Die Tabelle zeigt das Ergebnis der Befragung. Erstellen Sie ein Säulendiagramm der relativen Häufigkeiten.

Sender	Das Erste	ZDF	RTL	SAT 1	VOX	Sonstige
abs. Häufigkeit	530	695	550	330	250	
rel. Häufigkeit						

Säulendiagramm:

3 In einem Studentenwohnheim wohnen 200 Studenten. 165 von ihnen sprechen Englisch, 73 Deutsch, 49 sprechen beide Sprachen.

3.1 Bestimmen Sie die relative Häufigkeit der Studenten, die mindestens eine der beiden Sprachen sprechen.

3.2 Ermitteln Sie die relative Häufigkeit der Studenten, die keine der beiden Sprachen sprechen.

4 50,9% aller Deutschen sind Frauen. Einer Studie zufolge schnarchen 60% aller deutschen Männer. Berechnen Sie die relative Häufigkeit der schnarchenden Männer unter allen Deutschen.

5 Das Ergebnis der Kommunalwahl 2016 in Hannover ist anhand der folgenden Tabelle ablesbar. Es wurden 606 777 gültige Stimmen abgegeben.

Partei	Anzahl der gültigen Wählerstimmen	Prozentuale Verteilung
CDU	145 621	
SPD	186 122	
Grüne	102 485	
FDP	32 358	
Linke	42 867	
AfD	53 248	

5.1 Ermitteln Sie jeweils die prozentuale Verteilung (auf eine Nachkommastelle gerundet).

5.2 Stellen Sie die Daten in einem Säulendiagramm dar.

2 Datenauswertung

Lagemaße

1 Geben Sie für die folgende Datenreihe den Mittelwert und den Median an:

3, 2, 1, 4, 5, 6, 2, 3, 2

Mittelwert $\overline{x}$

Median x_{med}

2 Bei Reifenhandel Stroppel wird überlegt, ob die Anzahl der Montageplätze ausreicht. Deshalb erfasst man bei 20 PKW die Wartezeit in Minuten:

10, 5, 14, 5, 13, 5, 0, 10, 20, 5, 5, 35, 6, 5, 23, 12, 14, 6, 15, 0

2.1 Bestimmen Sie den Mittelwert.

$\overline{x}$

2.2 Unter der Spannweite einer Messreihe versteht man die Differenz von größtem und kleinstem Messwert. Geben Sie die Bedeutung der Spannweite an.

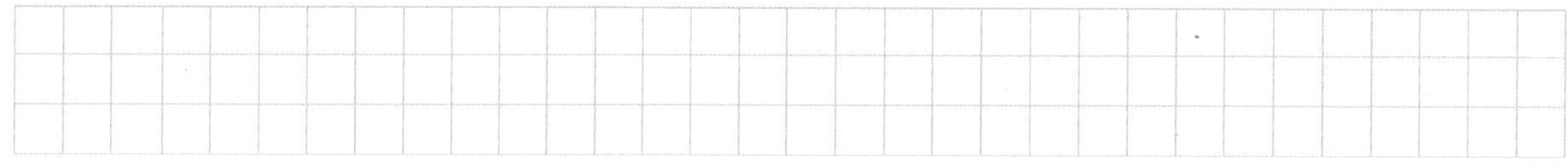

3 Jan betreut 8 Jugendliche und möchte einen Tagesausflug mit ihnen machen. Pro Person müsste ein Beitrag von 60 EUR bezahlt werden. Jan ist bereit 100 EUR zu zahlen, ein Spender steuert nochmals 150 EUR bei.

3.1 Berechnen Sie die Kosten für den Tagesausflug.

3.2 Ermitteln Sie, wie viel Geld jeder der 8 Jugendlichen aufbringen muss.

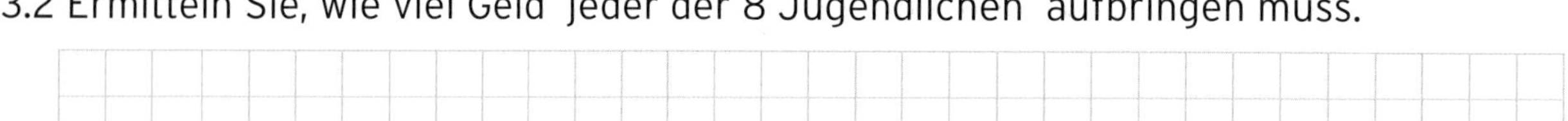

4 Die Metzgerei Koppe hat zwei Filialen in Braunschweig. Die monatlichen Umsatzzahlen des Jahres 2017 in Tausend EUR sind aufgelistet.

Filiale Marienstrasse: 32 32 27 27 29 32 31 30 30 28 34 43

Filiale Berberweg: 18 19 19 19 18 18 19 18 19 18 18 18

Bestimmen Sie den durchschnittlichen monatliche Umsatz je Filiale und den durchschnittlichen Umsatz der Metzgerei Koppe.

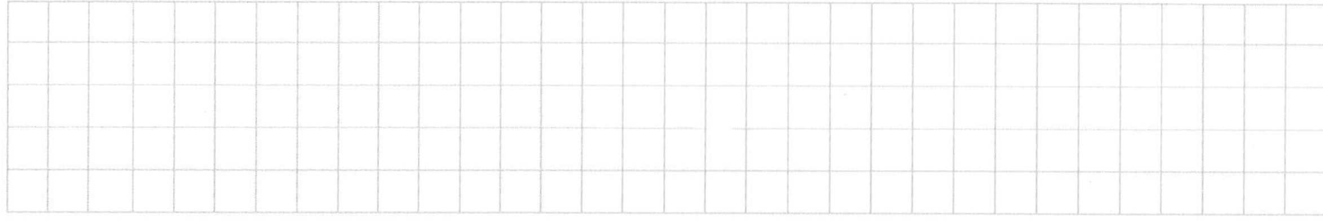

5 In drei Städten A, B und C in Deutschland wurden jeweils fünf Personen nach ihrem monatlichen Nettoeinkommen befragt. Hierbei ergaben sich folgende Daten:

	A	B	C
x_1	3500	3900	1100
x_2	5500	3700	900
x_3	1500	3800	13600
x_4	1600	3500	800
x_5	1900	3100	1000

	A	B	C
$\overline{x}$			
x_{med}			

Ermitteln Sie jeweils den Mittelwert und den Median der drei Datenreihen. Bezeichnen Sie die Werte, die geeignet sind, um das „typische" Einkommen der Einwohner zu charakterisieren.

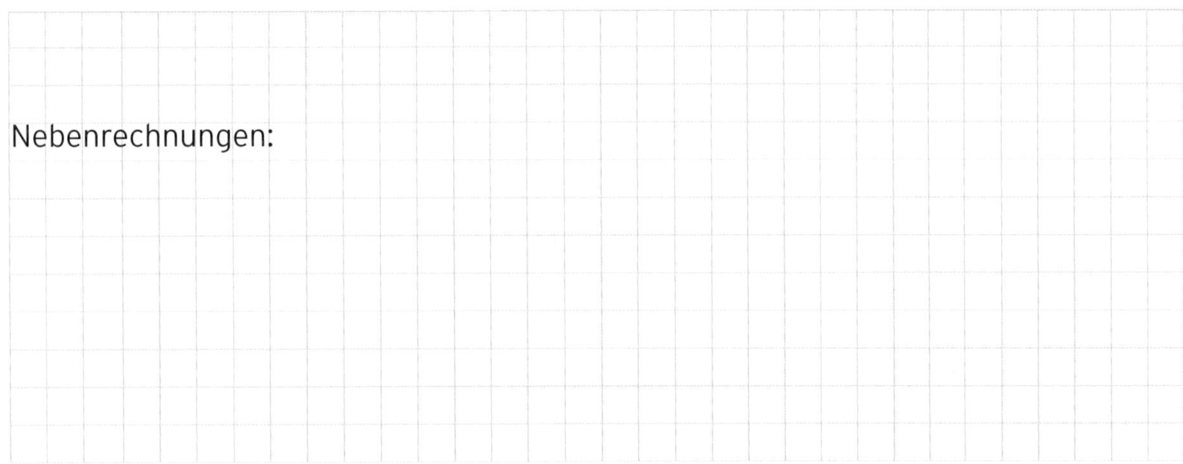

Nebenrechnungen:

6 „Der Mittelwert aller Abweichungen vom Mittelwert ist immer null."
Erläutern Sie diese Aussage am Beispiel der Urliste 1; 5; 0; 2; 1; 8; 0; 3.

7 Sven hat zwei Wochen lang notiert, wie viele Posts er pro Tag absetzt. Bestimmen Sie die Lagemaße $\overline{x}$, x_{med} und x_{mod}. Interpretieren Sie diese Größen.
15, 18, 18, 21, 14, 17, 19, 28, 18, 17, 30, 28, 25, 26

Streuungsmaße

1 Pizza Amiga liefert Pizzen auf Bestellung und verspricht eine Lieferung innerhalb der Stadt in 20 Minuten. Jan hat die Wartezeiten (in Min) der letzten Bestellungen notiert: 22; 24; 18; 19; 30; 16; 24; 26; 20; 22, 17
Ermitteln Sie die Kenngrößen und zeichnen Sie einen Boxplot.

Spannweite:
Minimum:
Maximum:
Median:
1. Quartil:
3. Quartil:

Pizza Amiga hält sein Versprechen. Nehmen Sie Stellung.

2 Der abgebildete Boxplot zeigt die Körpergrößen der Schülerinnen und Schüler eines Mathematikkurses des beruflichen Gymnasiums in Braunschweig.

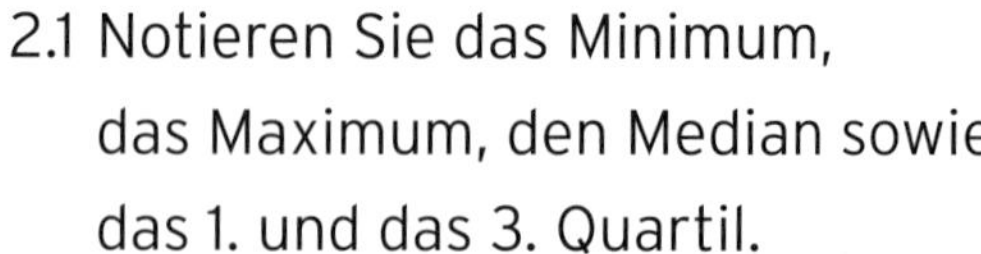

2.1 Notieren Sie das Minimum, das Maximum, den Median sowie das 1. und das 3. Quartil.

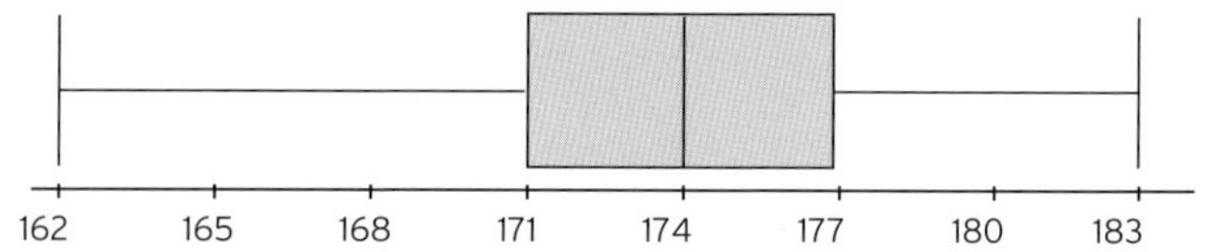

2.2 Tina ist mit 1,70 m im Vergleich zum restlichen Kurs groß. Nehmen Sie Stellung zu dieser Behauptung.

3 Entscheiden Sie, welche der folgenden Aussagen zutrifft.

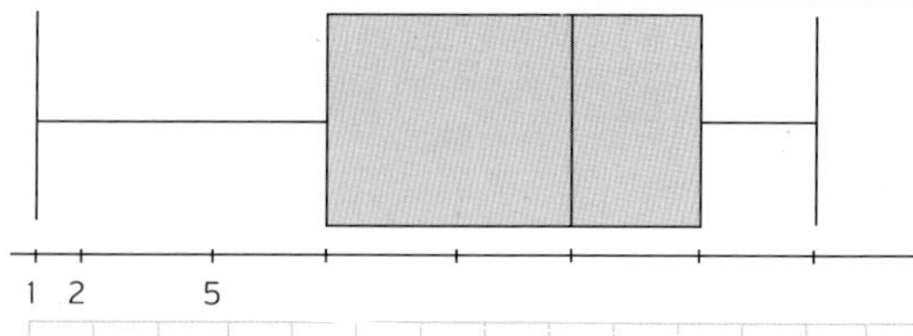

- Der Median ist 14.
- 50 % der Daten liegen zwischen 1 und 8.
- 25 % der Daten liegen zwischen 17 und 20.
- $x_{max} = 20$
- 75 % der Daten liegen zwischen 1 und 14.
- Die Daten sind gleichmäßig verteilt um x_{med}.

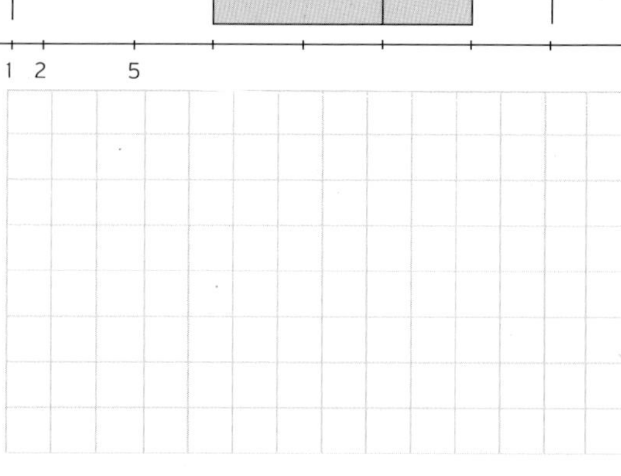

4 Bei einer Umfrage zur Nutzung digitaler Medien haben 50 Mädchen und 40 Jungen angegeben, wie viele Posts sie pro Tag veröffentlichen.

4.1 Geben Sie für beide Gruppen die fünf Kenngrößen an.

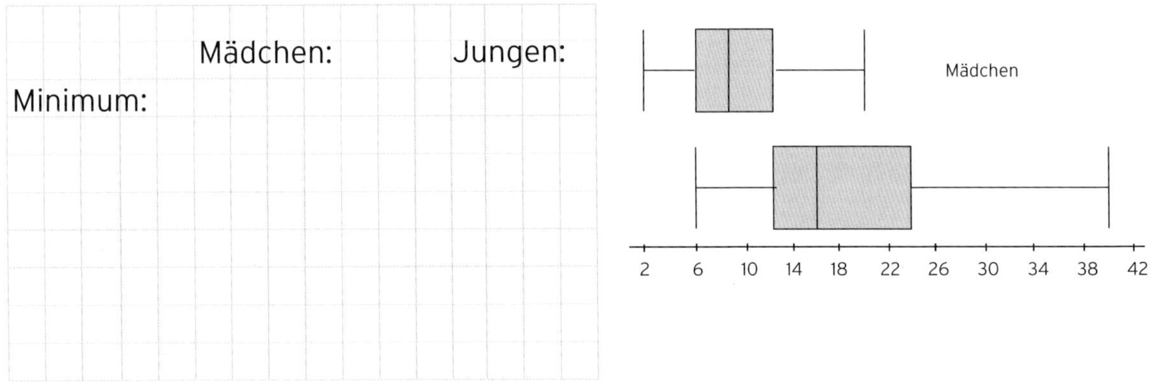

4.2 Vergleichen Sie die beiden Boxplots und interpretieren Sie das unterschiedliche digitale Verhalten der Mädchen und Jungen.

Hinweis: Berechnen Sie die folgenden zwei Aufgaben ohne die Nutzung vorprogrammierter Kennzahlen in Ihrem Taschenrechner! Fassen Sie die Werte geeignet zusammen, um die Berechnung zu verkürzen.

5 Die zwei Freunde Markus und Kai fahren Autos vom gleichen Typ und haben den Durchschnittsverbrauch in Liter pro 100 km gemessen und notiert. Hierbei gab es das unten abgebildete Ergebnis. Am Ende diskutierten beide, wer von Ihnen der bessere Autofahrer ist.

Markus	8,1	8,0	8,9	7,9	8,0	7,7	7,9	7,5
Kai	7,9	8,1	8,8	7,2	8,6	8,0	7,7	7,7

3 Bohner, Ott, Deusch ISBN 978-3-8120-2695-6

6 Die Waldner KG bezieht von zwei Zulieferern A und B selbstsichernde Muttern in großer Stückzahl. Beim Wareneingang werden jeder Lieferung 20 Muttern entnommen und auf Fehler geprüft. Die Liste zeigt die Anzahl der defekten Muttern.

Lieferant A	2	2	3	2	2	1	3	1
Lieferant B	1	4	3	1	2	0	2	3

6.1 Berechnen Sie jeweils den Mittelwert sowie die Varianz und die Standardabweichung.

Lieferant A:

$\bar{x}_A$

σ_A^2

σ_A

Lieferant B:

$\bar{x}_B$

σ_B^2

σ_B

6.2 Entscheiden Sie die Wahl des Lieferanten. Begründen Sie Ihre Entscheidung.

7 Bei einem Mathematiktest in den Kursen a und b ergaben sich folgende Notenspiegel.

Note	15	14	13	12	11	10	8	6
Anzahl in Kurs a	3	5	7	4	3	3	3	2
Anzahl in Kurs b	4	7	7	5	1	1	1	4

Maike aus Kurs b prahlt gegenüber ihrem Freund aus Kurs a: "Wir waren mal wieder besser als ihr!" Entscheiden Sie, ob Maike Recht hat.
Ermitteln Sie jeweils Mittelwerte, Varianz sowie Standardabweichung und äußern Sie sich anhand dieser Werte zu Maikes Aussage.

Kurs a:

$\bar{x}$

σ^2

σ

Kurs b:

$\bar{x}$

σ^2

σ

Stellungnahme:

II Ganzrationale Funktionen und wirtschaftliche Anwendungen

1 Definition einer Funktionen

Intervalle sind Teilmengen der reellen Zahlen ℝ.

1 Schreiben Sie als Intervall.

$\{x \in \mathbb{R} \mid 2 < x < 5\}$	(2; 5) (offen)	$\{x \in \mathbb{R} \mid 0 \leq x \leq 1\}$	[0; 1] (geschlossen)
$\{x \in \mathbb{R} \mid -3 \leq x \leq 0\}$		$\{x \in \mathbb{R} \mid x \leq -1\}$	
$\{x \in \mathbb{R} \mid 0 \leq x\}$		$\{x \in \mathbb{R} \mid -2 < x \leq 1\}$	

2 Schreiben Sie in Mengenschreibweise.

[2 ; 8]	$\{x \in \mathbb{R} \mid 2 \leq x \leq 8\}$	$(-\infty ; 2)$	$\{x \in \mathbb{R} \mid x < 2\}$
(0; 6)		[− 4; 4]	
$[-2; \infty)$		$(-\infty; 1)$	

3 Geben Sie die Koordinaten an und beschreiben Sie die Punktmenge.

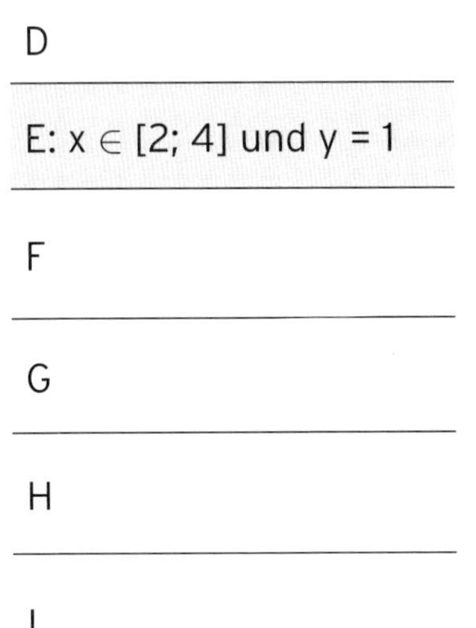

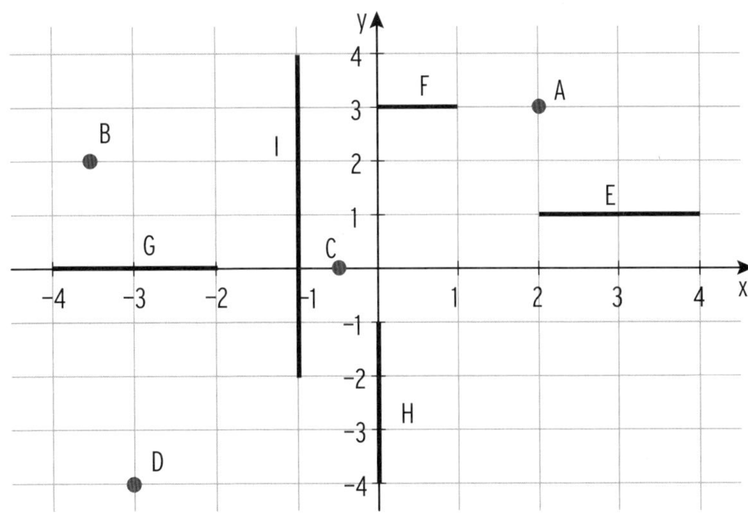

4 Entscheiden Sie begründet, ob das Schaubild zu einer Funktion gehört.

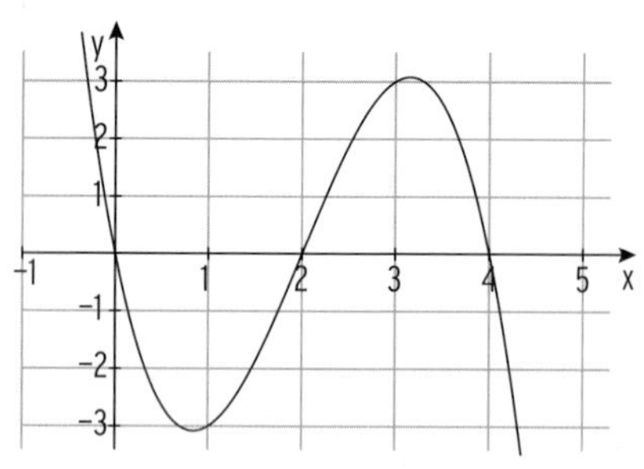

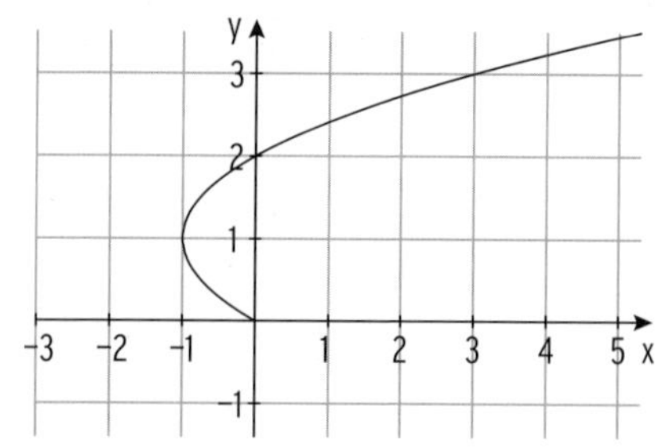

☐ ja ☐ nein

Begründung:

☐ ja ☐ nein

Begründung:

5 Die Abbildung zeigt das Schaubild der Funktion f. Beantworten Sie folgende Fragen mithilfe der Abbildung. Begründen Sie Ihre Antwort.

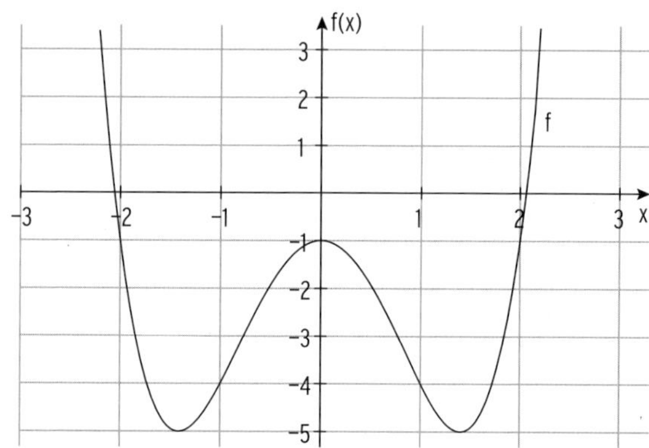

Bedingung	wahr/falsch	Begründung
$f(1) = -4$	☐ (w) ☐ (f)	
$f(x) = 0$ für $x = -2$	☐ (w) ☐ (f)	
$f(x) = f(-x)$	☐ (w) ☐ (f)	
$f(-1) < f(0)$	☐ (w) ☐ (f)	
$f(x) < -1$ für $0 < x < 2$	☐ (w) ☐ (f)	
$f(0) - f(1) = 3$	☐ (w) ☐ (f)	
$f(0) = f(2)$	☐ (w) ☐ (f)	

6 Die Abbildung zeigt einen Ausschnitt des Graphen einer Funktion f mit D(f) = ℝ.
Ordnen Sie jeder Funktion ihre Wertemenge W(f) zu.

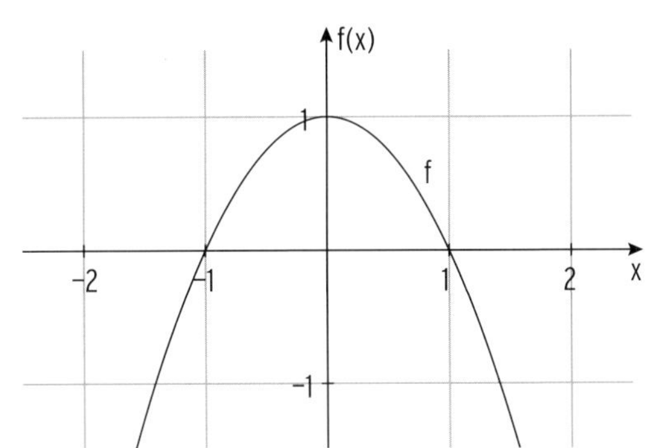

W(f) =

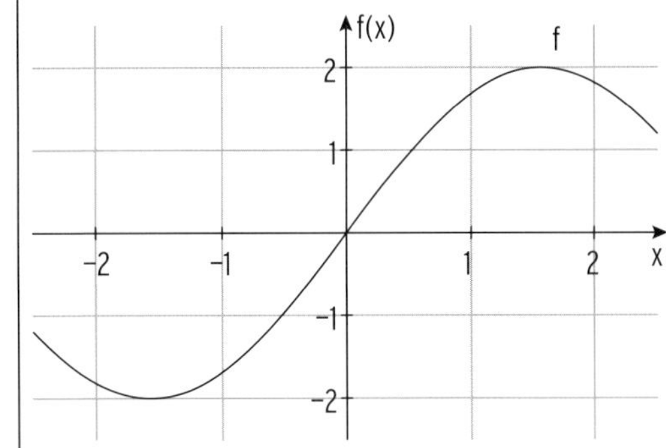

W(f) =

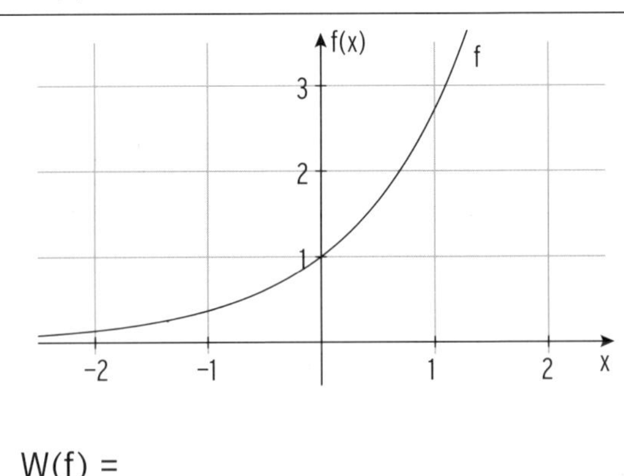

W(f) =

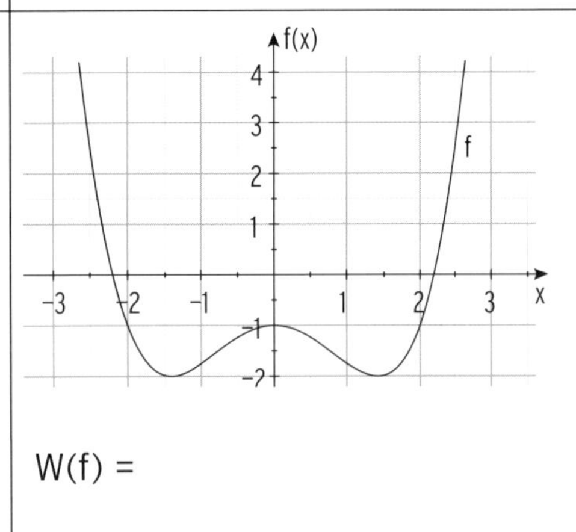

W(f) =

7 Ordnen Sie jeder Funktion Definitionsmenge D(f) und Wertemenge W(f) zu.

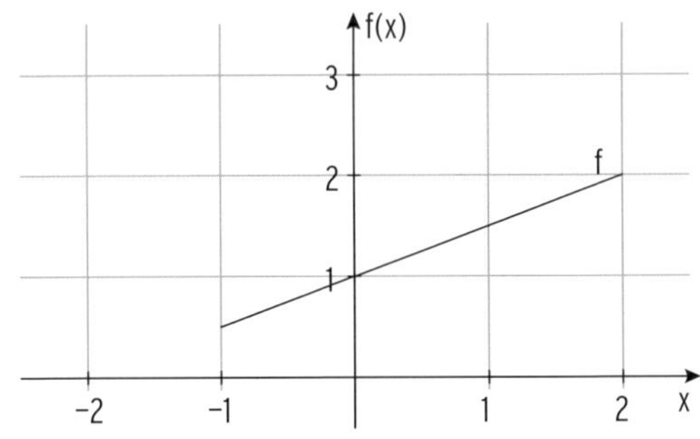

D(f) =
W(f) =

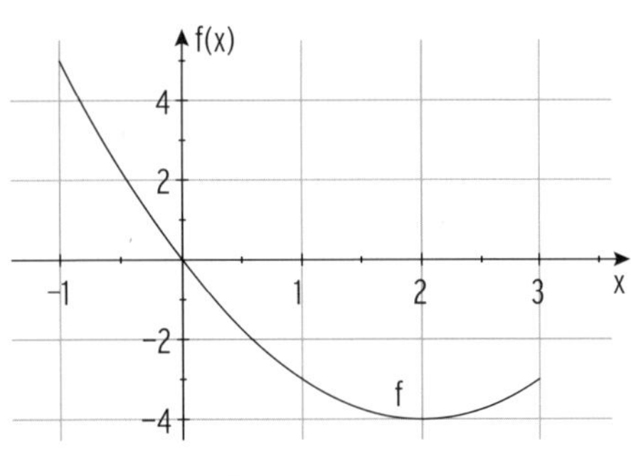

D(f) =
W(f) =

8 Füllen Sie die Tabelle aus.

Funktionsterm	D(f)	W(f)	Funktionsterm	D(f)	W(f)
$f(x) = x + 1$	(0 ; 7)		$f(x) = 2x$		(− 2 ; 8)
$f(x) = x^2$	ℝ		$f(x) = x^2 + 1$		[1 ; 5]

2 Lineare Funktionen

Die Funktion f mit f(x) = mx + b; $x \in \mathbb{R}$, ist eine lineare Funktion.
Geradengleichung y = mx + b mit m: Steigung und b: Ordinatenachsenabschnitt

1 Ergänzen Sie die Lücken im Text.

Das Schaubild der linearen Funktion f mit f(x) =____________ hat die__________m und den________________________ b. Ist b = 0, so verläuft die Gerade ______ ____ __________. Eine Gerade ist_________, wenn die Steigung positiv ist, für m________ist sie fallend. Für m = 0 verläuft sie_______________________.

2 Geben Sie einen linearen Funktionsterm an, so dass die Bedingung erfüllt ist.

Die Gerade geht durch den Ursprung.	
Die Steigung beträgt − 2.	
A(0| 7) liegt auf der Geraden.	
Die Gerade ist steigend.	
Vergrößert man den x-Wert um 2, vergrößert sich der y-Wert um 6.	
Der Erlös pro Stück beträgt 0,25 EUR.	

3 Bestimmen Sie die Zahl, die in den Platzhalter muss, damit der Graph von f mit

$f(x) = 2x - \square$ durch (0| − 4) verläuft.

$f(x) = -\frac{\square}{4}x + 6$ parallel zu Geraden mit der Gleichung y = − 1,5x verläuft.

$f(x) = \square x + 1$ der Graph einer Gesamtkostenfunktion ist und die variablen Stückkosten 3 €/ME betragen.

$f(x) = -\frac{3}{\square}x + 2$ durch (1| $\frac{7}{3}$) verläuft.

$f(x) = -\square x - \frac{5}{2}$ die Abszissenachse in x = − 6 schneidet.

$f(x) = 4x - \square$ der Graph der Gewinnfunktion der Waldner AG ist, die bei produzierten 15 ME einen Gewinn von 20 GE erzielt.

4 Jeder Graph gehört zu einer Funktion. Ordnen Sie zu und begründen Sie Ihre Zuordnung. Eine Gerade passt nicht zu den angegebenen Funktionstermen.
Geben Sie den zugehörigen Funktionsterm an.

a) $f(x) = 3x + 1$ ☐ Begründung: ______________________________

b) $f(x) = -\frac{1}{2}x + 1$ ☐ Begründung: ______________________________

c) $f(x) = \frac{3}{2}x + 1$ ☐ Begründung: ______________________________

d) $f(x) =$ ☐ Begründung: ______________________________

Abb. 1

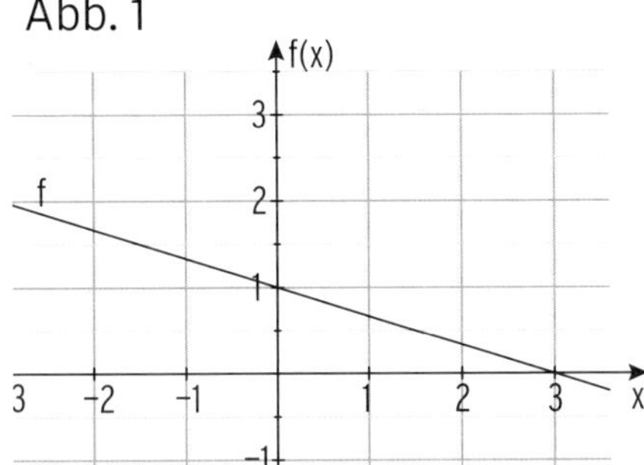

Abb. 2

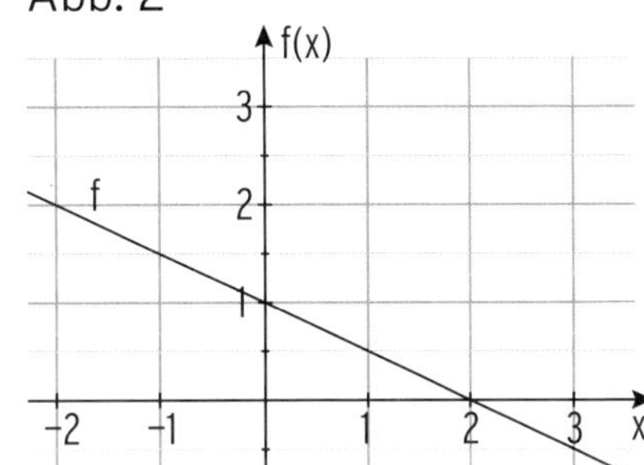

Abb. 3

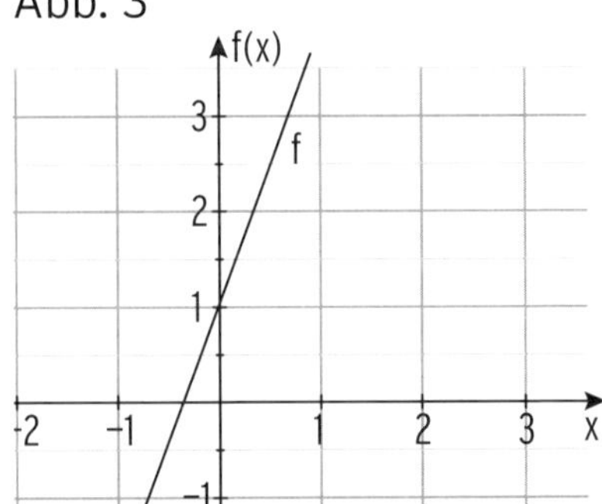

Abb. 4

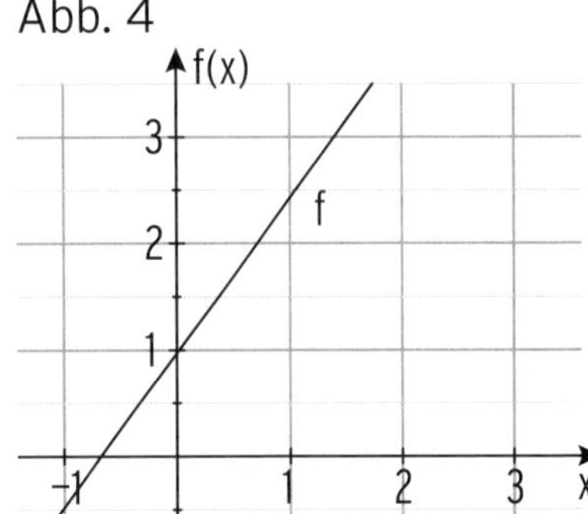

5 Die Graphen gehören nicht zum Funktionsterm $f(x) = -\frac{4}{5}x + 1$. Begründen Sie.

Zeichnen Sie den zugehörigen Graphen in das Koordinatensystem C ein.

A

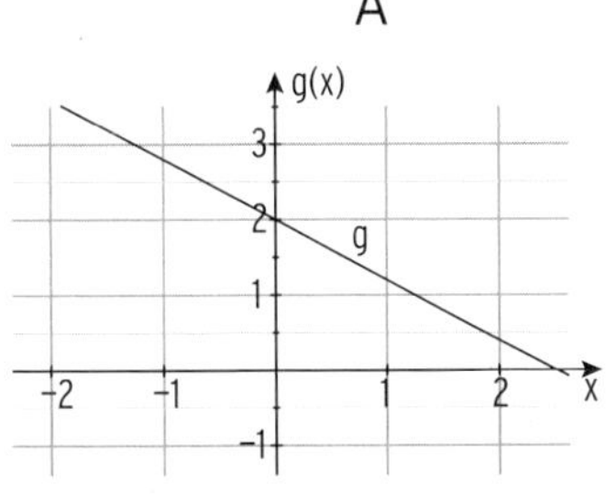

B

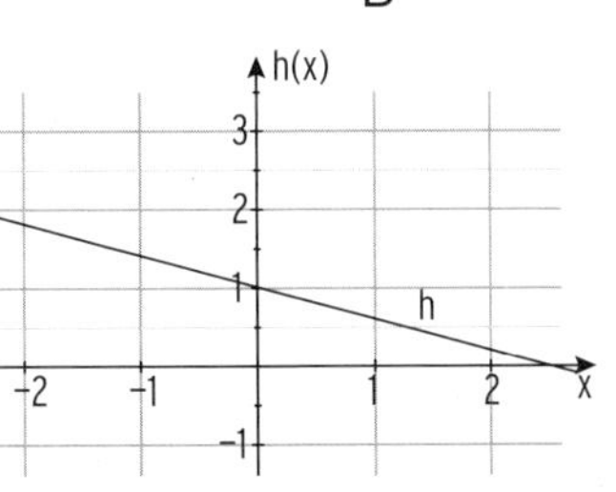

C

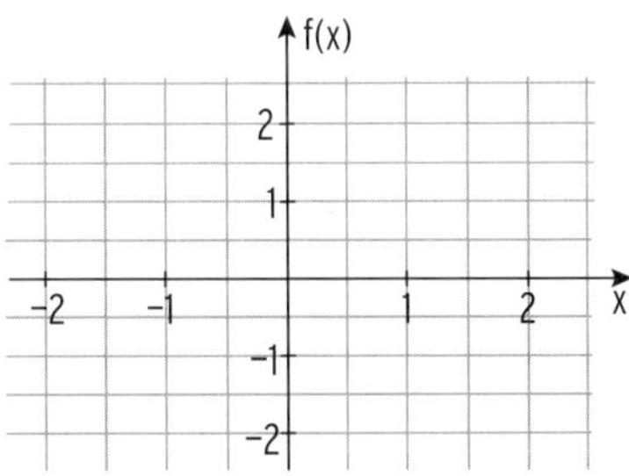

Begründung:

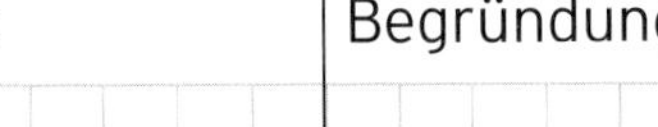

Begründung:

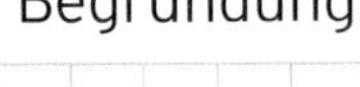

6 Bestimmen Sie die Geradengleichung.

Gerade mit Steigung m = 2 durch P(1 | 1)	$y = 2x + b$ Punktprobe: $1 = 2 \cdot 1 + b \Rightarrow \quad b = -1$ Geradengleichung: $y = 2x - 1$
Gerade durch P(0 | 1) und Q (4 | 0)	
Gerade mit Steigung m = 4 durch P(1 | 4)	
Gerade durch P(2 | 1) und Q (−4 | 1)	
Gerade durch P(5 | − 1) und Q (2 | 5)	

7 Bestimmen Sie den Term der Gesamtkostenfunktion, deren Graph durch folgende Eigenschaften beschrieben werden kann.

Die variablen Stückkosten betragen 0,4 GE/Stück, die fixen Kosten 3 GE.	$K(x) = 0{,}4x + 3$
Die variablen Stückkosten betragen 2,5 GE/Stück, 12 Stück verursachen Gesamtkosten von 40 GE.	
Bei Produktionsstillstand fallen Gesamtkosten von 8 GE an. Die Produktion von 3 Stück verursacht Gesamtkosten von 14 GE.	
Bei Produktion von 2 ME entstehen Gesamtkosten in Höhe von 6 GE, bei 5 ME betragen diese 12 GE.	

8 Bestimmen Sie die Nullstelle der Funktion f.

$f(x) = 6(x - 4)$	$f(x) = 2x - 3$	$f(x) = 2(\frac{16}{3} - 3x)$	$f(x) = -\frac{1}{2}x + \frac{5}{2}$
$f(x) = 0$ $6(x - 4) = 0$ $x - 4 = 0$ $x = 4$ Nullstelle von f			

9 Berechnen Sie die Stelle, in der sich die Graphen von f und g schneiden.

$f(x) = x;\ g(x) = 1 - x$	$f(x) = 2x - 3;\ g(x) = 3x$	$f(x) = -\frac{1}{2}(x + 5);\ g(x) = \frac{1}{2}x$
$f(x) = g(x)$ $x = 1 - x \quad \vert +x$ $2x = 1 \quad \vert :2$ $x = 0{,}5$ Schnittstelle		

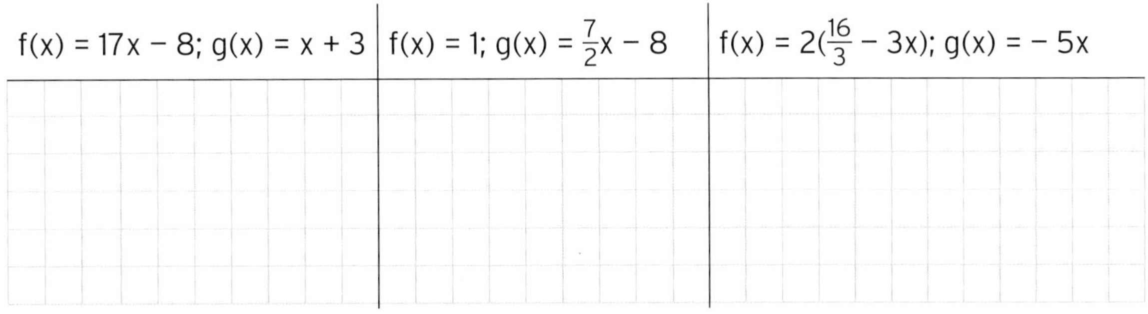

$f(x) = 17x - 8;\ g(x) = x + 3$	$f(x) = 1;\ g(x) = \frac{7}{2}x - 8$	$f(x) = 2(\frac{16}{3} - 3x);\ g(x) = -5x$

10 Ein Monopolist arbeitet mit der Preis-Absatz-Funktion p mit $p(x) = 24 - 0{,}5x$. Berechnen Sie die Schnittpunkte mit den Koordinatenachsen. Geben Sie die ökonomische Bedeutung dieser Punkte an.

Schnittpunkt mit der Abszissenachse: ______________________________

Schnittpunkt mit der Ordinatenachse: ______________________________

Ökonomische Bedeutung: ______________________________

11 Gegeben ist die Nachfragefunktion p_N mit $p_N(x) = 5 - 0{,}25x$ und die Angebotsfunktion p_A mit $p_A(x) = 0{,}4x + 1{,}1$

a) Bestimmen Sie das Marktgleichgewicht.

b) Erklären Sie die Marktsituation, wenn 5 ME am Markt angeboten werden.

4 Bohner, Ott, Deusch ISBN 978-3-8120-2695-6

12 Beschriften Sie die Abbildung zum Thema Kostentheorie.

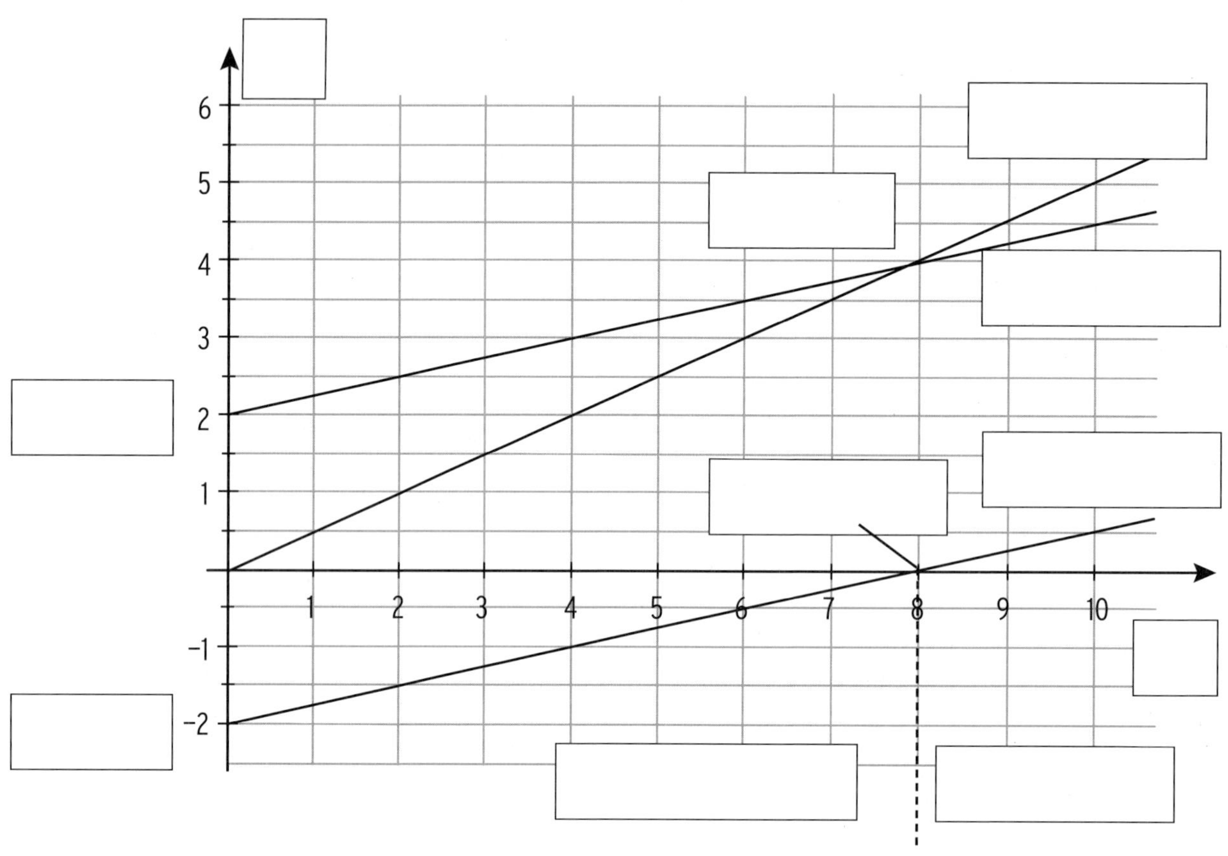

13 Füllen Sie den Lückentext aus.

Die Gesamtkostenfunktion K ist eine lineare Funktion, die zugehörige Kostengerade ist ____________ .

Die Gesamtkosten setzen sich zusammen aus den ______________ und den ____________ Kosten. Für den Term K(x) gilt: ________________________

Der Schnittpunkt der Kostengeraden mit der Ordinatenachse gibt die ____________ an.

Die Erlösfunktion E ist eine lineare Funktion, der zugehörige Graph ist eine ____________ ____________ .

Die Schnittstelle der beiden Geraden gibt die ________________________ an.

Die Gewinnfunktion lässt sich wie folgt berechnen: G(x) = ____________.

Die Nullstelle der Gewinnfunktion entspricht der ____________ .

Verläuft die Gewinnkurve unterhalb derAbszissenachse, wird ____________ erzielt.

14 Füllen Sie den Lückentext mit Hilfe der Abbildung aus.

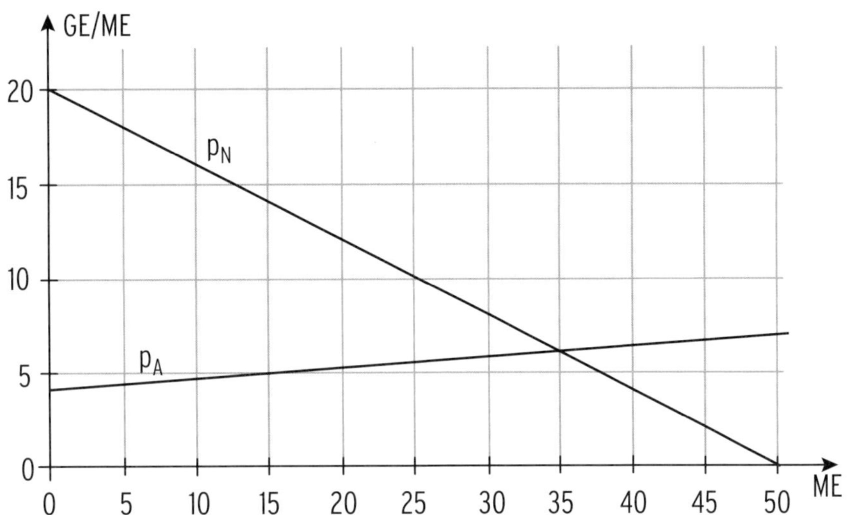

Die Nachfragefunktion p_N mit $p_N(x) = -0{,}4x + 20$ und die ____________________

p_A sind ____________ Funktionen.

Der Graph von p_N ist eine ______________ Gerade.

Der ____________ ____________ Definitionsbereich ist $D_{ök}(p_N)$ = ______ .

Begründung: ____ .

Der Graph von p_A ist eine ______________ Gerade.

Die Ordinate des Schnittpunktes dieser Geraden mit der Ordinatenachse ist der

____________________, er beträgt 4 _____ .

Die _______________________ x_G beträgt 35 ME,

der __________________________ p_G beträgt _____ = _____ .

Der Punkt MG(___ | ___) ist das ________________ .

Die angebotene Menge nimmt um _______ zu, wenn der Marktpreis um 2 _____

zunimmt. Die Steigung der Angebotsgeraden beträgt _____ .

Bei einem Marktpreis von 5 GE/ME liegt ein ______________ überschuss vor.

Dieser beträgt etwa ___________ .

Bei einem Marktpreis von 10 GE/ME werden 105 ME ______________ und

________ nachgefragt.

Es liegt also ein ______________ überschuss in Höhe von ________ vor.

15 Gegeben ist die Funktion f_t mit $f_t(x) = tx + 2t - 1;\ x, t \in \mathbb{R}$.

a) Bestimmen Sie den Funktionsterm für folgende t-Werte: $-2;\ -0{,}5;\ 0;\ 1{,}5;\ 5$.

$t = -2$: $f_{-2}(x) = -2 \cdot x + 2 \cdot (-2) - 1 = -2 \cdot x - 5$	
$t = -0{,}5$:	$t = 0$:
$t = 1{,}5$:	$t = 5$:

b) Bestimmen Sie die Funktionswerte.

$f_{-1}(5)$: $f_{-1}(x) = -x + 2 \cdot (-1) - 1 = -x - 3$; $f_{-1}(5) = -5 - 3 = -8$	
$f_4(-1)$:	$f_{-3}(0)$:
$f_{0,1}(10)$:	$f_{-10}(-0{,}5)$:

16 Gegeben ist die Funktion f_t mit $f_t(x) = \frac{x}{t} - \frac{1}{2}t;\ x, t \in \mathbb{R},\ t \neq 0$.

Ordnen Sie jedem Schaubild den zugehörigen Parameterwert zu.

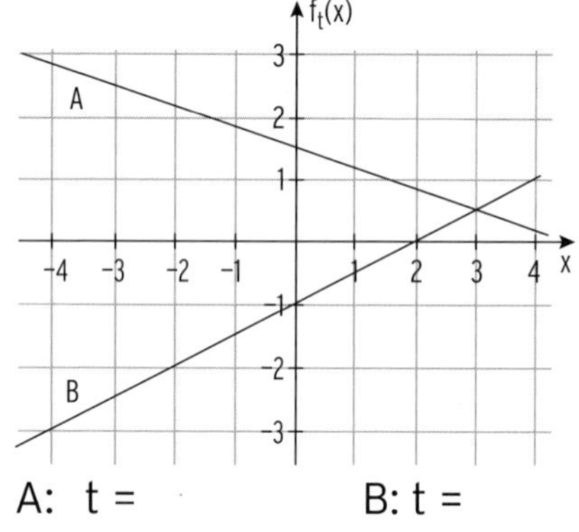

A: t = B: t =

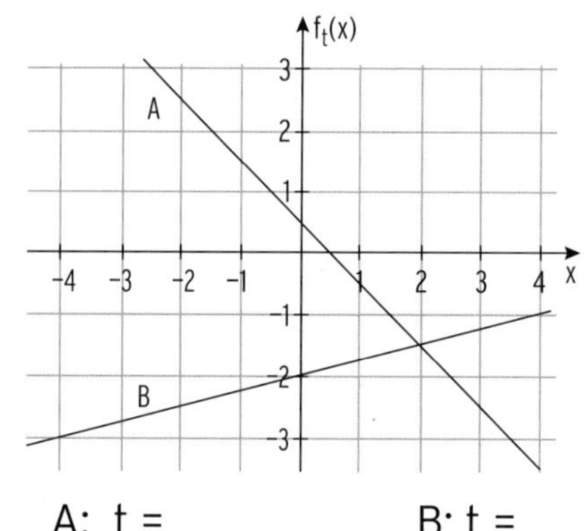

A: t = B: t =

17 Skizzieren Sie das Schaubild der Funktion f_t mit $f_t(x) = 0{,}5tx + \frac{2+t}{4};\ x, t \in \mathbb{R}$ für $t = -4;\ -2;\ 1;\ 4$ in nebenstehendes Koordinatensystem.

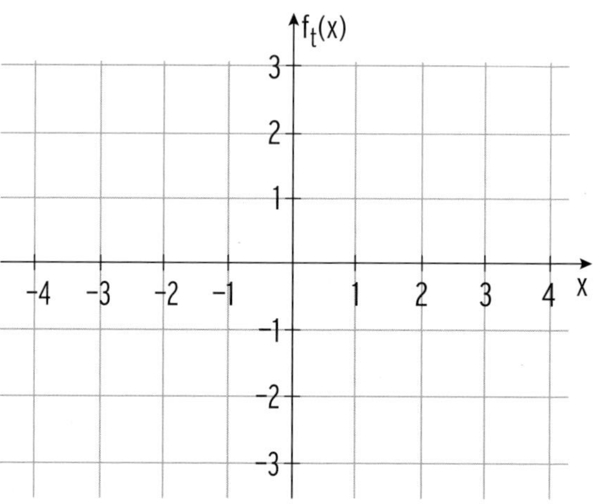

3 Quadratische Funktionen

Die Funktion f mit $f(x) = ax^2 + bx + c$; $a \neq 0$, ist eine quadratische Funktion (ganzrationale Funktion 2. Grades). Die zugehörige Parabel ist für $a > 0$ nach oben geöffnet bzw. für $a < 0$ nach unten geöffnet.

1 Nennen Sie die Eigenschaften, die auf den Graphen von f mit $f(x) = x^2$; $x \in \mathbb{R}$, zutreffen.

Der Graph ist achsensymmetrisch bezüglich der Abszissenachse.	
Der Graph ist achsensymmetrisch bezüglich der Ordinatenachse.	
Der Graph verläuft oberhalb der Abszissenachse.	
Alle Funktionswerte sind größer oder gleich 0.	
Der Punkt S(0|0) ist der „höchste" Punkt.	

2 Ergänzen Sie die folgenden Sätze.

a) Der Graph der quadratischen Funktion f mit $f(x) = x^2 + 5$ entsteht aus der Normalparabel durch ______________ in ________ Richtung um ____ Einheiten. Ihr Scheitelpunkt S liegt auf der __________ achse und hat die Koordinaten S(|).

b) Der Graph der Funktion f mit $f(x) = ax^2$ mit $a \in \mathbb{R}^*$ ist für $a > 0$ eine ______________ ______________ Parabel und für a > ____ schmäler als die Normalparabel.

3 Ordnen Sie jedem Graphen einen Funktionsterm zu. Begründen Sie Ihre Zuordnung.

a) $f(x) = x^2 + 1$

b) $f(x) = -\frac{1}{2}x^2 + 1$

c) $f(x) = -\frac{3}{2}x^2 + x + 1$

Abb. 1

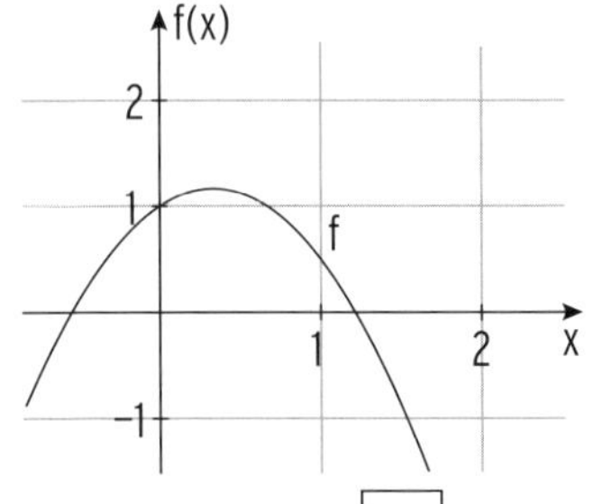

Abb. 2

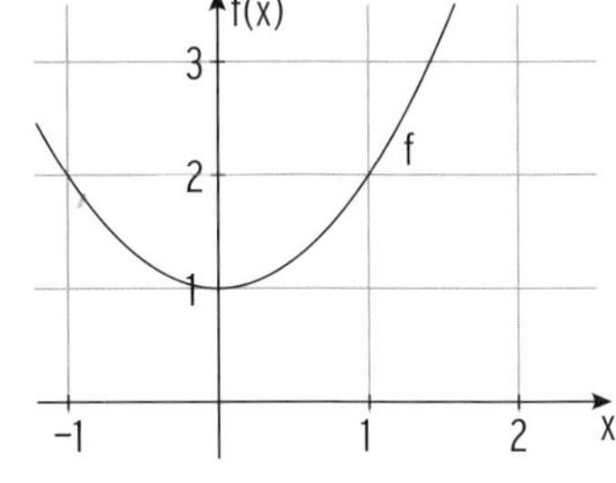

Abb. 3

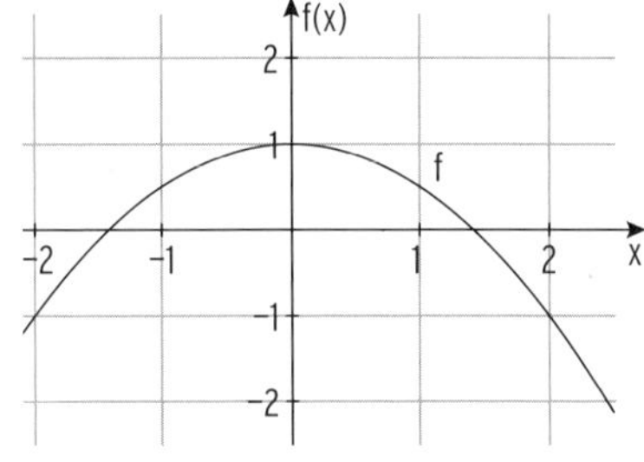

Lösung zu a): ☐

Lösung zu b): ☐

Lösung zu c): ☐

Begründung:

Begründung:

Begründung:

4 Wählen Sie ein geeignetes Lösungsverfahren und lösen Sie die Gleichung.

a) $4x^2 - x = 0$	b) $0{,}5x^2 - 1 = 0$	c) $-x^2 - x + 2 = 0$
Ausklammern Satz vom Nullprodukt		
$x(4x - 1) = 0$ $x = 0 \vee 4x - 1 = 0$ $x = 0 \vee x = \frac{1}{4}$		

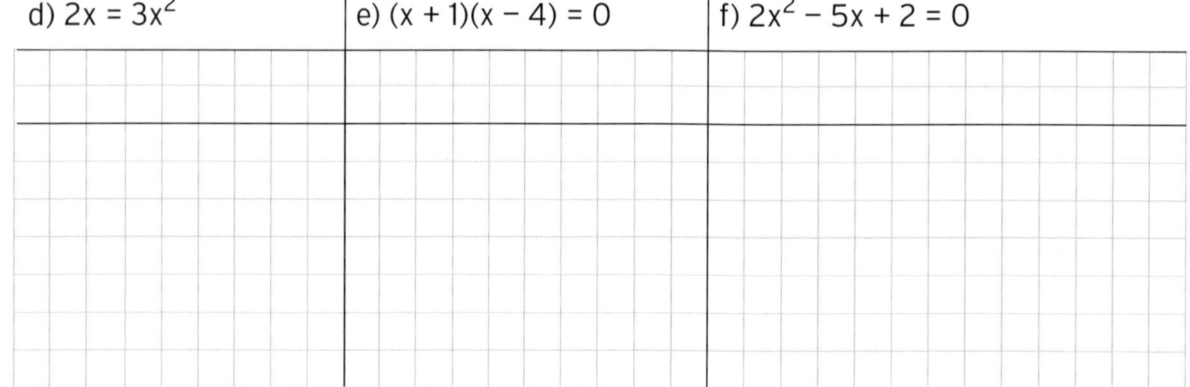

5 Bestimmen Sie die Nullstellen von f und den Scheitelpunkt S des Graphen von f.

a) $f(x) = 2x^2 - 2x - 4$		
	Bedingung: $f(x) = 0$	$2x^2 - 2x - 4 = 0$
		$x^2 - x - 2 = 0$
	pq-Formel:	$x_{1\vert 2} = \frac{1}{2} \pm \sqrt{\frac{1}{4} + 2} = \frac{1}{2} \pm \sqrt{\frac{9}{4}}$
	Nullstellen von f:	$x_1 = 2; x_2 = -1$
	Scheitel:	$x_S = \frac{x_1 + x_2}{2}$; $y_S = f(x_S)$
		$x_S = 0{,}5$; $y_S = f(0{,}5) = -4{,}5$
		$S(0{,}5 \mid -4{,}5)$

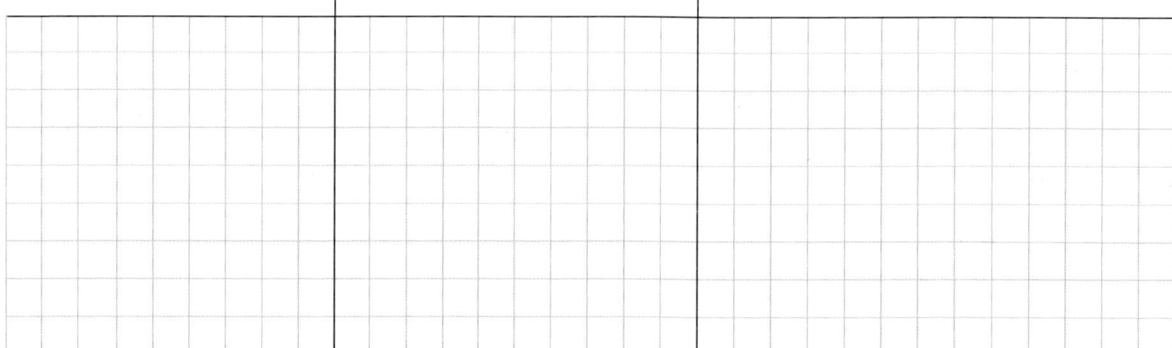

6 Bestimmen Sie die Schnittstellen der Graphen der Funktionen f und g und interpretieren Sie Ihr Ergebnis geometrisch.

	Funktionsterme	Gleichsetzen: $f(x) = g(x)$	Geometrische Interpretation
a)	$f(x) = x^2 + 1$ $g(x) = 2x$	$x^2 + 1 = 2x$ Nullform: $x^2 - 2x + 1 = 0$ pq-Formel: $x_{1\|2} = 1 \pm \sqrt{1-1}$ Schnittstelle: $x_{1\|2} = 1$	Parabel und Gerade berühren sich (D = 0) in x = 1. Die Gerade ist Tangente an die Parabel.
b)	$f(x) = x^2$ $g(x) = x - 1$		
c)	$f(x) = x^2 - 2x + 2$ $g(x) = 4x - 7$		

7 Die Gewinnentwicklung beim Verkauf der Damenräder der Adler GmbH wird durch die Gewinnfunktion G mit $G(x) = -2x^2 + 24x - 54$ dargestellt.

a) Berechnen Sie die Gewinnzone. Geben Sie Gewinnschwelle und Gewinngrenze an.

b) Bestimmen Sie den Gewinn bei einer Ausbringung von 5 ME.

c) Ermitteln Sie das Gewinnmaximum.

d) Die Adler GmbH möchte einen Gewinn von 10 GE erzielen. Bestimmen Sie die Produktionsmengen, um dieses Ziel zu erreichen.

8 Für das Produkt eines Monopolisten gilt die Preis-Absatz-Funktion p mit $p(x) = -x + 20$. Für das Produkt fallen Fixkosten in Höhe von 16 GE an. Die variablen Kosten betragen 10 GE/Stück.

a) Berechnen Sie den Höchstpreis und die Sättigungsmenge.

b) Stellen Sie die lineare Kostenfunktion auf. Geben Sie die Erlös- und die Gewinnfunktion an.

c) Ermitteln Sie die Kosten, den Erlös und den Gewinn für eine Ausbringung von 5 ME.

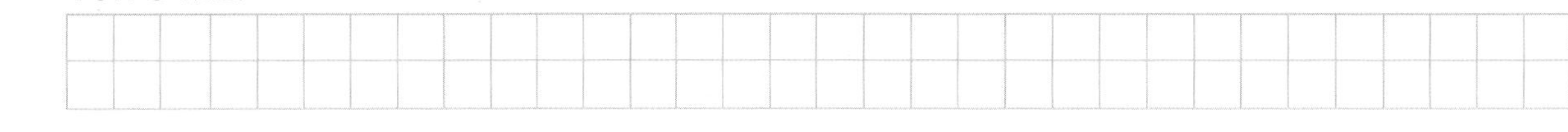

d) Beurteilen Sie die Gewinnsituation, wenn der Monopolist 16 ME anbietet.

e) Bestimmen Sie die Ausbringungsmengen, wenn der Monopolist einen Gewinn von 5 GE erzielen will.

f) Bestimmen Sie die Produktionsmenge mit maximalem Gewinn. Geben Sie den größten Gewinn an.

g) Die Abbildung stellt den Sachverhalt grafisch dar. Beschriften Sie die Abbildung.

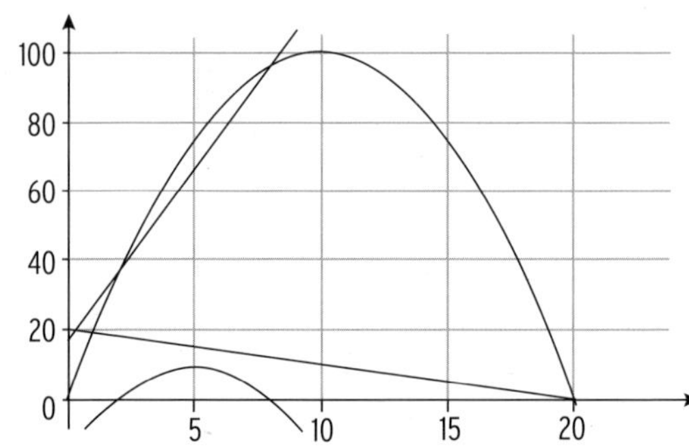

9 Die Abbildung beschreibt die Kosten- und Erlössituation einer Unternehmung.

Ordnen Sie die Graphen der Gesamtkostenfunktion K, der Erlösfunktion E, der Gewinnfunktion G und wenn möglich der Preis-Absatz-Funktion p_N begründet zu.

Tragen Sie in diesem Fall den Cournot'schen Punkt ein.

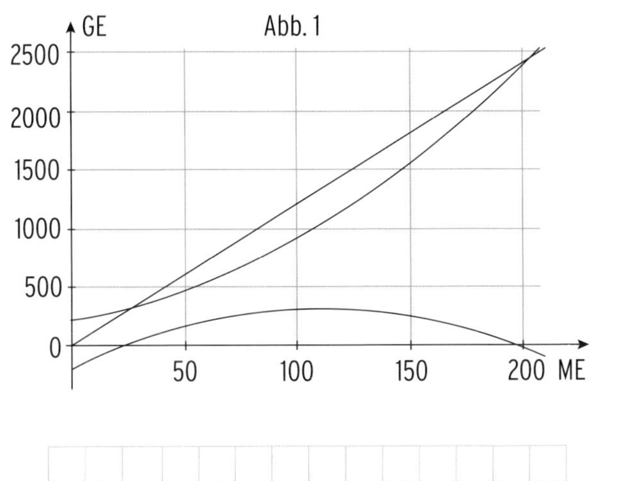

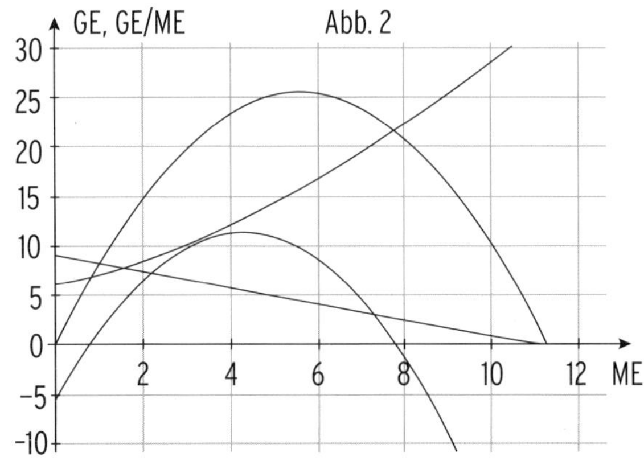

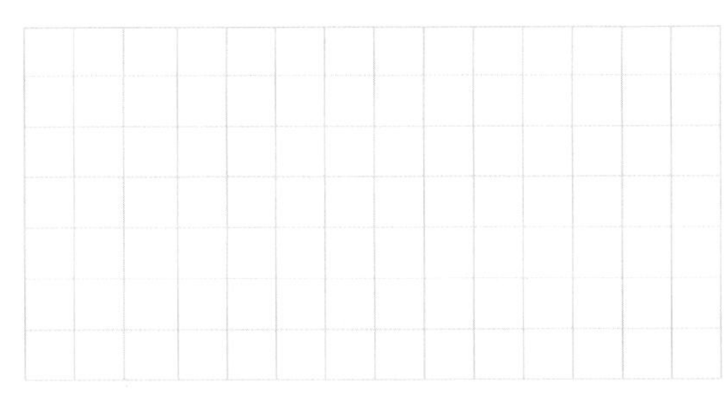

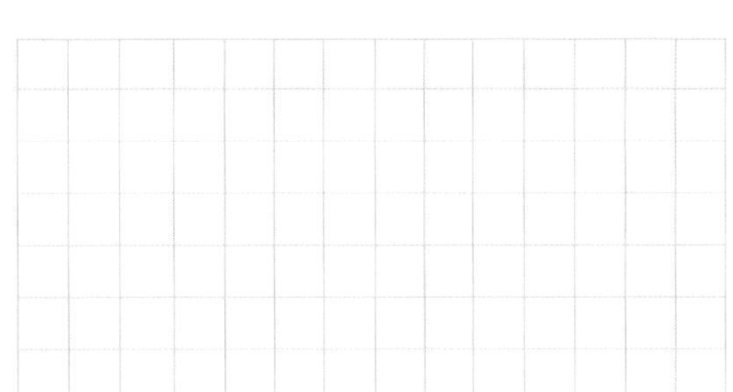

10 Beschränken Sie den Definitionsbereich der Funktionen so, dass die Angebots- und Nachfragefunktion einer Unternehmung dargestellt ist.

Geben Sie $D_{ök}$ und $W_{ök}$ für die Gesamtsituation an. Markieren Sie die Graphen.

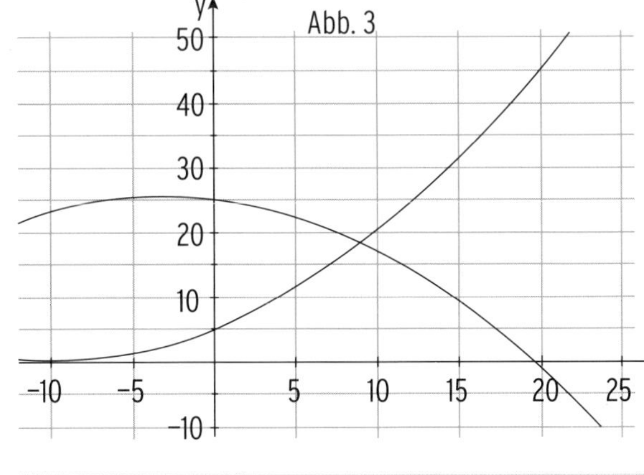

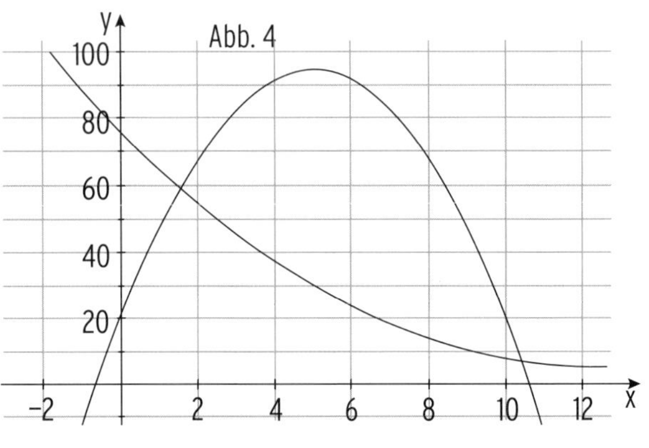

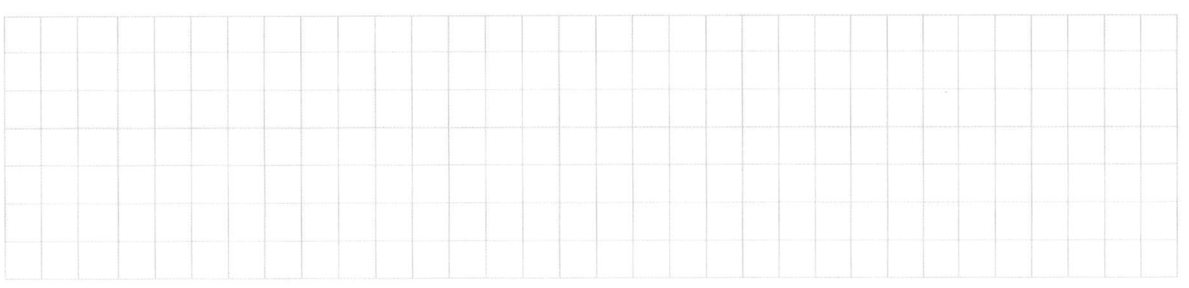

5 Bohner, Ott, Deusch ISBN 978-3-8120-2695-6

11 Die Analyse für ein schmerzlinderndes Präparat ergibt, dass sich die Angebotspreise und die Nachfragesituation auf dem Markt darstellen lassen durch p_A und p_N mit $p_A(x) = 0{,}1x^2 + 0{,}4x + 5{,}4$ und $p_N(x) = 12 - 0{,}15x^2$,

x in ME, $p_A(x)$ bzw. $p_N(x)$ in GE pro ME.

a) Geben Sie die Sättigungsmenge und den Höchstpreis an.

b) Berechnen Sie die Gleichgewichtsmenge und das Marktgleichgewicht.

c) Kennzeichnen Sie die Situation im nebenstehenden Koordinatensystem.

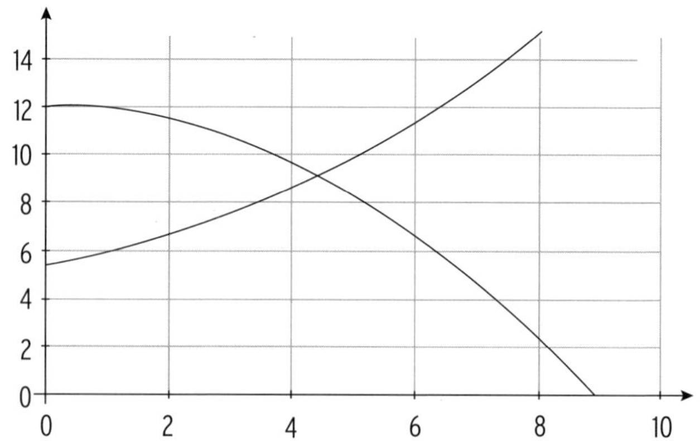

12 Entscheiden Sie, ob die Aussagen wahr oder falsch sind.

5 ist Nullstelle von f mit $f(x) = -x^2 - 5x$	☐ (w) ☐ (f)
Eine quadratische Funktion kann genau eine Nullstelle haben.	☐ (w) ☐ (f)
$\frac{1}{8}x^2 - x + 1 = 0$ hat die Diskriminante 0.	☐ (w) ☐ (f)
Der Funktionsterm einer quadratischen Funktion lässt sich immer in Produktform darstellen.	☐ (w) ☐ (f)

13 Bestimmen Sie den Funktionsterm der quadratischen Funktion f.

Der Graph ist symmetrisch zur Ordinatenachse und verläuft durch (0 | 1) und (1 | 2).	
Der Graph schneidet die Achsen in (0 | 1), (1 | 0) und (2 | 0).	
Die verschobene Normalparabel berührt die Abszissenachse an der Stelle 3.	
Der Graph berührt die Abszissenachse in (– 2 | 0) und verläuft durch (1 | 5).	
f hat die Nullstellen – 3 und 2 und es gilt f(1) = 6.	

14 Die Abbildung zeigt einen Ausschnitt des Graphen von f.
Bestimmen Sie einen geeigneten Funktionsterm.

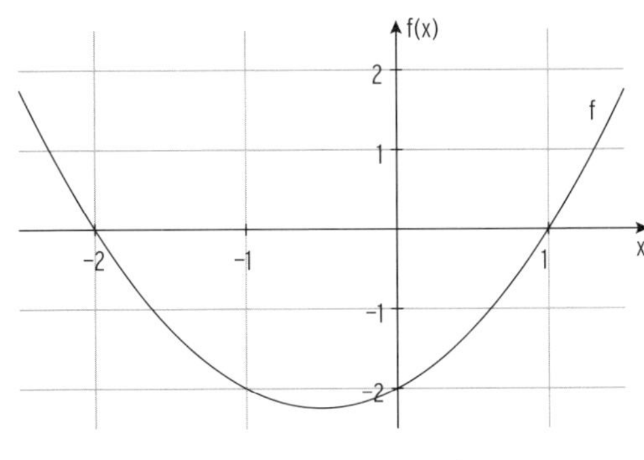

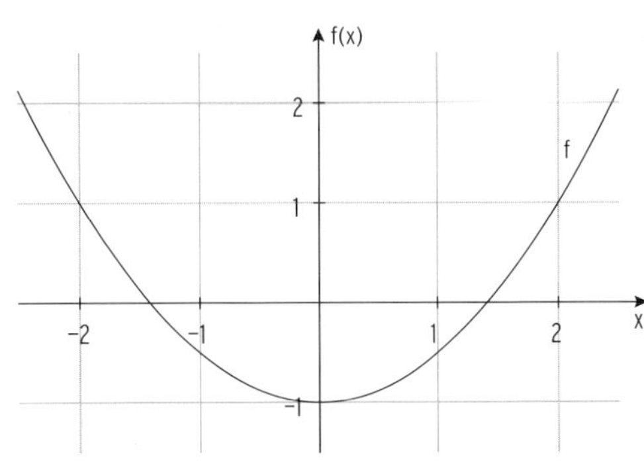

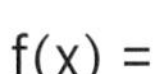
f(x) =

f(x) =

15 Der Graph einer quadratischen Funktion hat den Scheitelpunkt auf der Ordinatenachse und verläuft durch die Punkte A und B. Bestimmen Sie den Funktionsterm.

a) A(1 | − 4) B(3 | − 2)

Ansatz: $f(x) = ax^2 + c$

A(1 | − 4): $a + c = -4$ | · (−1)

B(3 | − 2): $9a + c = -2$

Additionsverfahren: $8a = 2$

$a = 0{,}25$

Einsetzen in z.B. $a + c = -4$: $c = -4{,}25$

Funktionsterm: $f(x) = 0{,}25x^2 - 4{,}25$

b) A(− 2| −3) B(3 | − 1)

16 Der Graph einer quadratischen Funktion verläuft durch die Punkte A, B und C. Bestimmen Sie den Funktionsterm durch quadratische Regression.

a) A(− 2| − 6), B (1 | − 4), C(4 | 0)

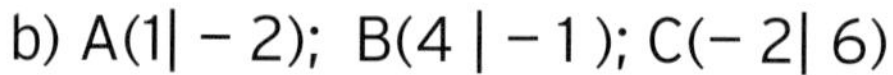
b) A(1| − 2); B(4 | − 1); C(− 2| 6)

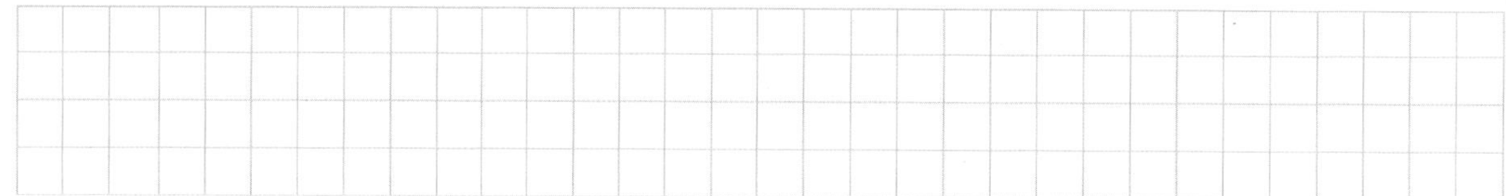

17 Abb. 1 zeigt den Graphen einer quadratischen Gesamtkostenfunktion, Abb. 2 zeigt den Graphen einer quadratischen Angebotsfunktion .
Bestimmen Sie jeweils den Funktionsterm.

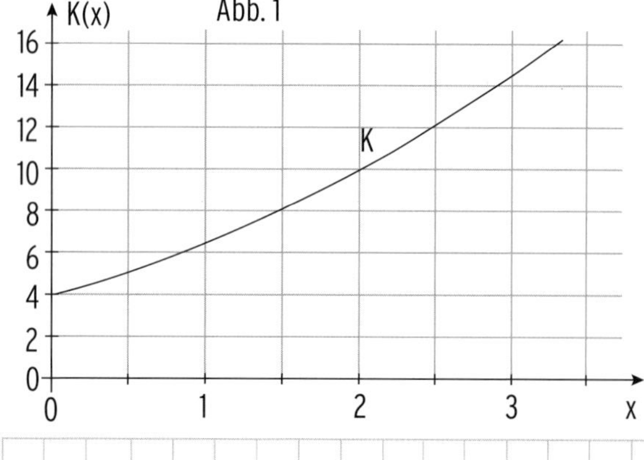

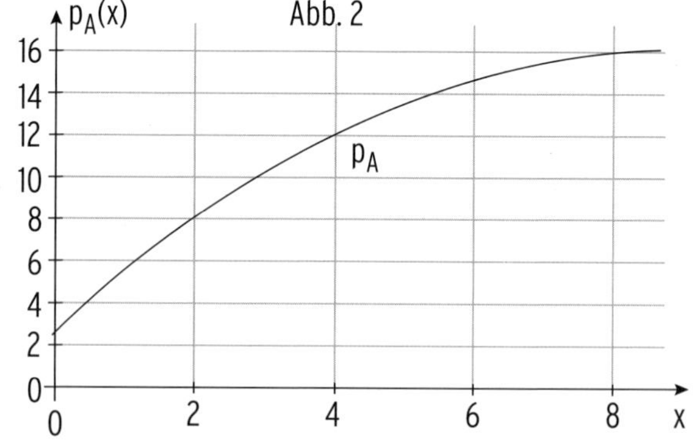

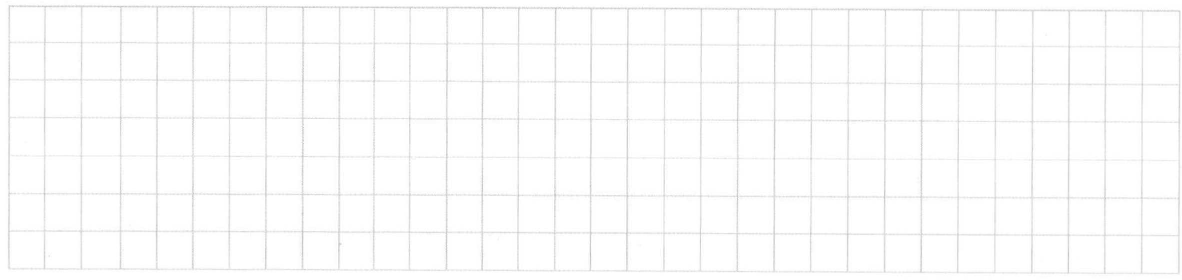

18 Beschriften Sie die Abbildung zum Thema Kostentheorie.

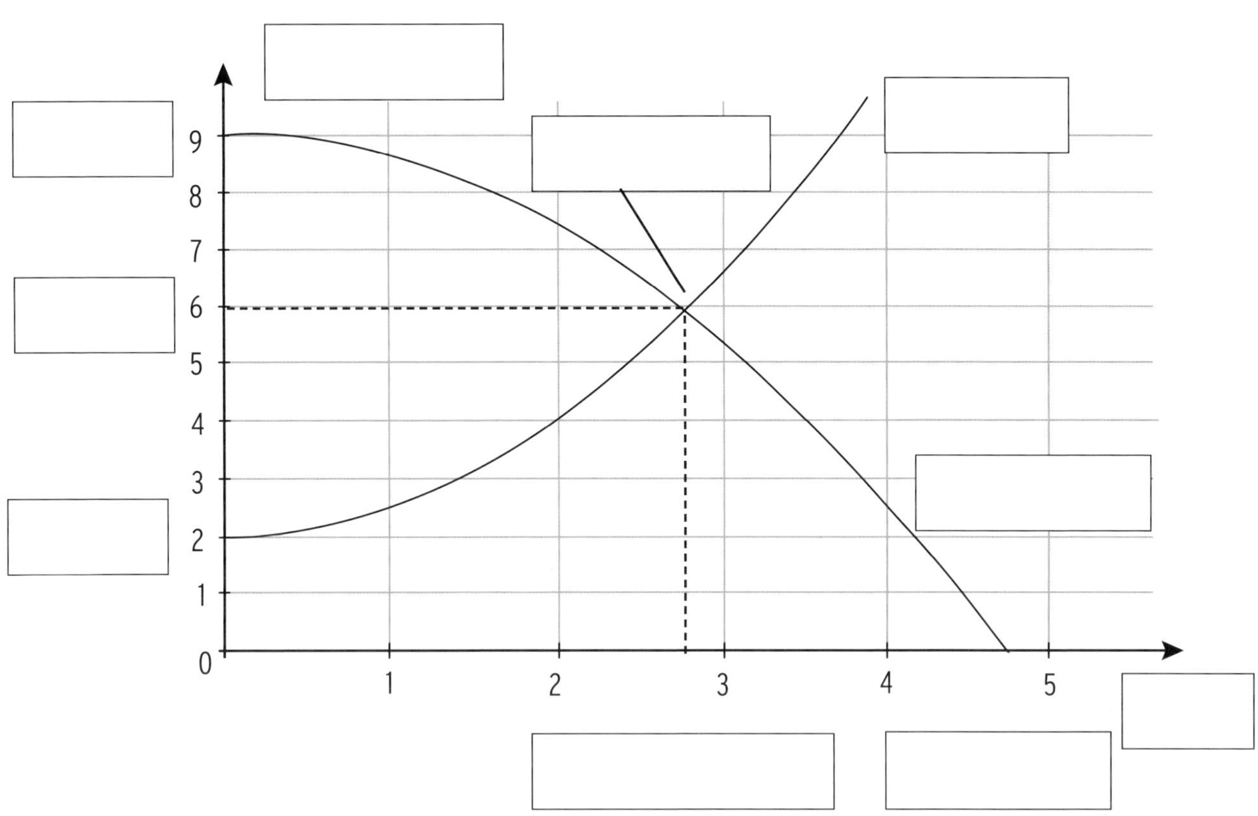

19 Füllen Sie den Lückentext aus.

Die Nachfragefunktion p_N ist eine quadratische Funktion, die zugehörige Kurve ist ______________ .

Je höher der Preis ist, desto __________________________ ist die Menge, die die Konsumenten abnehmen.

Die Angebotsfunktion p_A ist eine quadratische Funktion, die zugehörige Kurve ist ______________. Je höher der Preis ist, desto ______________ ist die Menge, die die Anbieter auf den Markt bringen.

Der Schnittpunkt der __________________ mit der Abszissenachse gibt die ____ an, mit dem Ordinatenachsenschnittpunkt wird der _______________________ ermittelt.

Der Schnittpunkt der beiden Kurven gibt das ______________________ an.

Die Koordinaten des Marktgleichwichts geben die ________________________ x_G und den ______________________________ p_G an.

20 Gegeben ist die Funktion f_t mit $f_t(x) = x^2 + 2tx - 3t$; x, t ∈ ℝ.

a) Bestimmen Sie den Funktionsterm für folgende t-Werte: − 2; − 0,5; 0; 1,5; 5.

$t = -2$: $f_{-2}(x) = x^2 + 2\cdot(-2)x - 3\cdot(-2) = x^2 - 4x + 6$	
$t = -0{,}5$:	$t = 0$:
$t = 1{,}5$:	$t = 5$:

b) Bestimmen Sie die Funktionswerte.

$f_{-1}(5)$: $f_{-1}(x) = x^2 + 2\cdot(-1)x - 3\cdot(-1) = x^2 - 2x + 3$; $f_{-1}(5) = 25 - 10 + 3 = 18$	
$f_4(-1)$:	$f_{-3}(0)$:
$f_{0,1}(1)$:	$f_{-2}(-0{,}5)$:

21 Gegeben ist die Funktion f_t mit $f_t(x) = tx^2 + 2x - 3t$; x, t ∈ ℝ.

Ordnen Sie jedem Schaubild den zugehörigen Parameterwert zu.

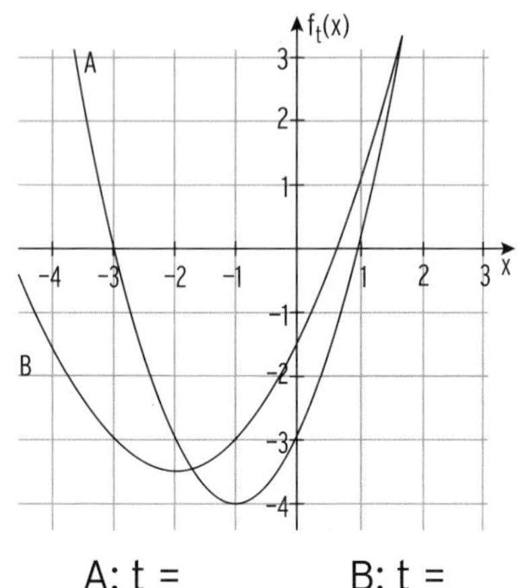

A: t = B: t =

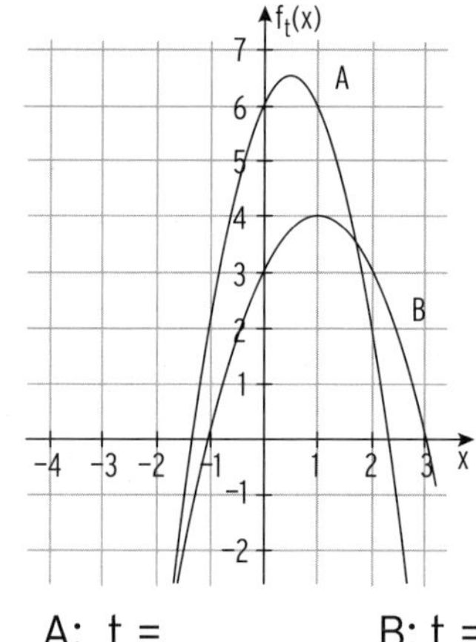

A: t = B: t =

22 Skizzieren Sie das Schaubild der Funktion f_t mit $f_t(x) = 0{,}5tx^2 + 2$; x, t ∈ ℝ

für t = − 2; − 1; 1; 4

in nebenstehendes Koordinatensystem.

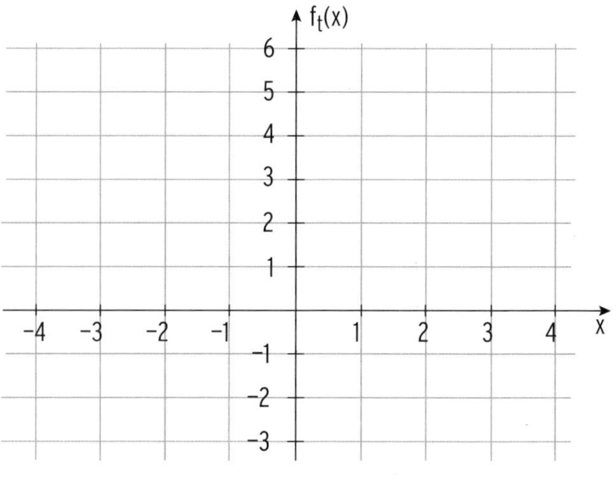

4 Potenzfunktionen

1 Berechnen Sie den Funktionswert $f(x_0)$ ohne Hilfsmittel.

a) $f(x) = \frac{1}{8}x^4$; $f(-2) =$ b) $f(x) = \frac{3}{x^2}$; $f(-0{,}5) =$ c) $f(x) = \frac{x^{0{,}5}}{10}$; $f(25) =$

2 Bestimmen Sie den Funktionsterm, wenn der Graph von f mit $f(x) = x^4$; $x \in \mathbb{R}$

in Ordinatenrichtung mit Faktor 3 gestreckt wird.	
in Ordinatenrichtung um 1,5 verschoben wird.	
an der Abszissenachse gespiegelt wird.	
um 2 nach rechts verschoben wird.	
in Abszissenrichtung mit Faktor 2 gestreckt wird.	

3 Die Abbildung zeigt Graphen der Potenzfunktionen f_1 bis f_4. Ordnen Sie zu und begründen Sie Ihre Zuordnung mit Hilfe der Begriffe Symmetrie und Asymptote.
$f_1(x) = x^4 - 1$; $f_2(x) = 0{,}5x^{-2}$; $f_3(x) = -x^{\frac{1}{2}}$; $f_3(x) = \frac{2}{3x}$.

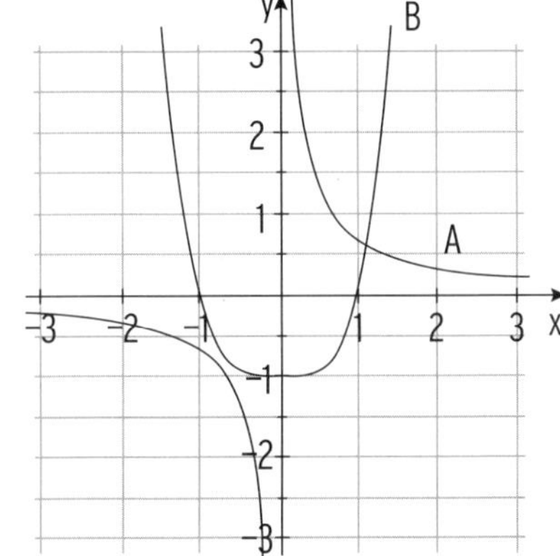

A:

B:

C:

D:

4 Der Graph von f mit $f(x) = \frac{1}{x}$; $x > 0$ wird
A: um 1 nach oben verschoben
B: mit Faktor 0,5 in Ordinatenrichtung gestreckt
C: um 2 nach rechts verschoben.
Ordnen Sie zu.

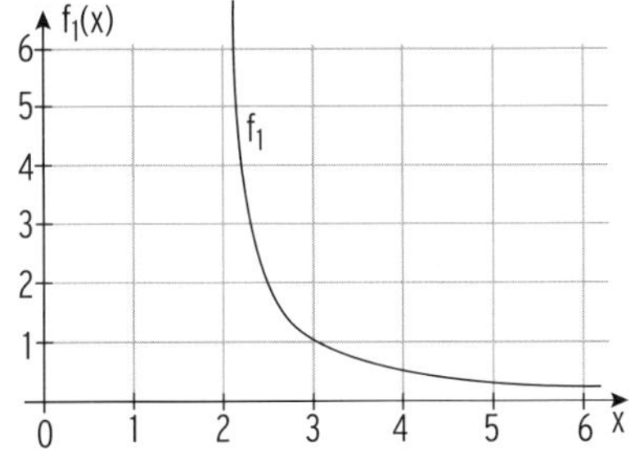

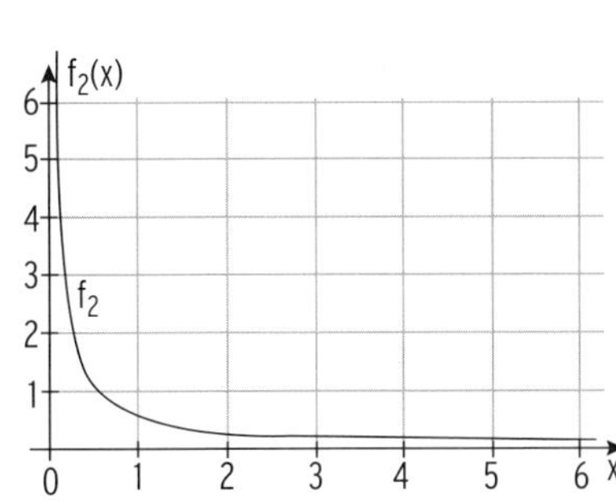

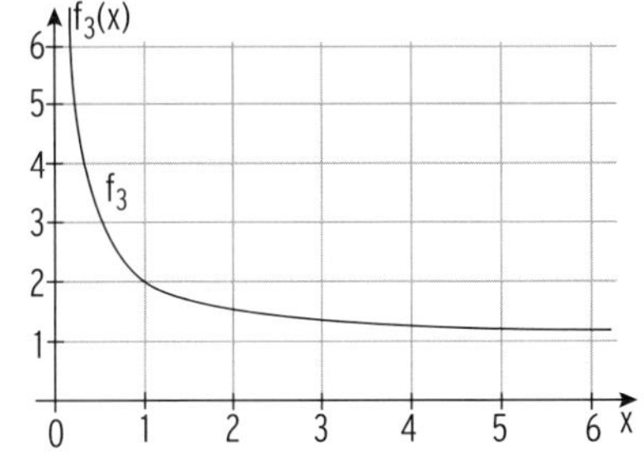

5 *Ganzrationale Funktionen dritten Grades*

f mit $f(x) = ax^3 + bx^2 + cx + d$; $a \neq 0$ ist eine ganzrationale Funktion 3. Grades.

Verlauf des zugehörigen Schaubildes: für $a > 0$ vom III. in den I. Quadranten
für $a < 0$ vom II. in den IV. Quadranten

1 Der Graph einer ganzrationalen Funktion dritten Grades ist abgebildet.
Füllen Sie die Tabelle aus.

Schaubild	Symmetrie / Verlauf	Funktionsterm
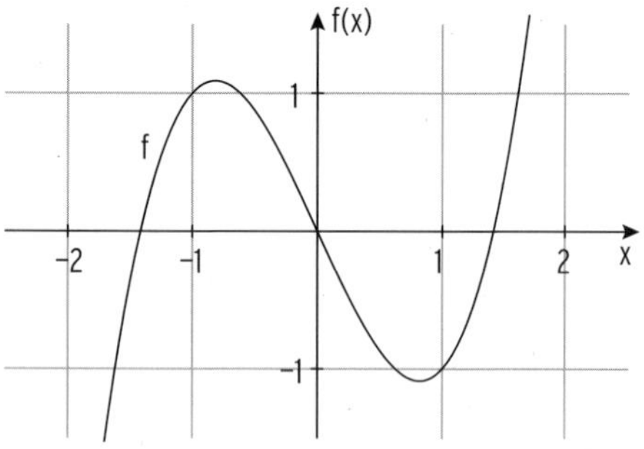	☐ Symmetrie zu O ☐ $f(x) = -f(-x)$ Verlauf: von _____ in _____	☐ $f(x) = x^3 - 2x$ ☐ $f(x) = x^3 - x + 1$
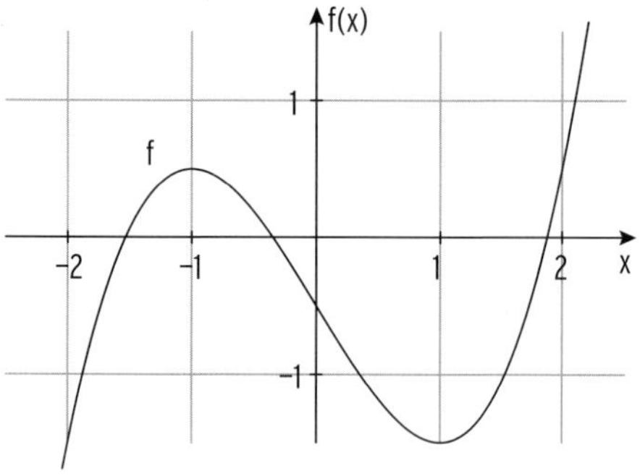	☐ Sym. zu $(0 \mid -\frac{1}{2})$ ☐ $f(x) = f(-x)$ Verlauf: von _____ in _____	☐ $f(x) = \frac{1}{2}(x^3 - 3x - 1)$ ☐ $f(x) = x^3 - 3x - 1$
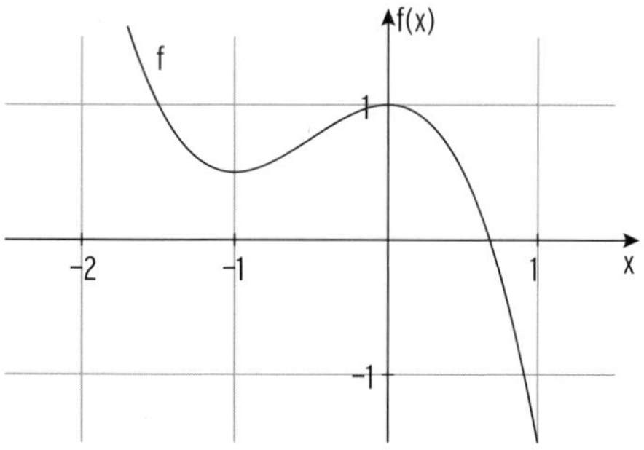	☐ Sym. zu $(0 \mid 1)$ ☐ Symmetrie zu O Verlauf: von _____ in _____	☐ $f(x) = x^3 - \frac{3}{2}x^2 + 1$ ☐ $f(x) = -x^3 - \frac{3}{2}x^2 + 1$
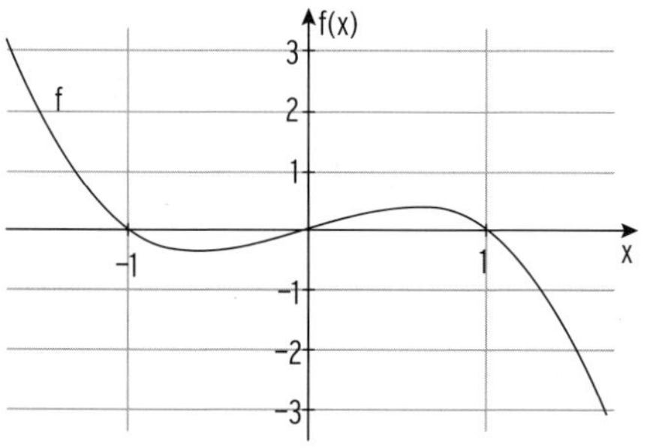	☐ Sym. zu $(1 \mid 0)$ ☐ Symmetrie zu O Verlauf: von _____ in _____	☐ $f(x) = -x^3 + x$ ☐ $f(x) = -\frac{1}{3}x^3 + x$

2 Füllen Sie die Tabelle aus.

Funktionsterm	Globales Verhalten von f	Symmetrie
$f(x) = -x^3 - 5x$	für $x \to \infty$: $f(x) \to$ für $x \to -\infty$: $f(x) \to$	☐ zum Ursprung ☐ zur Ordinatenachse
$f(x) = -3x^2 + 2$	für $x \to \infty$: $f(x) \to$ für $x \to -\infty$: $f(x) \to$	☐ $f(x) = f(-x)$ ☐ $f(x) = -f(-x)$
$f(x) = \frac{1}{8}x^2 - x + 1$	für $x \to \infty$: $f(x) \to$ für $x \to -\infty$: $f(x) \to$	☐ zu g: $x = 4$ ☐ zur Ordinatenachse
$f(x) = \frac{1}{2}x^3 - x + 2$	für $x \to \infty$: $f(x) \to$ für $x \to -\infty$: $f(x) \to$	☐ zu (0 | 1) ☐ zu (0 | 2)

3 Ordnen Sie jeder Polynomgleichung ein Lösungsverfahren zu.

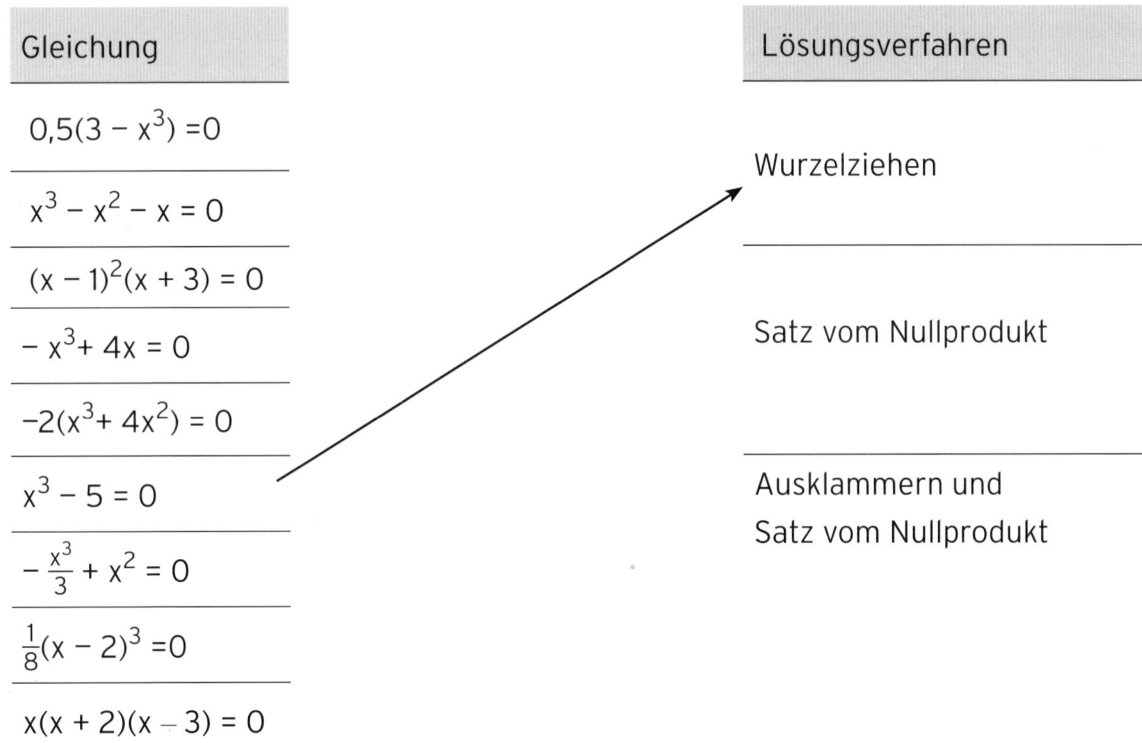

Gleichung
$0{,}5(3 - x^3) = 0$
$x^3 - x^2 - x = 0$
$(x - 1)^2(x + 3) = 0$
$-x^3 + 4x = 0$
$-2(x^3 + 4x^2) = 0$
$x^3 - 5 = 0$
$-\frac{x^3}{3} + x^2 = 0$
$\frac{1}{8}(x - 2)^3 = 0$
$x(x + 2)(x - 3) = 0$

Lösungsverfahren
Wurzelziehen
Satz vom Nullprodukt
Ausklammern und Satz vom Nullprodukt

6 Bohner, Ott, Deusch ISBN 978-3-8120-2695-6

4 Lösen Sie die Gleichung durch Wurzelziehen.

Gleichung:	$4x^3 - 1 = 0$	$0{,}5x^3 - 5 = 0$	$-2x^3 - 2 = 0$
Lösung	$4x^3 = 1$ $x^3 = \frac{1}{4}$ $x = \sqrt[3]{\frac{1}{4}}$ (eine Lösung)		

5 Lösen Sie die Gleichung mit dem Satz vom Nullprodukt.

Gleichung:	$x^3(1 - x^2) = 0$	$(x - 5)x^3 = 0$	$x(x - 4)(x + 1) = 0$
Lösung	$x^3(1 - x^2) = 0$ $x^3 = 0 \vee 1 - x^2 = 0$ $x = 0 \vee x = -1 \vee x = 1$		

6 Lösen Sie die Gleichung durch Ausklammern und Anwendung des Satzes vom Nullprodukt.

Gleichung:	$4x^3 - x^2 = 0$	$x^3 - 5x^2 + 2x = 0$	$-2x^3 - 2x^2 = 0$
Lösung	$4x^3 - x^2 = 0$ $x^2(4x - 1) = 0$ $x^2 = 0 \vee 4x - 1 = 0$ $x = 0 \vee x = \frac{1}{4}$		

7 Lösen Sie mit GTR/CAS.

a) $4x^3 - x^2 + 1 = 0$

b) $x^3 - x^2 - x = -1$

c) $\frac{1}{4}x^3 - x + \frac{3}{2} = x^2$

d) $0{,}125x^3 - 2x^2 + 0{,}5x = x^2 + 3x$

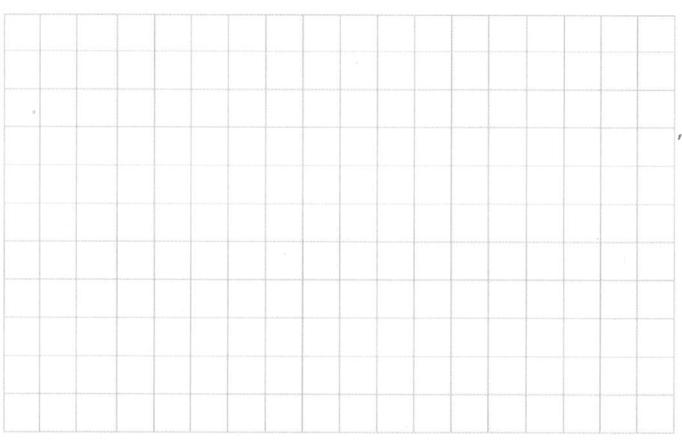

8 Berechnen Sie die Nullstellen von f und skizzieren Sie das Schaubild von f.

Funktionsterm	$f(x) = -x^3 + 3x$	Skizze
Nullstellen: $f(x) = 0$	$-x^3 + 3x = 0$ $-x(x^2 - 3) = 0$ $x = 0 \vee x^2 - 3 = 0$ $x = 0 \vee x = -\sqrt{3} \vee x = \sqrt{3}$ drei einfache NST von f	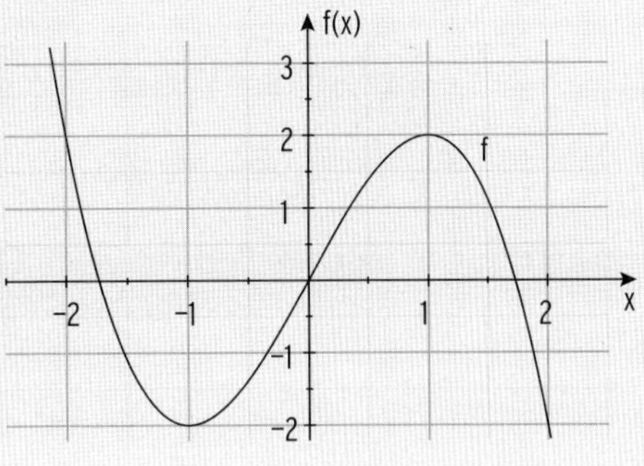

Funktionsterm	$f(x) = x^3 - 2x^2$	Skizze
Nullstellen: $f(x) = 0$		

Funktionsterm	$f(x) = 0{,}5\,x(1 - x)(x + 3)$	Skizze
Nullstellen: $f(x) = 0$		

Funktionsterm	$f(x) = 3x - 2x^2 - x^3$	Skizze
Nullstellen: $f(x) = 0$		

9 Berechnen Sie die Schnittpunkte der Graphen von f und g. Skizzieren Sie das Schaubild von g in das gegebene Achsenkreuz ein.

$f(x) = -x^3 + 3x;\ g(x) = 0{,}5x^2$

Skizze

f(x) = g(x)	$-x^3 + 3x = 0{,}5x^2$
Nullform:	$-x^3 - 0{,}5x^2 + 3x = 0$
Ausklammern:	$-x(x^2 + 0{,}5x - 3) = 0$
	$x = 0 \vee x^2 + 0{,}5x - 3 = 0$
	$x_1 = 0;\ x_2 = -2;\ x_3 = 1{,}5$

$g(0) = 0;\ g(-2) = 2;\ g(1{,}5) = 1{,}125$

$S_1(0 \mid 0);\ S_2(-2 \mid 2);\ S_3(1{,}5 \mid 1{,}125)$

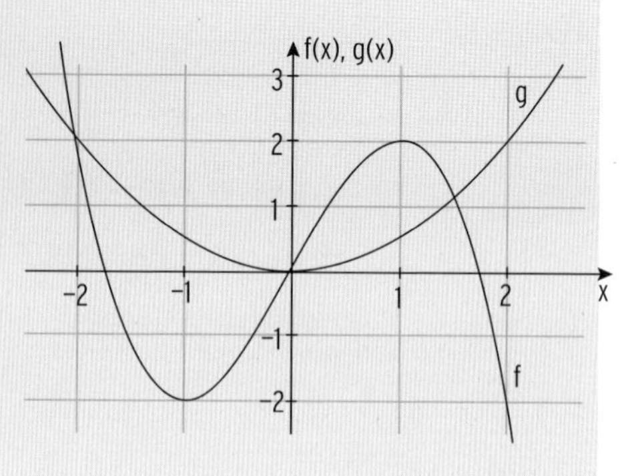

$f(x) = x^3 - 2x^2 + 1;\ g(x) = 3x + 1$

Skizze

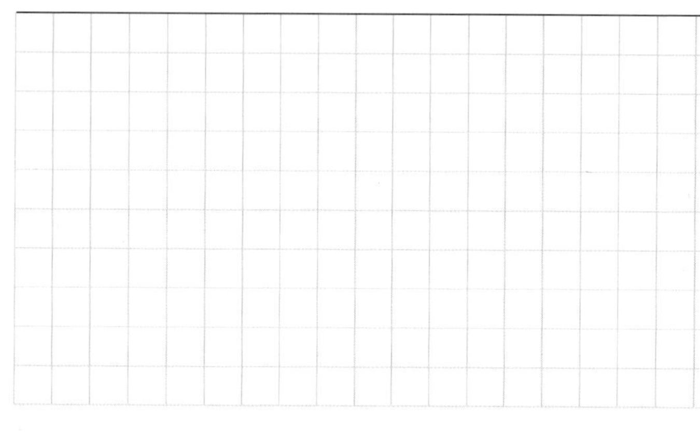

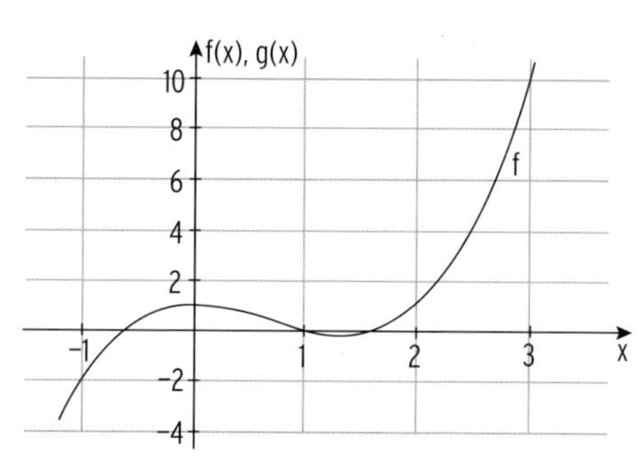

$f(x) = \frac{1}{4}x^3 - 4x;\ g(x) = x^2 - 4x$

Skizze

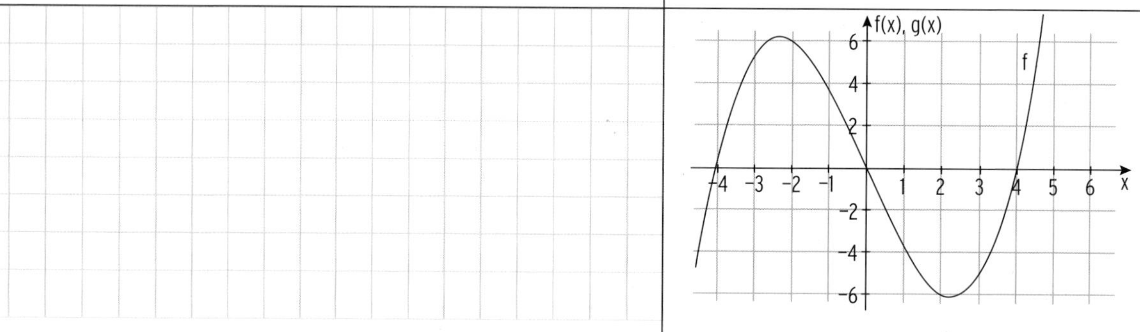

10 Berechnen Sie die Schnittpunkte der Graphen von f und g.

$f(x) = x^3 - 3x^2 + 3x + 27;\ x \geq 0$ $\qquad g(x) = 28x;\ x \geq 0$

11 Im Heft von Julia stehen Teillösungen zum Aufstellen von ganzrationalen Funktionen. Bestimmen Sie eine mögliche Aufgabenstellung.

Heftaufschrieb	Aufgabenstellung
$5 = a \cdot 2^2 + 1$	Die Parabel mit Scheitel S(0 | 1) verläuft durch P (2 | 5).
$8 = a(0 + 1)^2(0 + 7)$	Der Graph einer ganzrationalen Funktion 3. Grades verläuft durch A (... | ...), B(... | ...) und ______ in C(... | ...).
$a + b + c = 5$ $4a + 2b + c = 8$ $c = 2$	Der Graph einer ganzrationalen Funktion ______ verläuft durch ______ ______ ______.
$a + b + c = 0$ $a - b + c = -8$ $9a + 3b + c = 1$	Der Graph einer ganzrationalen Funktion ______ verläuft durch ______.
$a + b + c + d = 1$ $-a + b - c + d = 3$ $8a + 4b + 2c + d = 0$ $d = 2$	Der Graph einer ganzrationalen Funktion ______ verläuft durch ______ ______ ______.

12 Bestimmen Sie einen geeigneten Funktionsterm.

a) Der Graph einer ganzrationalen Funktion f 3. Grades ist symmetrisch zum Ursprung und verläuft durch die Punkte A $(1 \mid \frac{7}{4})$ und B$(-2 \mid -2)$.
Lösung:
Ansatz: f(x) = ______
Punktprobe mit A: ______
Punktprobe mit B: ______
Die Lösung des linearen Gleichungssystems ist a = und c =
Funktionsterm: f(x) = ______

b) Der Graph einer ganzrationalen Funktion f 3. Grades mit $f(x) = ax^3 + bx^2 + 2x + d$ verläuft durch die Punkte A(0 | 3), B(2 | 11) und C(1 | 5).
Lösung:
Punktprobe mit A: ______
Punktprobe mit B: ______
Punktprobe mit C: ______

Die Lösung des linearen Gleichungssystems ist a = , b = und d = .
Funktionsterm: f(x) = ______

13 Der Graph einer ertragsgesetzlichen Kostenfunktion verläuft durch A, B und C. Bestimmen Sie den Funktionsterm.

a) A(1 | 2), B(2 | 5) und C(3 | 12); die fixen Kosten betragen 1 GE.

1. Punktprobe in $K(x) = ax^3 + bx^2 + cx + 1$:

A(1 | 2): $a + b + c + 1 = 2$ | $a + b + c = 1$ | LGS für a, b, c

B(2 | 5): ____________ | ____________

C(3 | 12): ____________ | ____________

2. LGS in Matrixform: $\left(\begin{array}{ccc|c} 1 & 1 & 1 & 1 \\ & & & \\ & & & \end{array}\right)$

3. Lösung mit GTR/CAS: a = ; b = ; c =

Funktionsterm der Gesamtkostenfunktion K: $K(x) = \frac{1}{3}x^3 + \frac{2}{3}x + 1$

b) A(1 | 54), B(2 | 60) und C(3 | 64); die fixen Kosten betragen 40 GE.

Punktprobe in $K(x) = ax^3 + bx^2 + cx + 40$:

14 Für eine ertragsgesetzliche Gesamtkostenfunktion ist bekannt:
$K(0) = 20$; $K(2) = 28$; $K(5) = 85$, $K(10) = 700$.
Bestimmen Sie den Funktionsterm durch kubische Regression.

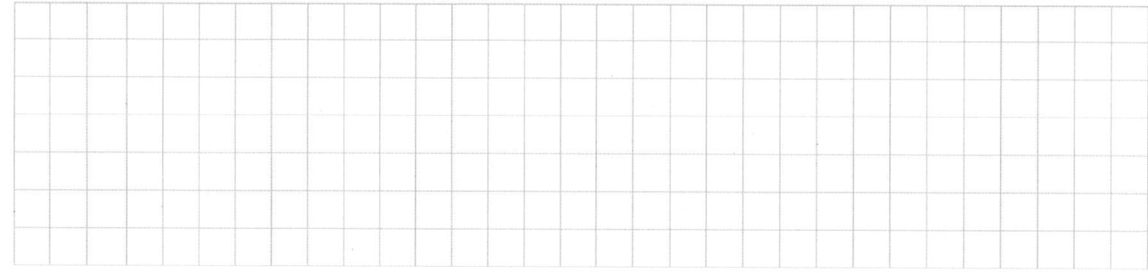

15 Der Graph einer ertragsgesetzlichen Gesamtkostenfunktion K ist abgebildet. Die Kosten für 1 ME betragen 36 GE. Bestimmen Sie ein lineares Gleichungssystem, dessen Lösung zum Funktionsterm führt.

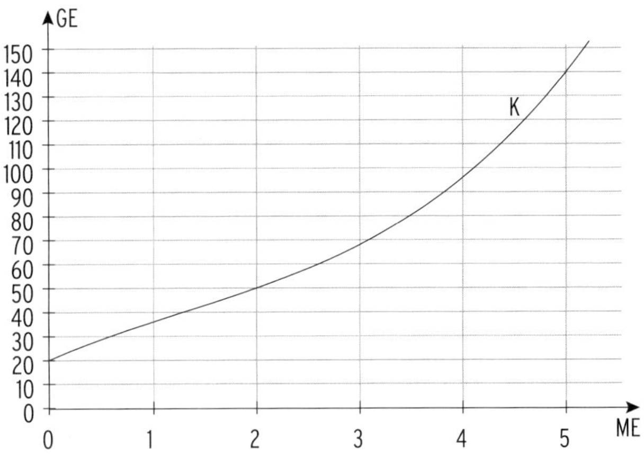

16 Gegeben ist die Kostenfunktion K und die Erlösfunktion E. Füllen Sie die Tabelle aus.

Gesamtkostenfunktion K Erlösfunktion E	$K(x) = x^3 - 4x^2 + 19x + 20$ $E(x) = 30x$	$K(x) = 0{,}2x^3 - 2x^2 + 10x + 90$ $E(x) = 20x$
Gewinnfunktion		
Variable Stückkostenfunktion		
Stückkostenfunktion		
Preis pro ME		
Erlös bei 5 ME		
Gewinn bei 10 ME		
Gesamtkosten bei 6 ME		
die fixen Kosten		
Stückkosten bei 4 ME		
variable Gesamtkosten bei 3 ME		
x = 5 (ME) liegt in der Gewinnzone		
variable Stückkosten bei 2 ME		

17 Entscheiden Sie, ob die Aussagen wahr oder falsch sind.

Das Schaubild einer Gesamtkostenfunktion ist fallend.	☐ (w) ☐ (f)
Eine ertragsgesetzliche Gesamtkostenfunktion kann (für $x \geq 0$) genau eine Nullstelle haben.	☐ (w) ☐ (f)
Das Schaubild einer ganzrationalen Funktion 3. Grades kann nur im I. und IV. Quadranten verlaufen.	☐ (w) ☐ (f)
Eine ganzrationale Funktion 3. Grades hat mindestens eine Nullstelle.	☐ (w) ☐ (f)
Der Funktionsterm $f(x) = x^3 + 1$ kann (für $x \geq 0$) die Gesamtkosten eines Produktes beschreiben.	☐ (w) ☐ (f)

18 Gegeben ist die Gesamtkostenfunktion K und die Erlösfunktion E.
Füllen Sie die Tabelle aus.

Gesamtkostenfunktion K Erlösfunktion E	$K(x) = x^3 - 6x^2 + 15x + 32$ $E(x) = -7x^2 + 49x$	$K(x) = 2x^3 - 18x^2 + 60x + 82$ $E(x) = -18x^2 + 144x$
Gewinnfunktion		
Variable Stückkosten-funktion		
Stückkostenfunktion		
Preis-Absatz-Funktion		
Erlös bei 5 ME		
Gewinn bei 10 ME		
Gesamtkosten bei 16 ME		
die fixen Kosten		
Stückkosten bei 4 ME		
variable Gesamt-kosten bei 3 ME		
Erlösmaximalstelle Erlösmaximum		
x = 5 (ME) liegt in der Gewinnzone		
$K(2) > E(2)$		

19 Die Abbildung zeigt den Graph einer ertragsgesetzlichen Gesamtkostenfunktion und einer Erlösfunktion.

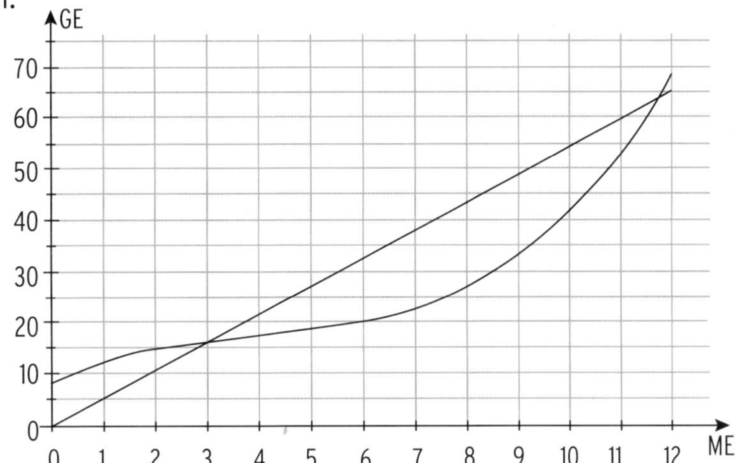

Beschreiben Sie den Verlauf der beiden Graphen, indem Sie den Lückentext mit folgenden Begriffen sinnvoll ergänzen: steigend, degressiv, progressiv, wachsen, Gewinnschwelle, Gewinngrenze; Gewinnzone, Fixkosten, Break-Even-Punkt, Kapazitätsgrenze, ökonomisch sinnvollen, größten, konstant, Ursprungsgerade, Steigung, Stückpreis, maximal, 8 GE.

Der Graph der Gesamtkostenfunktion K mit $K(x) = \frac{1}{12}x^3 - x^2 + 5x + 8$ verläuft im

____________ ____________ Definitionsbereich $D_{ök}(K) = [0; 12]$ ____________,

d.h. mit zunehmender Produktionsmenge ____________ die Gesamtkosten. Die

Kosten wachsen bis etwa 4 ME ____________ und danach ____________.

Die ____________ liegt bei 12 ME.

Der Graph beginnt in (0 | 8). Dies entspricht den ____________ in Höhe von ______.

Der Graph der Erlösfunktion ist eine ____________ , die ____________ ist

____________ und entspricht dem ____________.

Die erste Schnittstelle von Kostenkurve und Erlösgerade liegt bei ______ und wird als

____________ bezeichnet. Die zweite Schnittstelle von Kostenkurve und Erlösgerade liegt bei ______ und wird als ____________ bezeichnet. Der Bereich

zwischen ____________ und ____________ ist die ____________.

Der zur Gewinnschwelle gehörige Schnittpunkt heißt ____________ ____________.

Bei etwa 8 ME ist die Ordinatendifferenz von K(x) und E(x) am ____________,

der Gewinn wird hier ____________.

7 Bohner, Ott, Deusch ISBN 978-3-8120-2695-6

20 Die Abbildung zeigt den Graphen der Funktion f mit $f(x) = \frac{1}{10}(x + 2)^2(x - 10);\ x \in \mathbb{R}$.
Bestimmen Sie einen ökonomisch sinnvollen Definitionsbereich so, dass der Graph eine Angebotsfunktion beschreibt.
Begründen Sie Ihr Ergebnis.

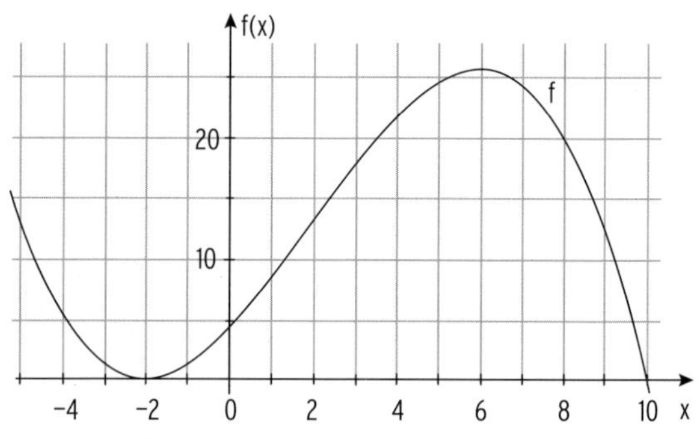

21 Die Abbildung beschreibt die Gesamtkosten- und die Erlössituation eines Monopolisten. Ordnen Sie die Graphen der Gesamtkostenfunktion K, der Erlösfunktion E, der Gewinnfunktion G und der Preis-Absatz-Funktion p_N begründet zu.
Tragen Sie den Cournot'schen Punkt ein.

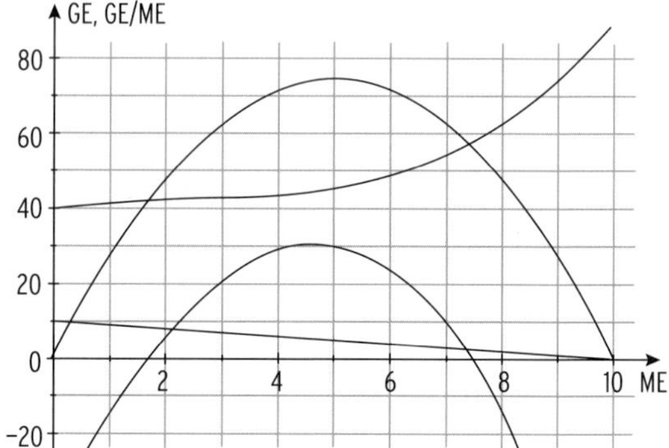

22 Bestimmen Sie, für welchen Wert von a die Gesamtkostenfunktion K_a mit $K_a(x) = x^3 - ax^2 + 43x + 72$ an der Stelle $x = 6$ den Wert 510 annimmt.

23 Gegeben ist die Gesamtkostenfunktion K_a mit $K_a(x) = ax^3 - 1{,}2x^2 + 61x + 5000$.
Bestimmen Sie, für welchen Wert von a die variablen Stückkosten an der Stelle $x = 60$ den Wert 25 annehmen.

24 Die Nachfragesituation kann durch p_N mit $p_N(x) = 12 - ax^3;\ x \in \mathbb{R},\ x \geq 0,\ a > 0$, beschrieben werden. Geben Sie die Sättigungsmenge in Abhängigkeit vom Parameter a an.

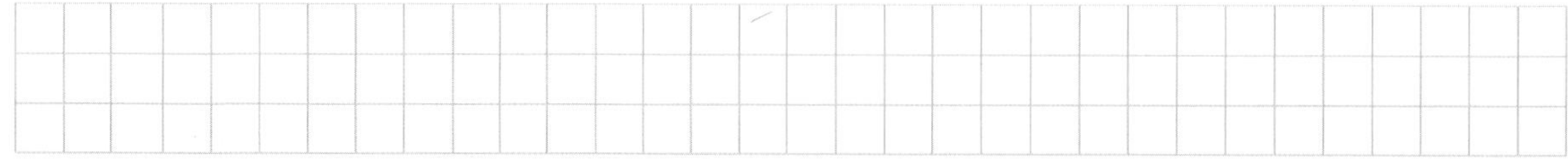

III Exponentialfunktionen

Schaubilder und Gleichungen

1 Zeichnen Sie das Schaubild der Exponentialfunktion mithilfe einer Wertetabelle .

a) Funktionsterm: $f(x) = 2^x$ Skizze:

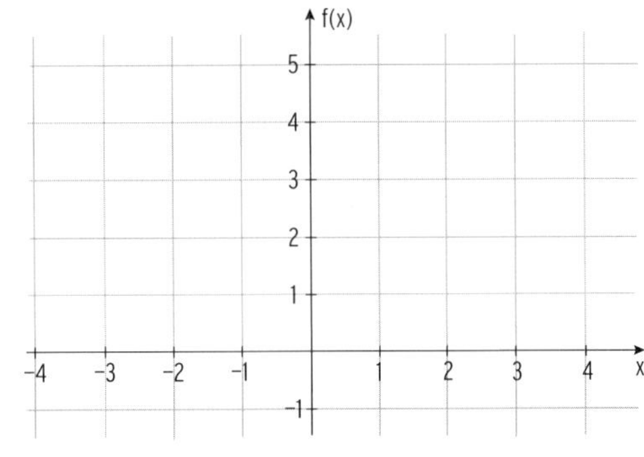

$f(-2) =$

$f(0,5) =$

$f(1) =$

$f(0)=$

b) Funktionsterm: $f(x) = 0,5^x$ Skizze:

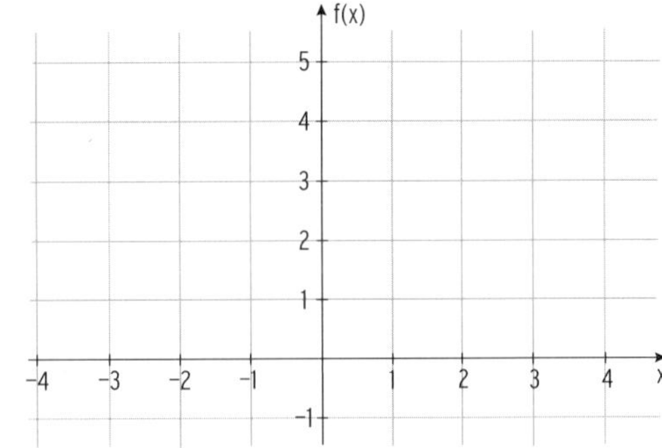

$f(-2) =$

$f(0,5) =$

$f(1) =$

$f(0)=$

c) Funktionsterm: $f(x) = -2^x$ Skizze:

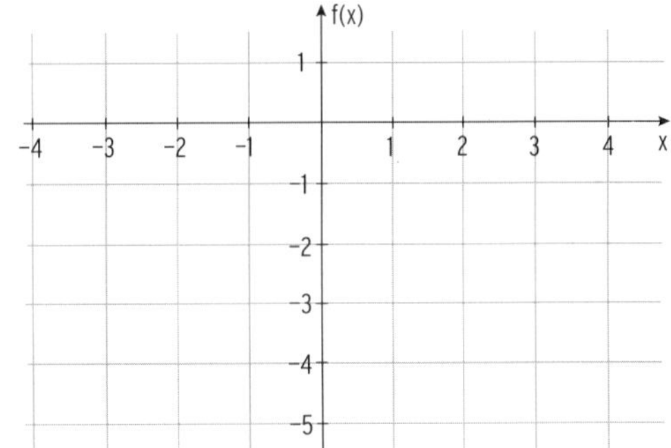

$f(-2) =$

$f(0,5) =$

$f(1) =$

$f(0)=$

2 Bestimmen Sie zu jedem Schaubild in der Abbildung den zugehörigen Funktionsterm.

a)

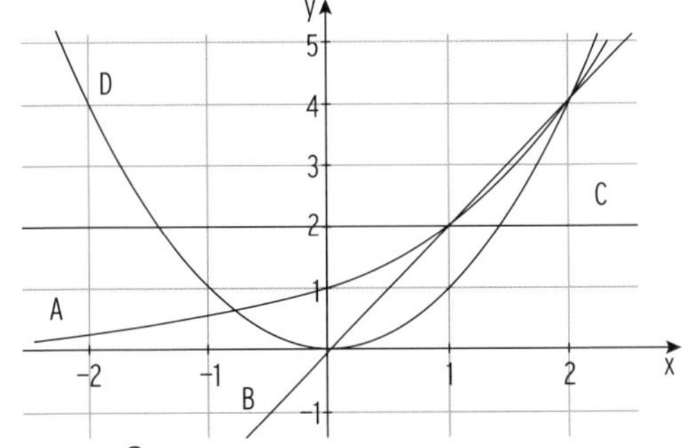

$f(x) = x^2$:

$g(x) = 2^x$:

$h(x) = 2x$:

$j(x) = 2$:

b)

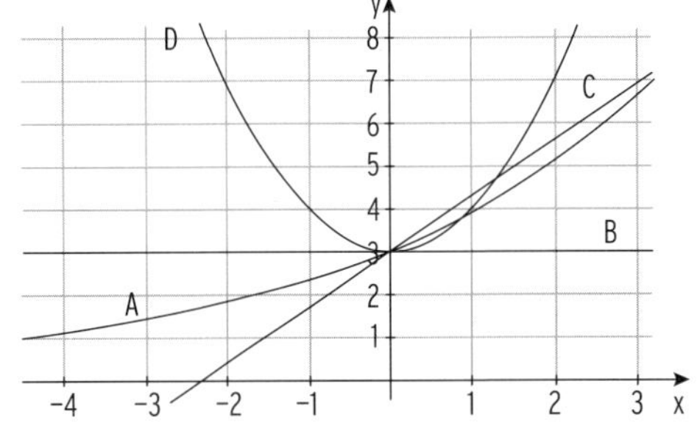

$f(x) = x^2 + 3$:

$g(x) = 3 \cdot 1,3^x$:

$h(x) = 3 + 1,3x$:

$j(x) = 3$:

3 Stellen Sie den Vorgang im Koordinatensystem dar. Entscheiden Sie, ob Sie hierbei eine lineare Funktion (Gerade) oder eine Exponentialfunktion verwenden. Beschriften Sie die Achsen.

a) Oma Marta hat in ihrem Kopfkissen 1200 EUR versteckt. Pro Monat legt sie 250 EUR hinzu.

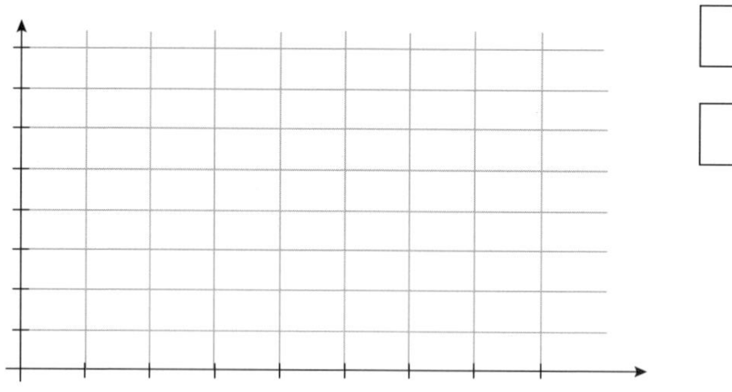

☐ linear

☐ exponentiell

b) Ein Guthaben von 50 € auf einem Sparbuch verzinst sich mit 2 %.

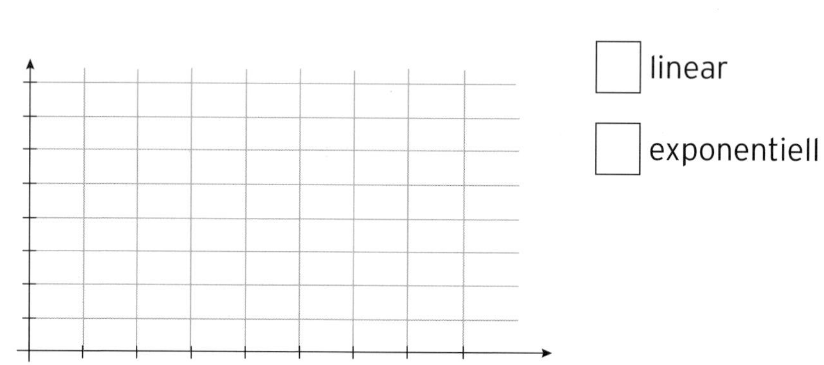

☐ linear

☐ exponentiell

4 Entscheiden Sie, welcher Graph welche Wachstumsform beschreibt. Ordnen Sie zu.

- lineares Wachstum ☐
- linearer Zerfall ☐
- exponentielles Wachstum ☐
- exponentieller Zerfall ☐

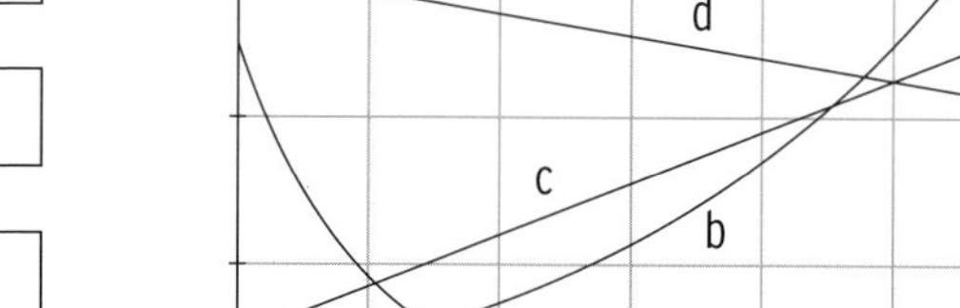

5 Entscheiden Sie, ob lineares oder exponentielles Wachstum vorliegt.

x	0	1	2	3
y	1	6	11	16

☐ linear

☐ exponentiell

Begründung:

x	0	1	2	3
y	1	3	9	27

☐ linear

☐ exponentiell

Begründung:

x	0	1	2	3
y	1	1,2	1,44	1,728

☐ linear

☐ exponentiell

Begründung:

6 Die Abbildung zeigt den Graphen von f mit $f(x) = 2{,}5^x$; $x \in \mathbb{R}$ bzw. g mit $g(x) = 2{,}5^{-x}$; $x \in \mathbb{R}$. Skizzieren Sie den Graphen der Funktion h.

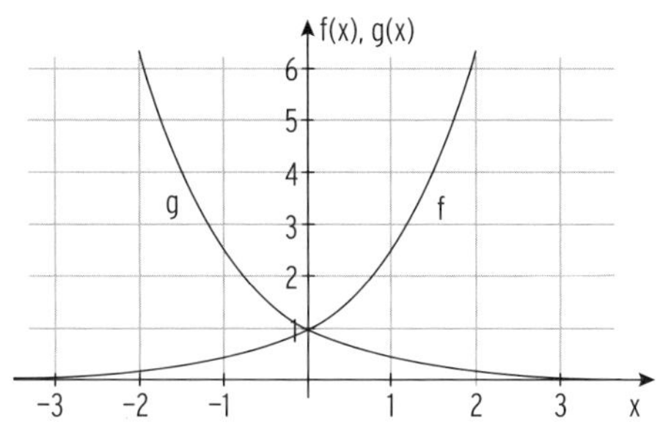

a) $h(x) = 2{,}5^{2x} - 2$

b) $h(x) = 2{,}5^{-x} + 1$

c) $h(x) = 4 - 2{,}5^{0{,}5x}$

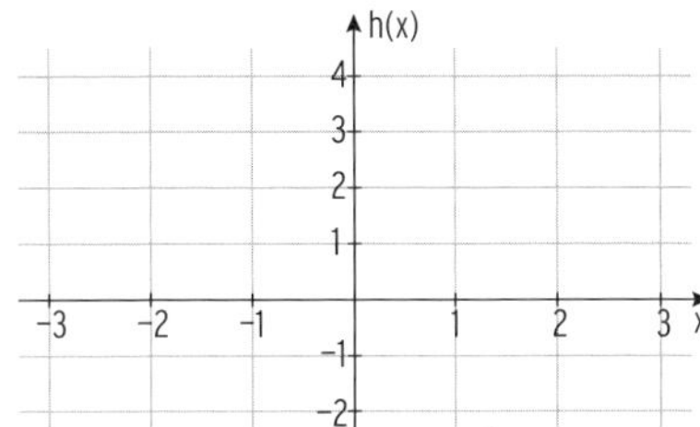

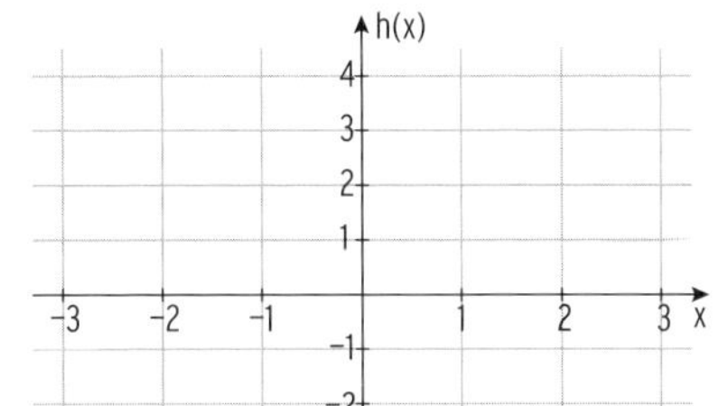

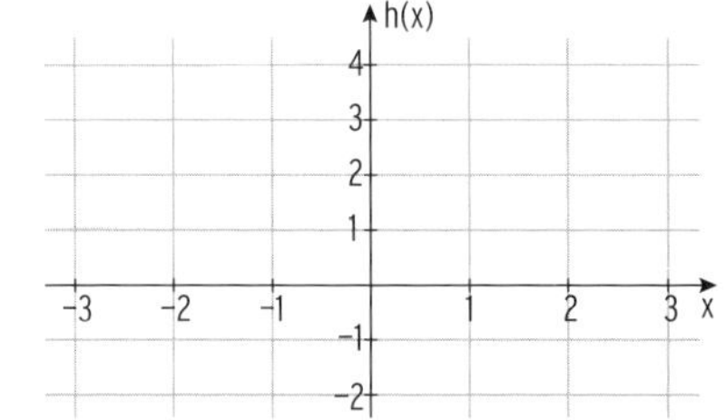

7 Der Graph von f mit $f(x) = 2^x$ wird abgebildet und es entsteht der Graph von g. Zeichnen Sie den Graphen von g ein und geben Sie den Funktionsterm an.

a) Der Graph von f wird in Ordinatenrichtung mit Faktor $\frac{1}{2}$ gestreckt und dann um eine Einheit nach oben verschoben.

b) Der Graph von f wird an der Abszissenachse gespiegelt und dann um 2 Einheiten nach rechts verschoben.

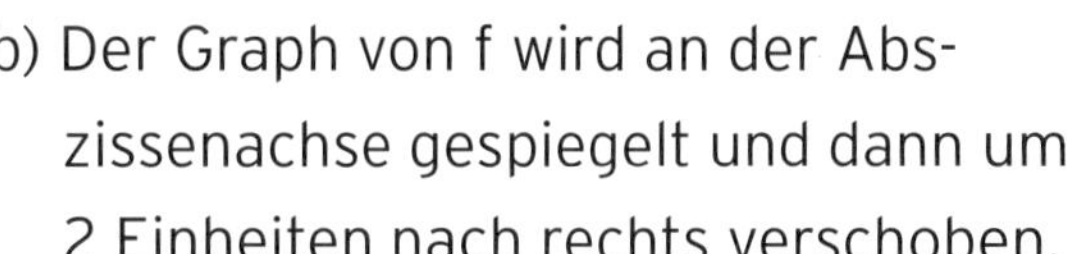

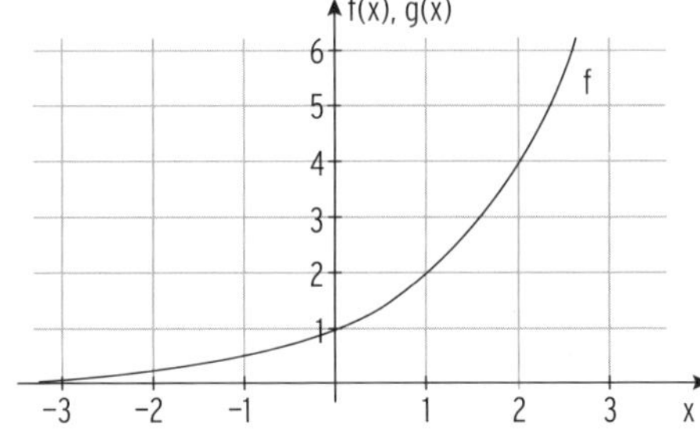

g(x) = ________________

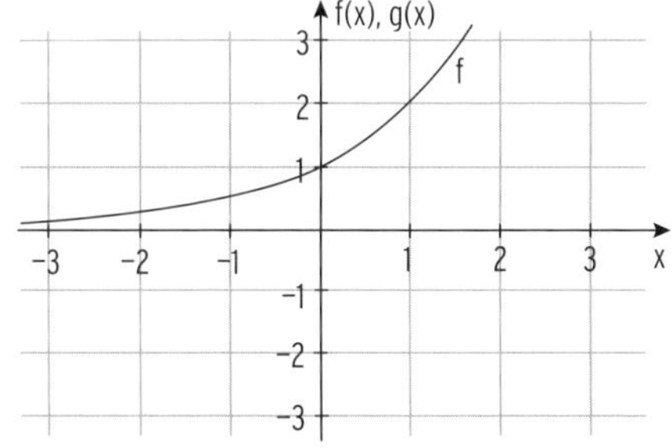

g(x) = ________________

8 Lea und Elisa diskutieren darüber, wie man den Graphen von g mit $g(x) = 2^{x+1}$ aus dem Graphen von f mit $f(x) = 2^x$ erhält. Lea behauptet, dass man den Graphen von f um eine Einheit nach links verschieben muss. Elisa entgegnet, dass man den Graphen von f mit dem Faktor 2 in Ordinatenrichtung strecken muss. Entscheiden Sie.

9 Beschreiben Sie in Worten, wie der Graph von g aus dem Graphen von f mit $f(x) = 2^x$ hervorgeht. Achten Sie auf die richtige Reihenfolge!

$g(x) = -2^x + 1$	Spiegelung an der Abszissenachse; Verschiebung um 1 nach oben
$g(x) = 2^{-x} - 2$	
$g(x) = 2 \cdot 2^x + 3$	
$g(x) = -\frac{1}{2} \cdot 2^x + 4$	
$g(x) = 3 \cdot 2^{x-1}$	

10 Geben Sie die Gleichung der Asymptote, die Annäherungsrichtung und den Schnittpunkt mit der Ordinatenachse an.

Funktionsterm	Asymptote	für $x \to \infty$, für $x \to -\infty$	S_y
$f(x) = -3^x + 1$	$y = 1$	für $x \to -\infty$	$S_y(0 \mid 0)$
$f(x) = -3^{2x} + 3$			
$f(x) = 2 + 3^{-0,25x}$			
$f(x) = -0,8 \cdot 3^{x-1}$			
$f(x) = x - 2 \cdot 0,6^{-3x}$			
$f(x) = 5 - 2 \cdot 4^{0,45x}$			

11 Geben Sie einen möglichen Funktionsterm an.

Asymptote	für $x \to \infty$, für $x \to -\infty$	S_y	Funktionsterm
$y = 0$	für $x \to -\infty$	$S_y(0 \mid 2)$	$f(x) = 2 \cdot 3^x$
$y = 2$	für $x \to \infty$	$S_y(0 \mid 1)$	$f(x) =$
$y = -4$	für $x \to -\infty$	$S_y(0 \mid -2)$	$f(x) =$
$y = -1$	für $x \to \infty$	$S_y(0 \mid 0)$	$f(x) =$

12 Ein Mitschüler versteht nicht, was mit dem Begriff „Asymptote" gemeint ist. Notieren Sie eine verständliche Erklärung für diesen Begriff.

13 Skalieren Sie die Koordinatenachsen.

$f(x) = 4 \cdot 3^{2x} - 2$

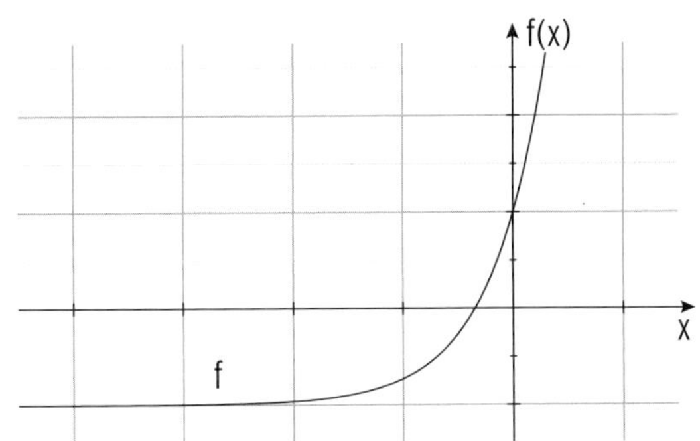

$f(x) = 70 - 15 \cdot 2^{-0,2x}$

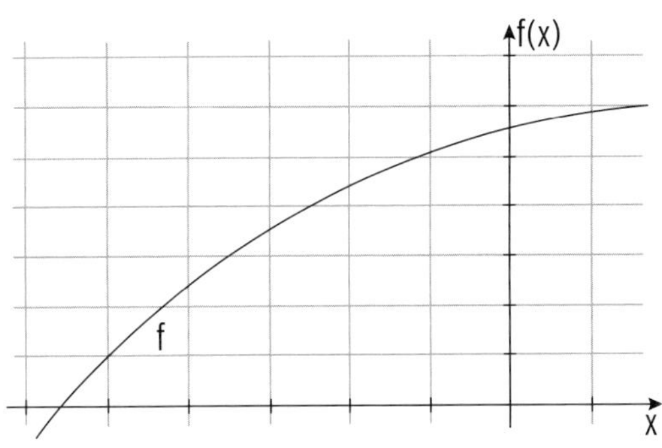

14 Ordnen Sie zu.

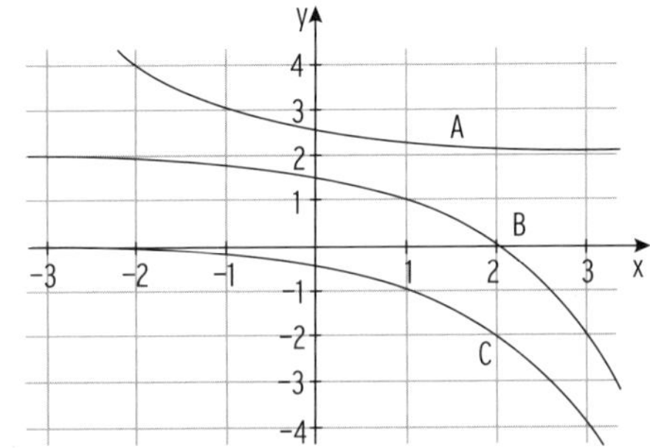

____: $f(x) = -0,5 \cdot 2^{x} + 2$

____: $g(x) = 0,5 \cdot 2^{-x} + 2$

____: $h(x) = -2^{x-1}$

____: $f(x) = 3^{x-2}$

____: $g(x) = -3^{-x} + 2$

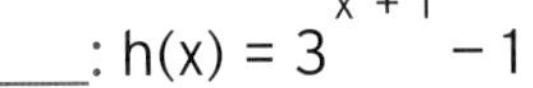

____: $h(x) = 3^{x+1} - 1$

15 Geben Sie für jeden der abgebildeten Graphen, der nicht zu einer Funktion vom Typ $f(x) = a + b \cdot 2^{-0,5x}$ gehören kann, ein ausschließendes Argument an. Ansonsten bestimmen Sie die zugehörigen Werte für a und b.

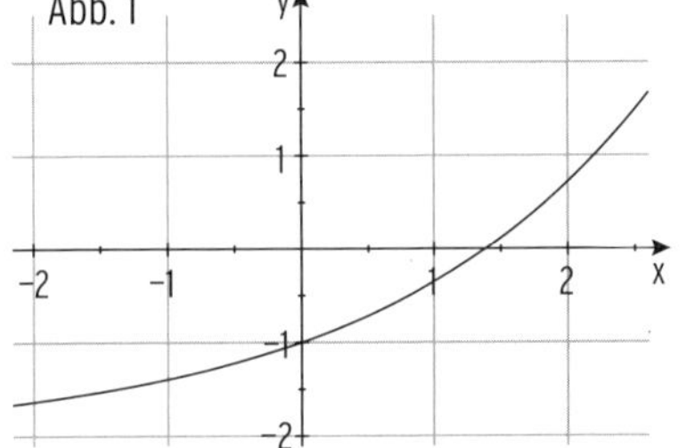

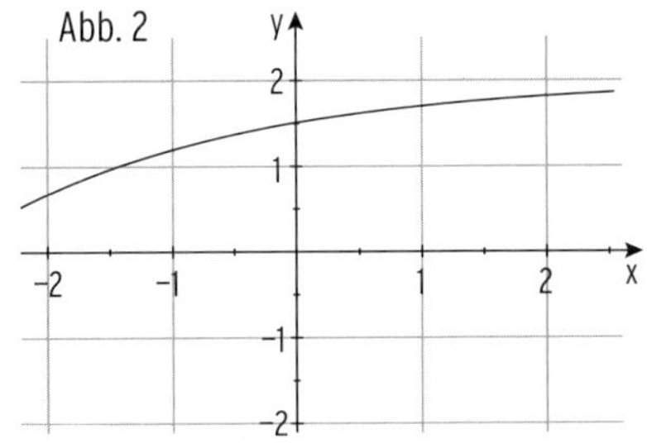

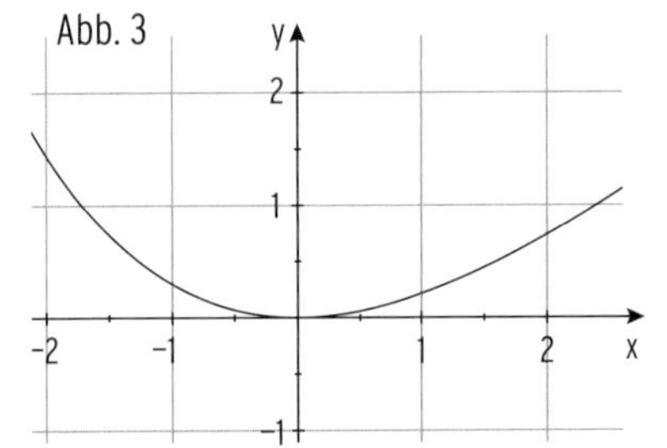

16 Entscheiden Sie, ob die Aussagen wahr oder falsch sind.

Beim exponentiellen Wachstum bzw. Zerfall hat der Graph stets die Abszissenachse als Asymptote.	☐ (w) ☐ (f)
Beim exponentiellen Wachstum nimmt die Ordinate zu Beginn am stärksten zu.	☐ (w) ☐ (f)
Bei der degressiven Abschreibung wird die jährliche Abschreibung immer geringer.	☐ (w) ☐ (f)
Eine Pizza wird bei 180 °C aus dem Ofen genommen und kühlt dann auf 20 °C Zimmertemperatur ab. Der Temperaturverlauf kann damit durch einen exponentiellen Zerfallsvorgang beschrieben werden.	☐ (w) ☐ (f)

17 Die nachfolgenden exponentiellen Wachstums- bzw. Zerfallsvorgänge sollen durch einen Funktionsterm beschrieben werden. Geben Sie einen Funktionsterm an.

Vorgang	$f(t) = a \cdot b^t$
Ein Kapital von 1500 EUR wird mit einem Zinssatz von 3 % jährlich verzinst.	$f(t) = 1500 \cdot 1{,}03^t$ (t in Jahren)
Ein Auto wird für 20000 EUR gekauft. Pro Jahr verliert es 30 % an Wert.	f(t) = ________ (t in Jahren)
Zu Beginn sind 4 Rechner mit einem Computervirus infiziert. Die Anzahl der insgesamt infizierten Rechner verzehnfacht sich täglich.	f(t) = ________ (t in Tagen)
Von einem radioaktiven Stoff sind zu Beginn 5 g vorhanden. Die Menge halbiert sich jährlich.	f(t) = ________ (t in Jahren)
Eine Maschine im Wert von 65000 EUR wird jährlich mit 20 % degressiv abgeschrieben.	f(t) = ________ (t in Jahren)

18

a) Bei den nachfolgenden Vorgängen liegt näherungsweise ein exponentieller Wachstums- bzw. Zerfallsprozess vor. Entscheiden Sie.

2011	2012	2013	2014	2015
112,7	132,7	152,7	172,7	192,7

☐ ja ☐ nein

2011	2012	2013	2014	2015
7,80	7,41	7,04	6,69	6,36

☐ ja ☐ nein

b) Beim exponentiellen Wachstum gilt b __ 1,
beim exponentiellen Zerfall gilt 0 ___ b ____ 1 .

19 Eine Anfangsmenge von 5 mg des radioaktiven Stoffes Radon 222 zerfällt exponentiell gemäß der Tabelle (t in Tagen; y in mg).

t	0	1	2	3	4
y	5	4,09	3,34	2,73	2,23

a) Stellen Sie den Vorgang im Koordinatensystem dar.

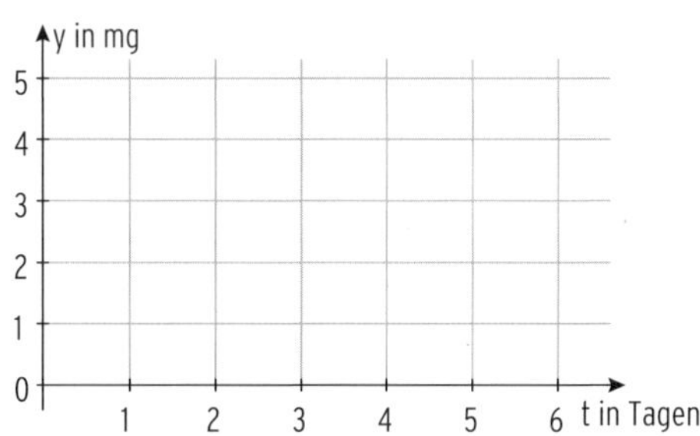

b) Ermitteln Sie den zugehörigen Funktionsterm auf zwei Arten.

1. Regression führt zu f(t) = ______________

2. Der Anfangsbestand von a =_____ und der Wachstumsfaktor b = ____ führen zu f(t) = __________.

c) Die Halbwertszeit beträgt $t_H \approx$ _____ .

Überprüfen Sie dies am Schaubild.

8 Bohner, Ott, Deusch ISBN 978-3-8120-2695-6

IV Trigonometrische Funktionen

1 Vervollständigen Sie die Tabelle mithilfe von GTR/CAS.

α	x	sin(x)	cos(x)
60°	$\frac{1}{3}\pi$	0,866	0,5
20°			
90°			
120°			

α	x	sin(x)	cos(x)
	1		
	$\frac{1}{6}\pi$		
	2,5		
	5		

2 Vervollständigen Sie die Tabelle. Skalieren Sie die Abszissenachse.

x	sin(x)	cos(x)
0	0	1
2π		
π		
$\frac{1}{2}\pi$		
$-\frac{1}{2}\pi$		
$-\frac{3}{2}\pi$		
$\frac{5}{2}\pi$		
7π		
12π		

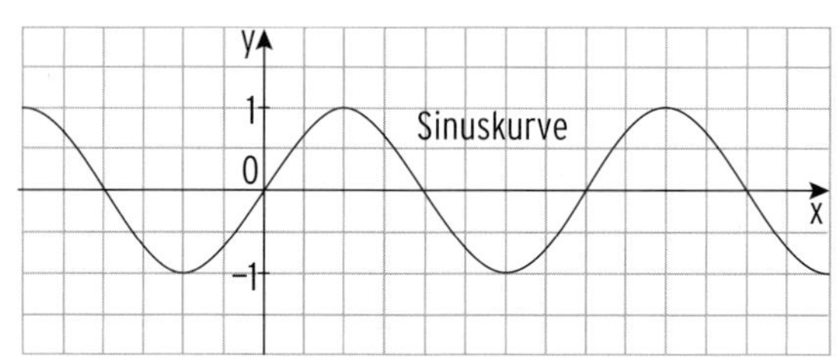

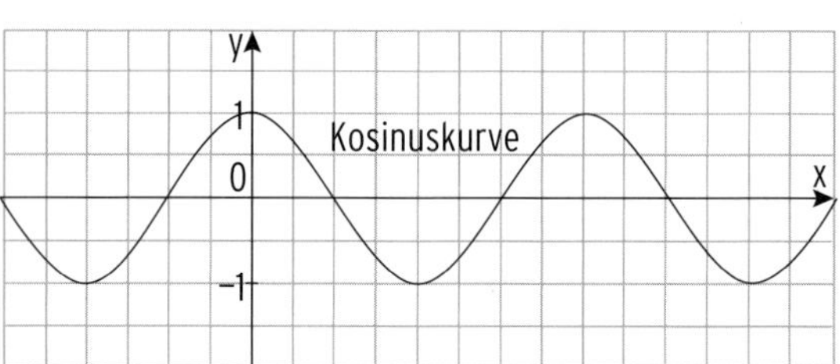

3 Zeichnen Sie den Graphen von f ein.

a) $f(x) = 2\sin(x) + 1$

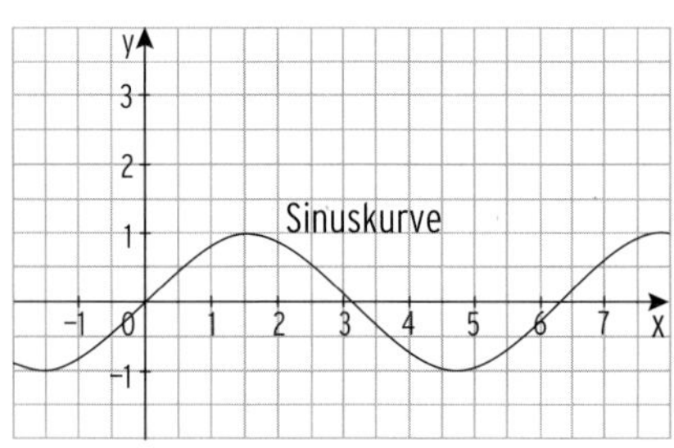

b) $f(x) = -1{,}5\sin(x)$

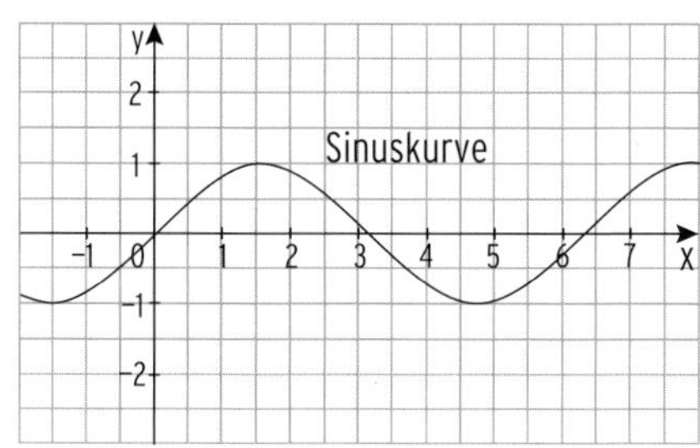

c) $f(x) = 0{,}5\cos(x)$

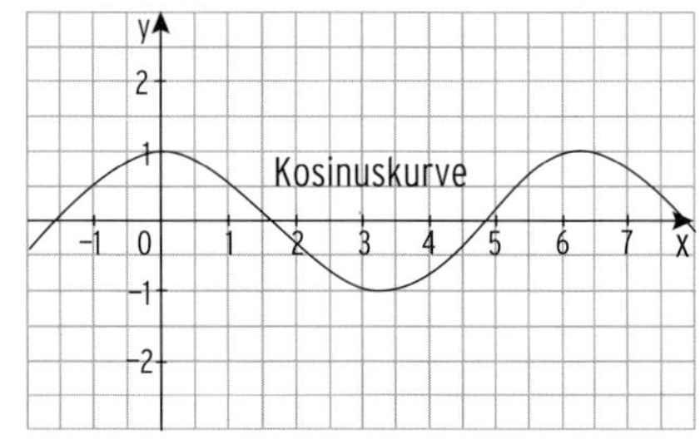

d) $f(x) = -\cos(x) - 1$

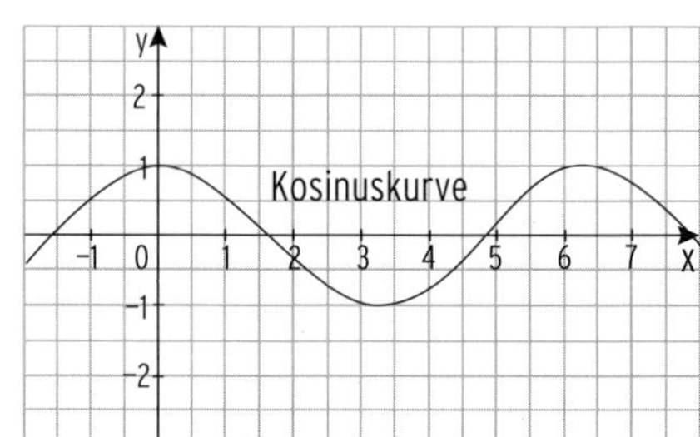

4 Bestimmen Sie einen möglichen Funktionsterm der Form $f(x) = a\sin(x) + c$ bzw. $f(x) = a\cos(x) + c$.

a) f(x) = ____________________

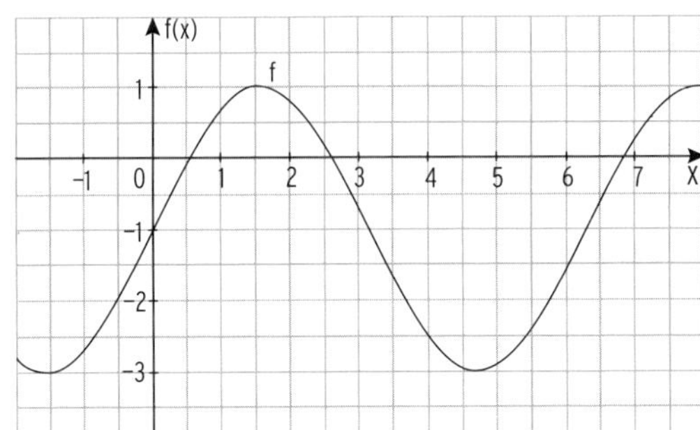

b) f(x) = ____________________

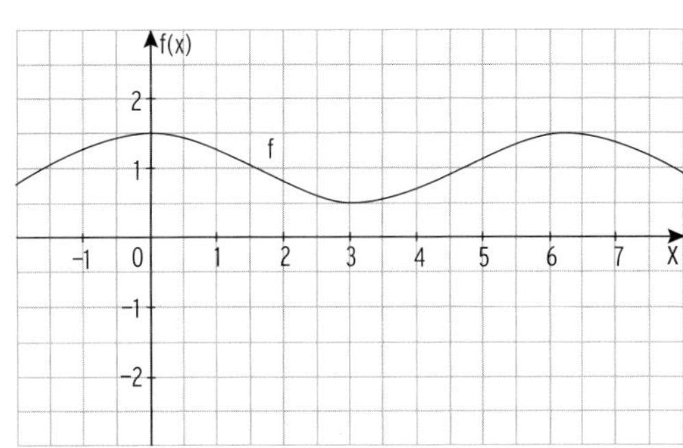

c) f(x) = ____________________

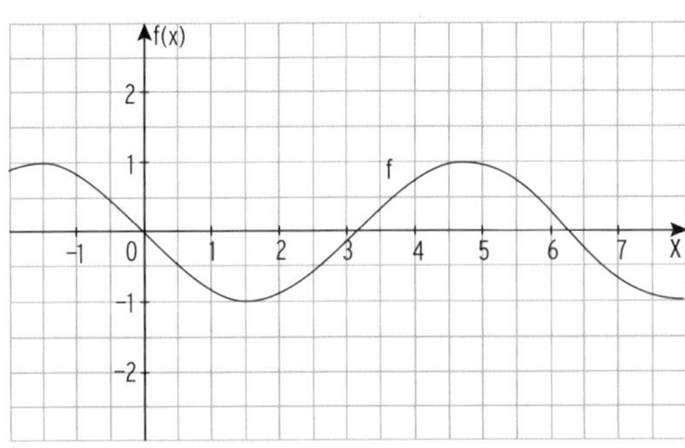

d) f(x) = ____________________

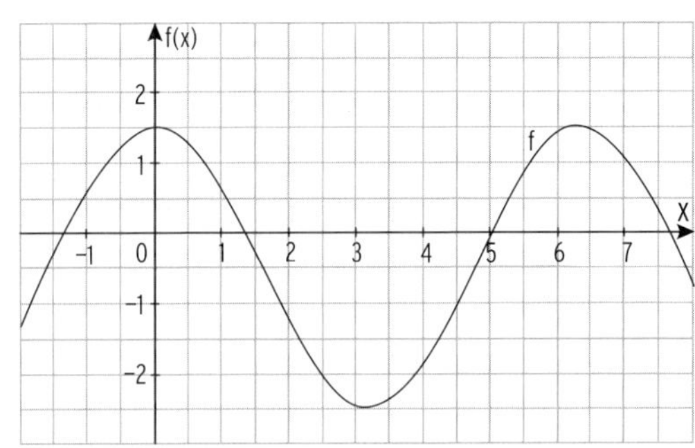

e) f(x) = ____________________

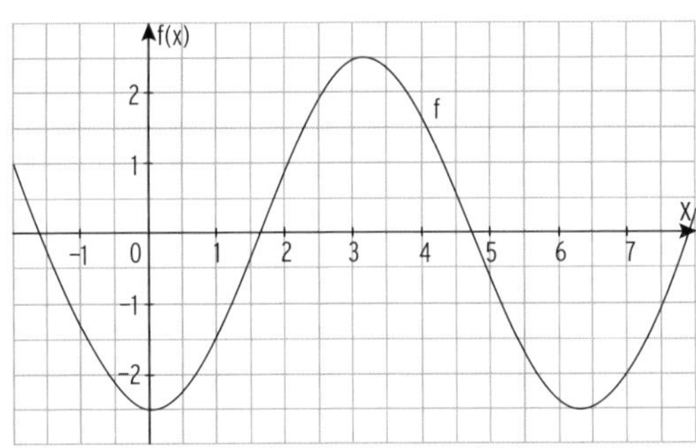

f) f(x) = ____________________

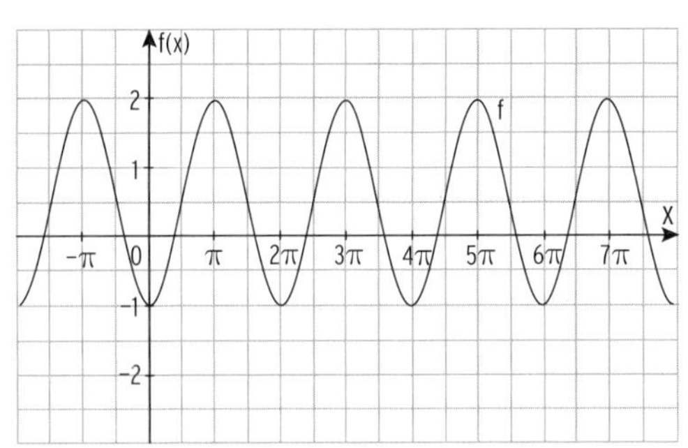

g) f(x) = ____________________

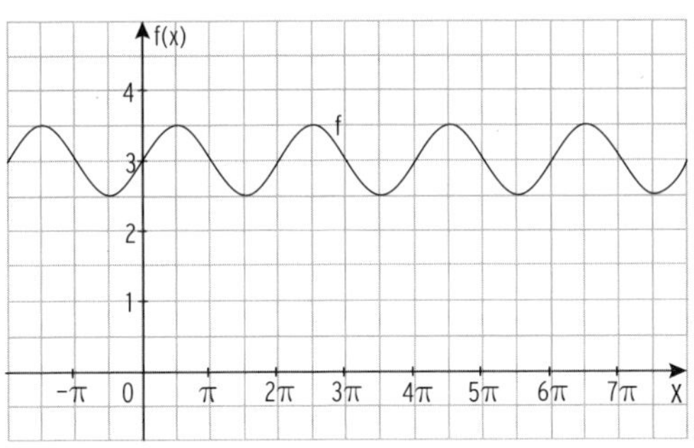

h) f(x) = ____________________

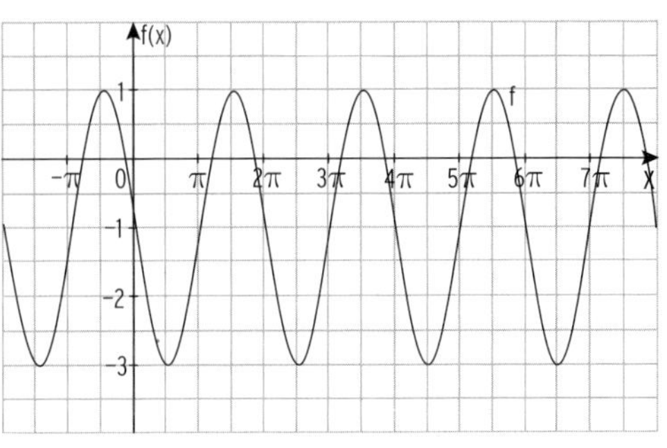

5 Ergänzen Sie die folgenden Sätze.

a) Das Schaubild der Funktion g mit $g(x) = 0{,}5\sin(x) - 1$ entsteht aus der Sinuskurve durch Streckung mit dem Faktor____ in ______________ und durch Verschiebung um ____ nach __________.

b) Das Schaubild der Funktion g mit $g(x) = -\cos(x) + 2$ entsteht aus der Kosinuskurve durch Spiegelung an der ________________ und durch Verschiebung um __ nach _____.

c) Das Schaubild der Funktion g mit $g(x) = 2\cos(x) - 3$ entsteht aus der Kosinuskurve durch Streckung mit dem Faktor____ in ______________ und durch Verschiebung um ___ nach _________.

d) Das Schaubild der Funktion g mit $g(x) = -\pi\sin(x)$ entsteht aus der Sinuskurve durch ____

____.

6 Geben Sie die Amplitude a und die Periode p der Funktion f an.

Funktionsterm	a	p	Funktionsterm	a	p
$f(x) = 0{,}25\sin(\pi x)$	$a = 0{,}25$	$p = \frac{2\pi}{\pi} = 2$	$f(x) = -5\cos(\frac{\pi}{2}x)$		
$f(x) = 6\cos(5x)$			$f(x) = 1{,}6\sin(3x)$		
$f(x) = -4\sin(\frac{x}{3})$			$f(x) = -\frac{4}{3}\sin(\frac{x}{2})$		
$f(x) = 3\cos(2x)$			$f(x) = \cos(x) + 1$		

7 Geben Sie den Funktionsterm einer trigonometrischen Funktion mit der Periode p und der Amplitude a an.

a	p	$f(x) = a \cdot \sin(bx)$	a	p	$f(x) = a \cdot \cos(bx)$
$a = 2$	$p = 2$	$f(x) = 2\sin(\pi x)$	$a = 6$	$p = 4\pi$	$f(x) = 6\cos(\frac{x}{2})$
$a = \pi$	$p = 1$		$a = 4$	$p = 4$	
$a = 0{,}5$	$p = \frac{2}{3}\pi$		$a = \frac{5}{2}$	$p = \frac{3}{4}$	

8 Bestimmen Sie einen möglichen Funktionsterm.

$g(x) =$ ____________

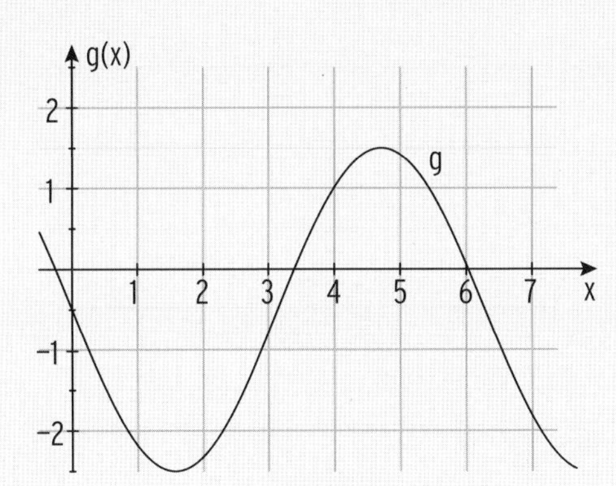

$g(x) = a\sin(bx) + c$

Durch Ablesen:

$c = -0{,}5$

$|a| = 2$

$a = -2$

$p = 2\pi$;

$b = \frac{2\pi}{p} = 1$

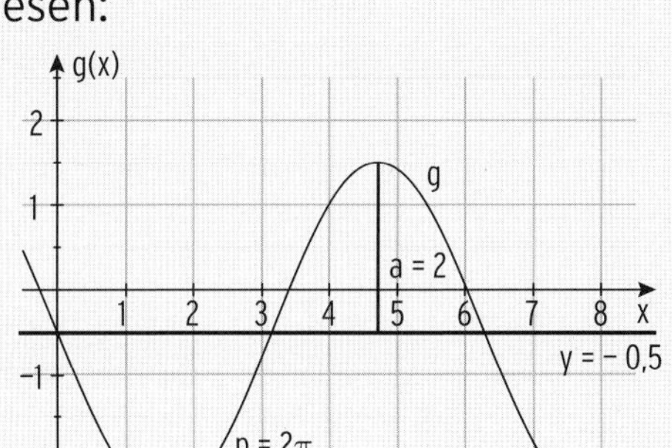

$g(x) = -2\sin(x) - 0{,}5$

$g(x) =$ ____________

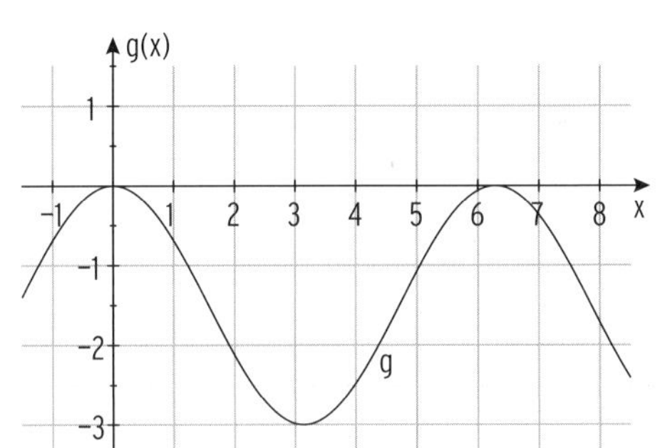

$g(x) =$ ____________

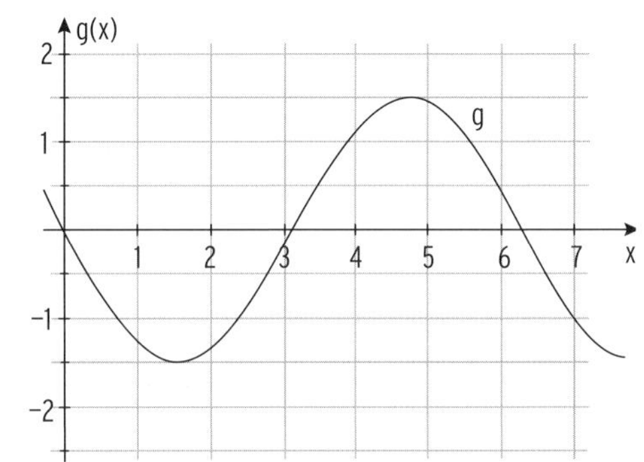

$g(x) =$ ____________

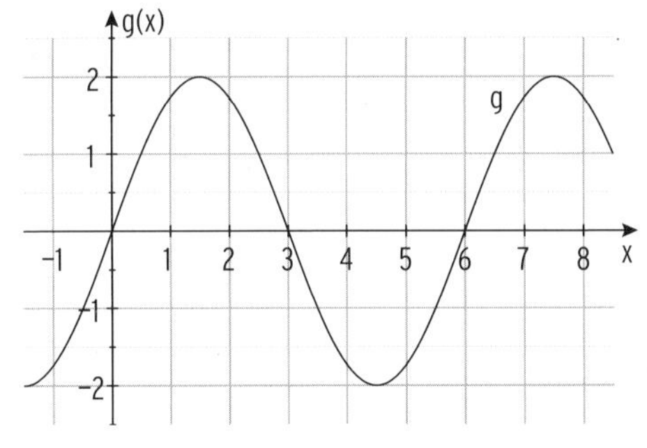

$g(x) =$ ____________

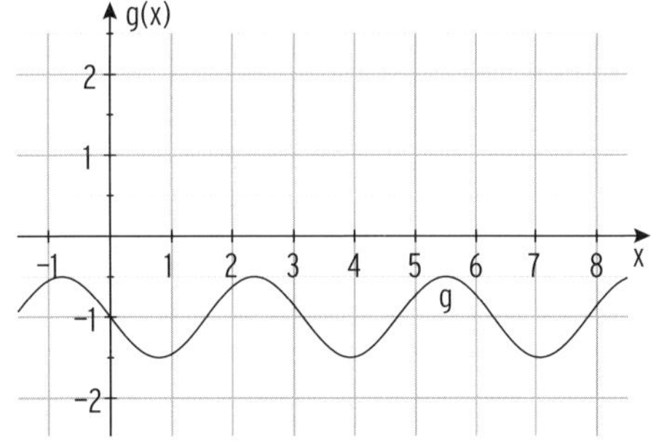

$g(x) =$ ____________

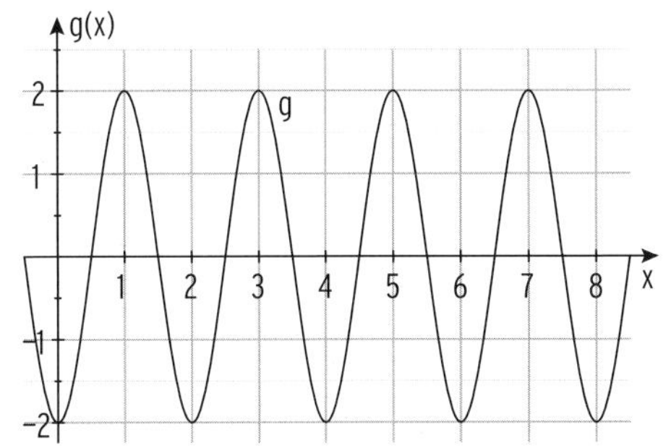

$g(x) =$ ____________

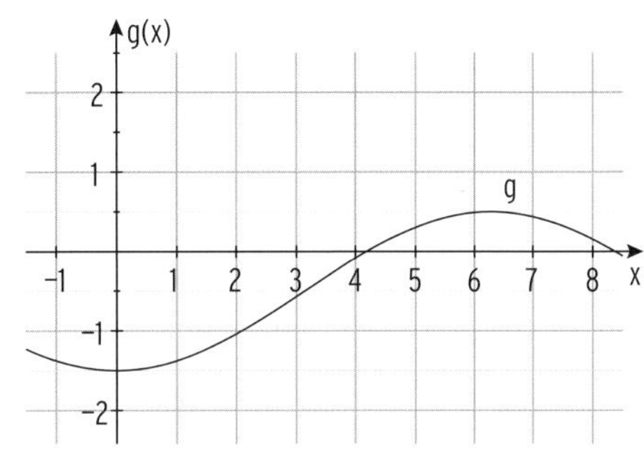

9 Beschriften Sie die Koordinatenachsen.

$f(x) = 4\sin(x) - 2$

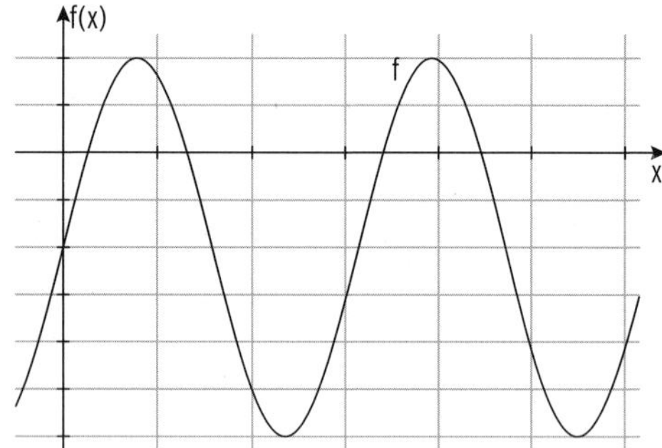

$f(x) = 0{,}5\cos(0{,}5x)$

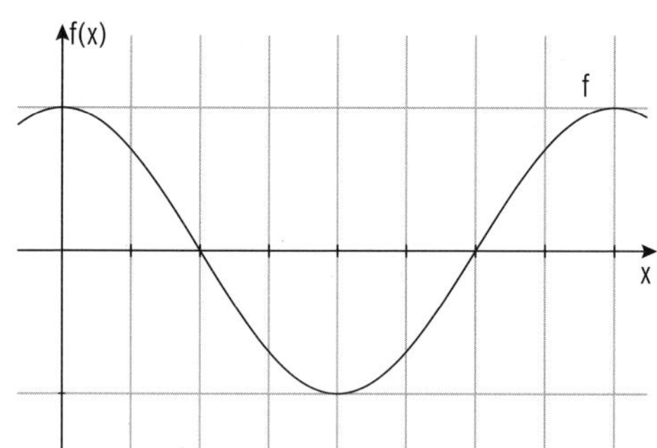

10 Geben Sie den zugehörigen Funktionsterm an. Das Schaubild von f mit $f(x) = \sin(x)$ wird

a) in Ordinatenrichtung mit Faktor 4 gestreckt und um 0,5 nach unten verschoben. $g(x) =$ ___________

b) an der Abszissenachse gespiegelt und dann um 1 nach oben verschoben. $g(x) =$ ___________

c) mit Faktor 3 in Ordinatenrichtung gestreckt und dann mit Faktor 5 in Abszissenrichtung gestreckt. $g(x) =$ ___________

d) mit Faktor 2 in Abszissenrichtung gestreckt und dann um 3 nach unten verschoben. $g(x) =$ ___________

11 Der Graph von g entsteht aus dem Graphen von f mit $f(x) = \sin(x)$.

$g(x) = 2\sin(x) + 1$	Streckung in Ordinatenrichtung mit Faktor 2, Verschiebung nach oben um 1
$g(x) = -3\sin(4x) + 2$	
$g(x) = 0{,}25\sin(\frac{1}{2}x) + 5$	
$g(x) = 2{,}5\sin(\pi x) - 3$	

12 Ordnen Sie zu, indem Sie

- den Schnittpunkt mit der Ordinatenachse berechnen.
- die Periode berechnen.

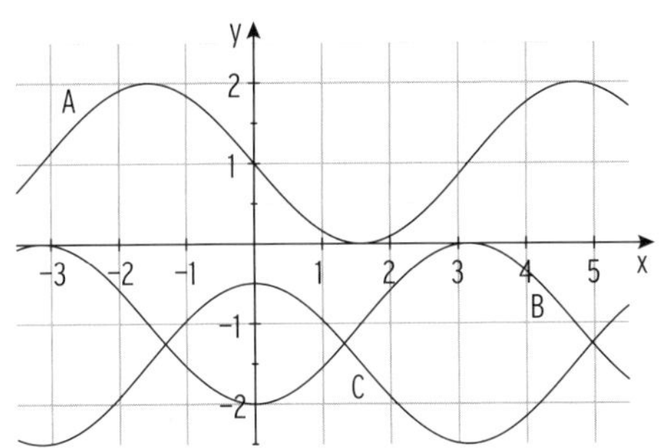

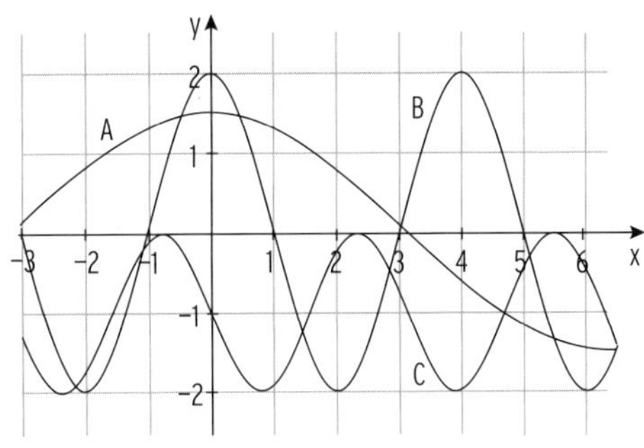

____: $f(x) = -\cos(x) - 1$

____: $g(x) = \cos(x) - 1{,}5$

____: $h(x) = -\sin(x) + 1$

____: $f(x) = 1{,}5\cos(0{,}5x)$

____: $g(x) = -1 - \sin(2x)$

____: $h(x) = 2\cos(\frac{\pi}{2}x)$

13 Sind die Aussagen falsch (f) oder wahr (w)?

Aussage	w	f
a) Durch eine Streckung in Ordinatenrichtung mit Faktor $\frac{3}{2}$ vergrößert sich die Amplitude einer Funktion.	☐ w	☐ f
b) Durch eine Streckung in Abszissenrichtung mit Faktor 2 vergrößert sich die Periodenlänge einer Funktion.	☐ w	☐ f
c) Das Schaubild der Funktion f mit $f(x) = 3\sin(3x)$ geht aus der Sinuskurve durch eine Streckung mit Faktor 3 in Abszissen- und Ordinatenrichtung hervor.	☐ w	☐ f
d) Das Schaubild der Funktion g mit $g(x) = 1 - \sin(x)$ geht aus der Sinuskurve durch Spiegelung an der Abszissenachse und Verschiebung um eine Einheit nach oben hervor.	☐ w	☐ f
e) Die Funktion f mit $f(x) = 2\sin(x) + 1$ hat den Wertebereich $[-2; 2]$.	☐ w	☐ f
f) Die Funktion f mit $f(x) = 3\sin(x) + 4$ hat den Wertebereich $[1; 7]$.	☐ w	☐ f

14 Die Abbildung zeigt den Graphen der Funktion f mit $f(x) = \sin(x)$. Lesen Sie alle Lösungen der Gleichungen im Intervall $[-\pi ; 2\pi]$ aus der Zeichnung ab.

a) $\sin(x) = -1 \Rightarrow x =$

____

b) $\sin(x) = 0{,}5 \Rightarrow x =$

____

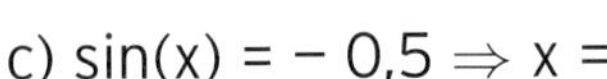

c) $\sin(x) = -0{,}5 \Rightarrow x =$

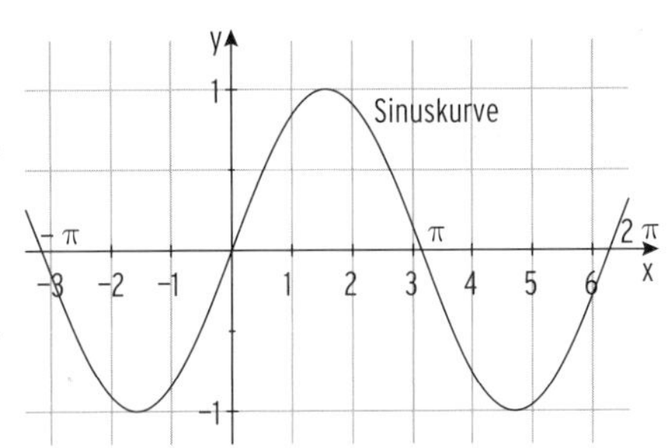

V Einführung in die Differenzialrechnung

1 Differenzialquotient und Ableitung

1 Bestimmen Sie die mittlere Änderungsrate auf [a; b].

$f(x) = (x+1)^2$; [0; 2]	$\frac{f(2)-f(0)}{2-0} = \frac{9-1}{2} = 4$
$f(x) = 6x - 2x^3$; [1; 3]	
$f(x) = x^3 - \frac{1}{2}x$; [− 1; 2]	
$f(x) = 9$; [− 5; 3]	

2 Bestimmen Sie die momentane Änderungsrate in x_0.

$f(x) = x^2 + 2$; $x_0 = 2$	$\frac{f(2+h)-f(2)}{h} = \frac{(2+h)^2+2-6}{h} = \frac{h^2+4h}{h} = h+4$ $h+4 \to 4$ für $h \to 0$ $m_t = f'(2) = 4$
$f(x) = 6x^2 - 2$; $x_0 = 1$	
$f(x) = x^2 - x$; $x_0 = 0$	

3 Für eine Funktion f gilt folgende Bedingung. Formulieren Sie Aussagen für den Graphen von f .

$f'(2) = -3$	Der Graph von f hat in x = 2 die Steigung − 3.
$f'(4) = 0$	
$f'(x) > 0$	
$f(-1) = 0$	
$f(4) < 0$	
$f'(-2) = -1$	
$f(3) = 4 \wedge f'(3) = 0$ (∧ = und)	
$f'(x) = 1$	

4 Bestimmen Sie die mittlere Änderungsrate von f auf [1; 3] und die momentane Änderungsrate in x = 1 mithilfe der Abbildung.

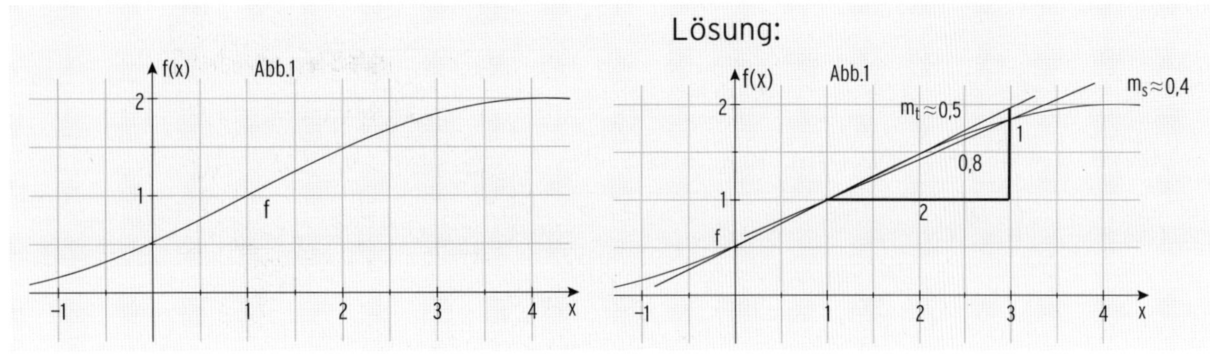

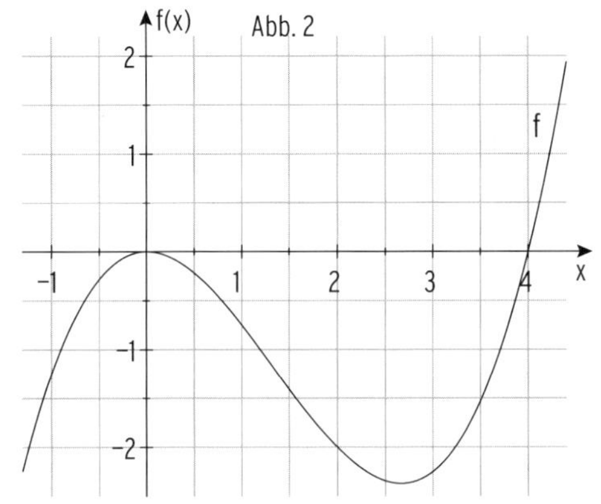

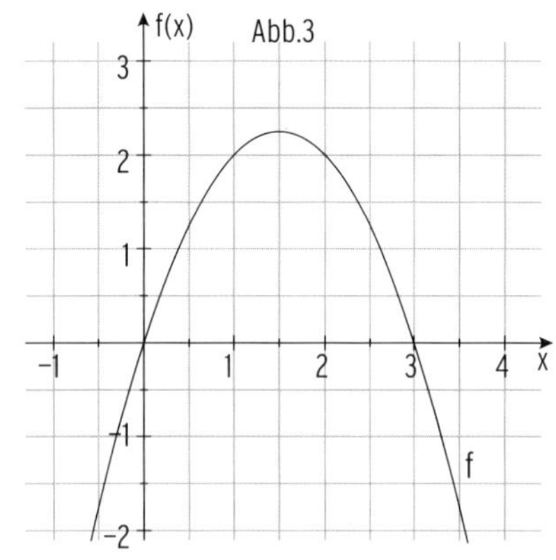

m_s =

m_t =

m_s =

m_t =

5 Die Abbildung zeigt den Graphen der Ableitungsfunktion einer Funktion f.

a) Nennen Sie die Stellen, an denen der Graph von f eine waagrechte Tangente hat.

b) Bestimmen Sie die Stellen, so dass der Graph von f die Steigung 2 hat.

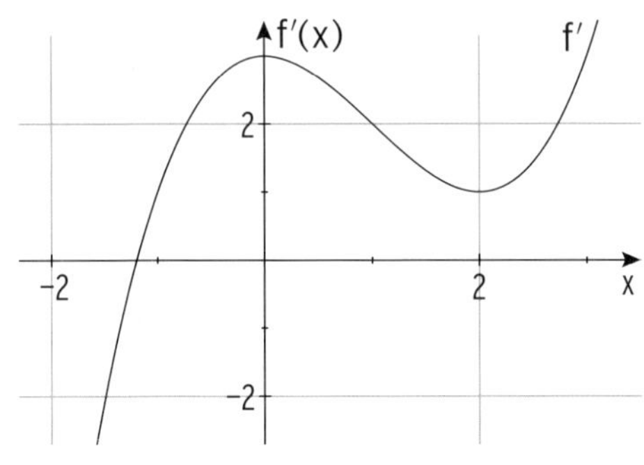

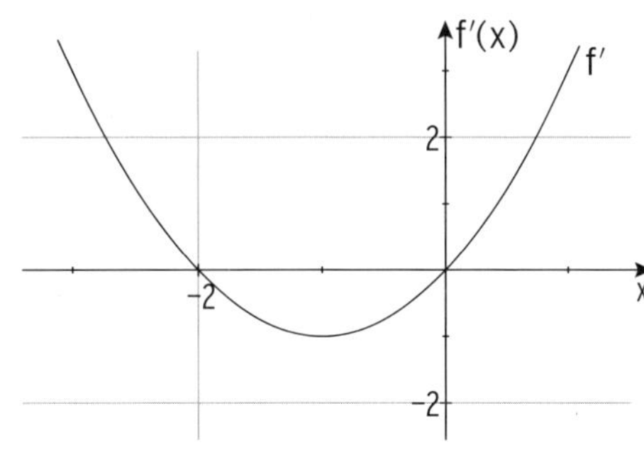

Lösung:

a)

b)

Lösung:

a)

b)

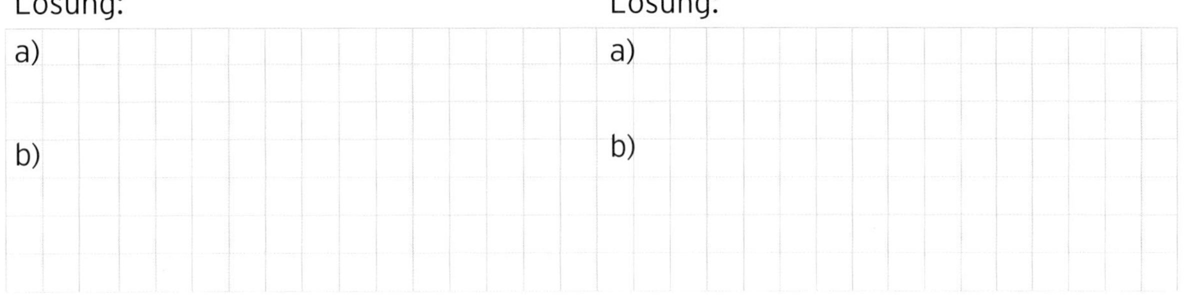

9 Bohner, Ott, Deusch ISBN 978-3-8120-2695-6

6 Bilden Sie die erste Ableitung.

$f(x) = -\frac{1}{3}x^3 + 3x^2 + \frac{7}{3}x - 1$	$f'(x) = -\frac{1}{3} \cdot 3x^2 + 3 \cdot 2x + \frac{7}{3} = -x^2 + 6x + \frac{7}{3}$
$f(x) = -\frac{3}{2}x^2 + 4x - 2$	$f'(x) =$
$K(x) = \frac{1}{4}x^3 - 3x^2 + 30x + 84$	$K'(x) =$
$f(x) = \frac{1}{32}x^3 + x^2 + x - 4$	$f'(x) =$
$f(x) = -\frac{1}{8}(x^3 - 4x^2 + 3x)$	$f'(x) =$

7 Kreuzen Sie die richtige Ableitung an.

$f(x) = \frac{1}{32}x^3 + \frac{3}{2}x^2 + x$	☐ $f'(x) = \frac{3}{32}x^3 + 3x$	☐ $f'(x) = \frac{3}{32}x^2 + 3x + 1$
$f(x) = (x - 3) \cdot x^2$	☐ $f'(x) = 1 \cdot 2x$	☐ $f'(x) = 3x^2 - 6x$
$f(x) = \frac{1}{7}(x^2 + 2x + 1)$	☐ $f'(x) = \frac{1}{7}(2x + 2)$	☐ $f'(x) = \frac{2}{7}x + 4$
$f(x) = \frac{1}{7}x^4 + \frac{3}{7}x^3 + 2$	☐ $f'(x) = \frac{4}{7}x^3 + \frac{9}{7}x^2 + 2$	☐ $f'(x) = \frac{1}{7}(4x^3 + 9x^2)$

8 Bilden Sie die erste und die zweite Ableitung.

$f(x) = -\frac{1}{5}x^3 + \frac{3}{5}x^2 + 2x$	$f'(x) = -\frac{3}{5}x^2 + \frac{6}{5}x + 2$	$f''(x) = -\frac{6}{5}x + \frac{6}{5}$
$f(x) = 3x - x^2 - 1$	$f'(x) =$	$f''(x) =$
$f(x) = \frac{1}{4}x^5 + x^4 + 3x^2$	$f'(x) =$	$f''(x) =$
$f(x) = \frac{1}{16}(x^3 + x^2 - 8x)$	$f'(x) =$	$f''(x) =$
$f(x) = x^2(x^2 + 1)$	$f'(x) =$	$f''(x) =$

9 Bestimmen Sie f′(x).

$f(x) = 3\sin(x) - 2\cos(x)$	$f'(x) = 3 \cdot \cos(x) + 2\sin(x)$
$f(x) = 0{,}5\cos(x) - \frac{4}{3}\sin(x)$	$f'(x) =$
$K(x) = \frac{1}{4}x^6 - 3x^{-2} + 3$	$K'(x) =$
$f(x) = 0{,}3x^4 + 5x^2 - \frac{4}{x}$	$f'(x) =$
$f(x) = x^5 + 3\sqrt{x} - 4\sin(x)$	$f'(x) =$
$f(x) = -3x + \frac{4}{3}\sin(x) - 1$	$f'(x) =$

10 Entscheiden Sie, ob die Aussagen wahr (w) oder falsch (f) sind.

Der Funktionswert von f mit $f(x) = x^2 + 1$ entspricht an jeder Stelle x der Steigung des Graphen der Ableitungsfunktion.	☐ (w) ☐ (f)
$f'(x)$ entspricht an der Stelle x der Steigung des Graphen von f. .	☐ (w) ☐ (f)
Die Ableitungsfunktion einer linearen Funktion ist eine konstante Funktion.	☐ (w) ☐ (f)
Es gibt keine zwei Funktionen, welche beide die gleiche Ableitungsfunktion haben.	☐ (w) ☐ (f)

11 Gegeben ist die Gesamtkostenfunktion K und die Erlösfunktion E.
Füllen Sie die Tabelle aus.

Gesamtkostenfunktion K Erlösfunktion E	$K(x) = x^3 - 4x^2 + 19x + 20$ $E(x) = 30x$	$K(x) = 0{,}2x^3 - 2x^2 + 10x + 90$ $E(x) = 20x$
Grenzkostenfunktion		
Gewinnfunktion		
Grenzgewinnfunktion		
Grenzstückkostenfunktion k′		
variable Grenzstückkostenfunktion		
Mittlere Gesamtkosten auf [0; 6]		
Grenzkosten bei 0 ME		
Grenzkosten bei 2 ME		
Grenzstückkosten bei 6 ME		
Grenzerlös bei 6 ME		
Grenzgewinn bei 1 ME		
Grenzgewinn bei 7 ME		

12 Gegeben ist die Gesamtkostenfunktion K mit $K(x) = 0{,}1\,x^3 - 1{,}2x^2 + 61x + 2500$
Bestimmen Sie die Grenzkosten an den Stellen $x = 2$, $x = 4$ und $x = 6$.
Vergleichen Sie.

13 Das Schaubild zeigt den Graph der Gesamtkostenkurve K der Norddeutschen Nagelfabrik nach einer Umstrukturierung.
Die Gesamtkosten werden in GE und die Produktionsmenge in ME angegeben.

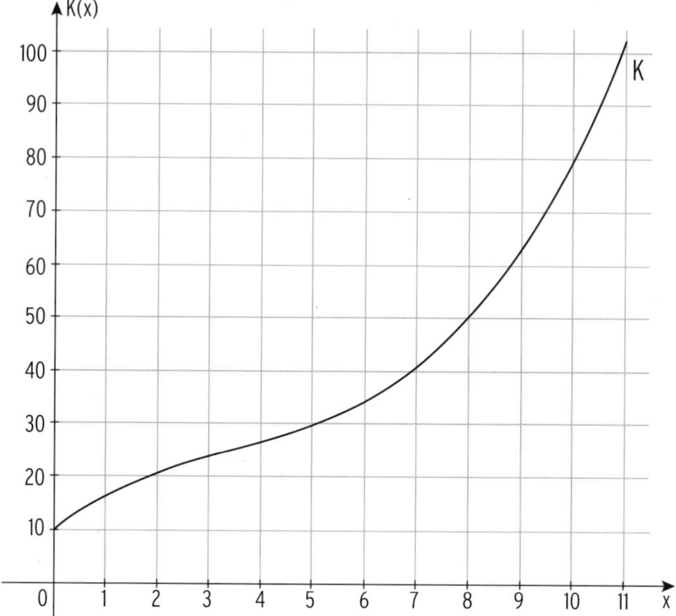

Begründen Sie für jede der Aussagen, ob sie wahr oder falsch sind.

(1) Die Fixkosten des Unternehmens betragen 10 GE.

(2) Bei jeder Produktionsmenge nehmen die Grenzkosten zu.

(3) Bei einer Produktionsmenge von 6 ME liegen die Grenzkosten bei 2 GE pro ME.

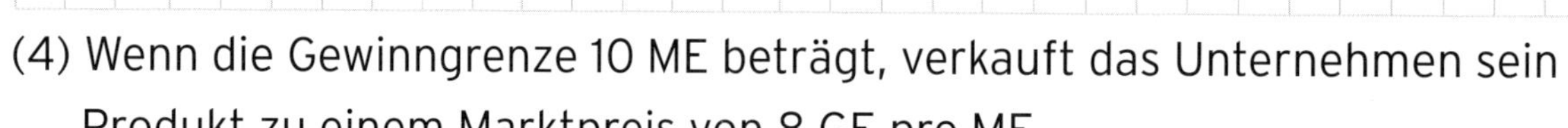

(4) Wenn die Gewinngrenze 10 ME beträgt, verkauft das Unternehmen sein Produkt zu einem Marktpreis von 8 GE pro ME.

(5) Die minimalen Grenzkosten betragen weniger als 1 GE/ME.

2 Tangente und Normale

1 Berechnen Sie die Gleichung der Tangente an das Schaubild von f an der Stelle x = u.

$f(x) = 3x - 2x^2$ $u = -2$	$f(-2) = 3 \cdot (-2) - 2 \cdot (-2)^2 = -14$ $f'(x) = 3 - 4x$; $f'(-2) = 3 - 4(-2) = 11$; also $m = 11$ Tangentengleichung Ansatz: $y = mx + b$ $y = 11x + b$ Punktprobe mit B(− 2 |− 14): $-14 = 11 \cdot (-2) + b$ $b = 8$ Tangentengleichung: $y = 11x + 8$
$f(x) = x - 2x^3$ $u = 1$	
$f(x)= 2x^3-12x^2+ 24x+ 20$ $u = 2$	

2 Berechnen Sie die Gleichung der Tangente an den Graphen der Gesamtkostenfunktion K mit
$K(x) = x^3 - 4x^2 + 19x + 18$
an der Stelle x = 3.
Zeichnen Sie die Tangente ein.
Interpretieren Sie ökonomisch.

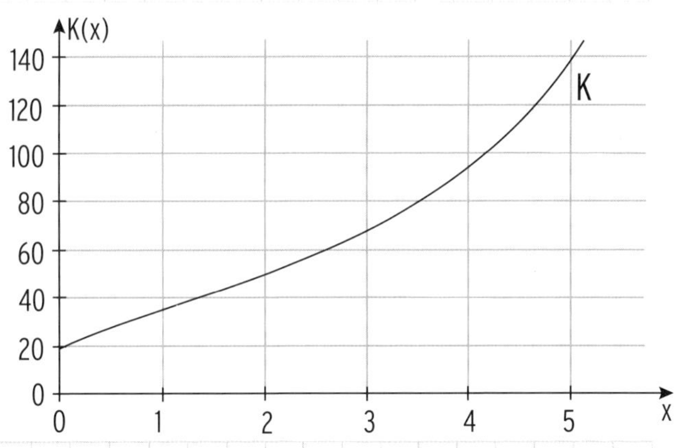

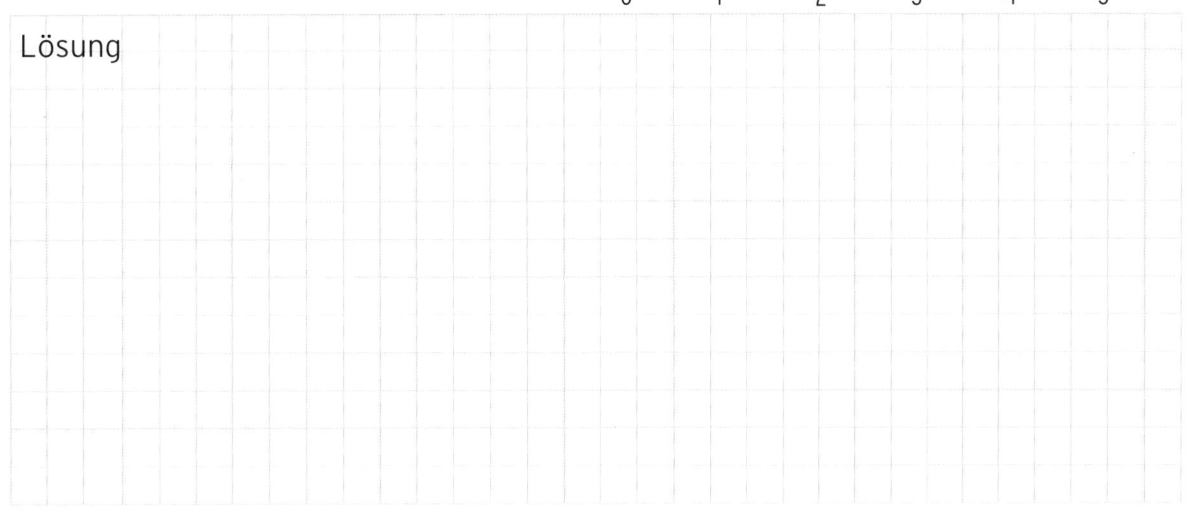

3 Berechnen Sie die Gleichung der Normalen an das Schaubild von f an der Stelle x = u.

$f(x) = x^3 - x^2$ $u = -1$ $m_n = -\frac{1}{m_t}$	$f(-1) = (-1)^3 - (-1)^2 = -2$ $f'(x) = 3x^2 - 2x$; $f'(-1) = 3 \cdot (-1)^2 - 2(-1) = 5 \Rightarrow m_n = -\frac{1}{5}$ Normalengleichung: $y = -\frac{1}{5}x + b$ Punktprobe mit $B(-1 \mid -2)$: $-2 = -\frac{1}{5} \cdot (-1) + b \Rightarrow b = -\frac{11}{5}$ Normalengleichung: $y = -\frac{1}{5}x - \frac{11}{5}$
$f(x) = x^2 - 2x$ $u = -1$	
$f(x) = -\frac{1}{2}x^3 + x + 1$ $u = 2$	

4 Berechnen Sie die Gleichungen der Tangente und der Normalen an den Graphen von f mit $f(x) = x^2(4 - x)$; $x \in \mathbb{R}$ an der Stelle x = 2.

5 Die Angebots- und die Nachfragesituation des Unternehmens Waldner sind gegeben durch $p_N(x) = -0{,}4(x^2 + 8x - 35)$ und $p_A(x) = -1{,}15x^2 + 4{,}8x + 1$.
Die Graphen von p_N und p_A schneiden sich im Marktgleichgewicht senkrecht.
Bestätigen oder widerlegen Sie diese Behauptung.

3 Grafisches Differenzieren

1 Zeichnen Sie das Schaubild der 1. Ableitungsfunktion.

Abb. 1

Abb. 2

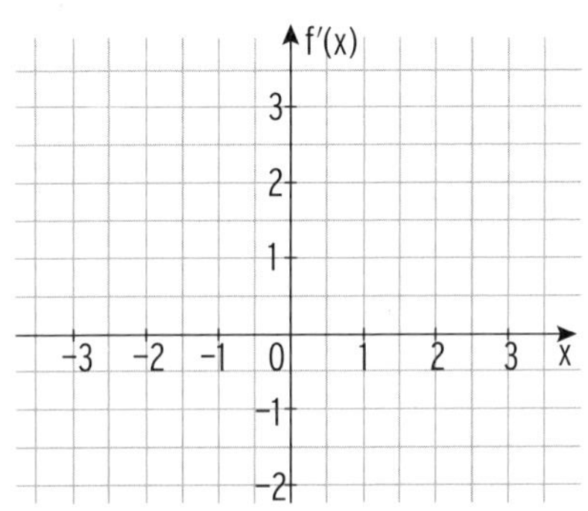

2 Die Abbildungen zeigen die Schaubilder einer Kostenfunktion, einer Erlösfunktion und einer Gewinnfunktion und die Schaubilder der zugehörigen Ableitungsfunktionen. Ordnen Sie zu und begründen Sie.

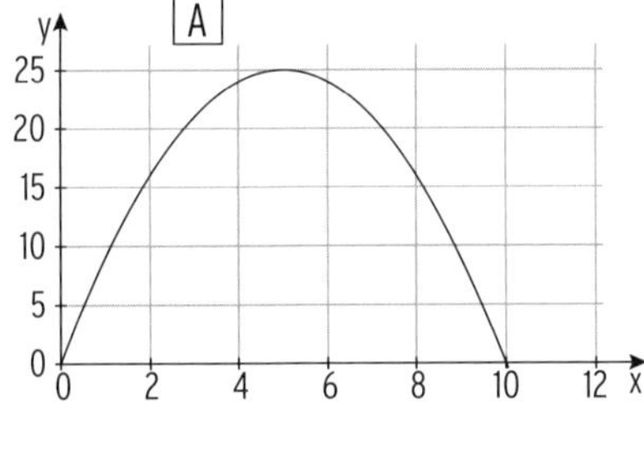

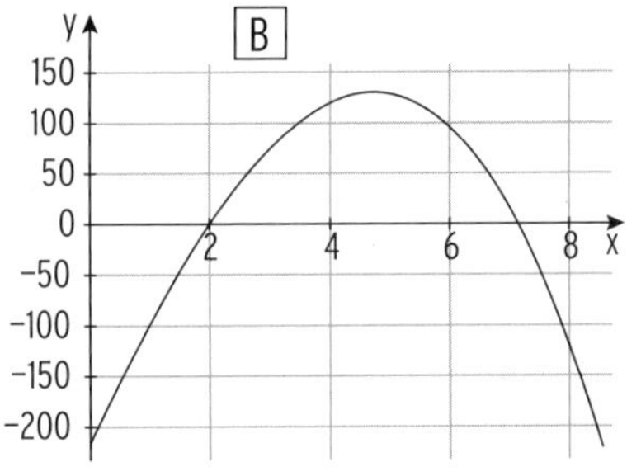

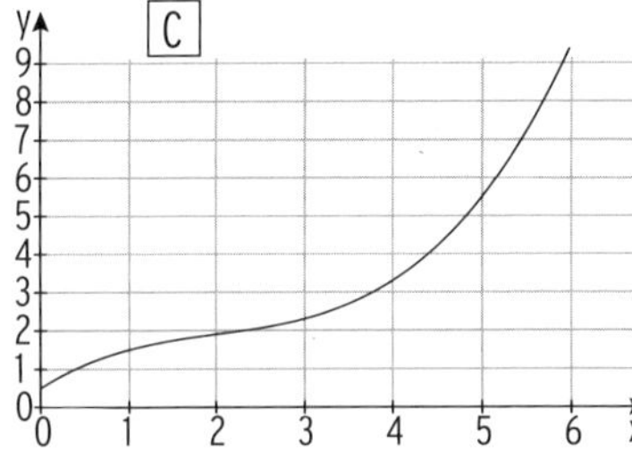

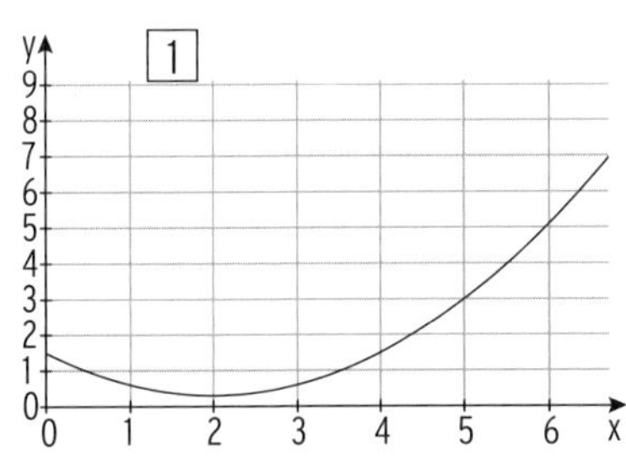

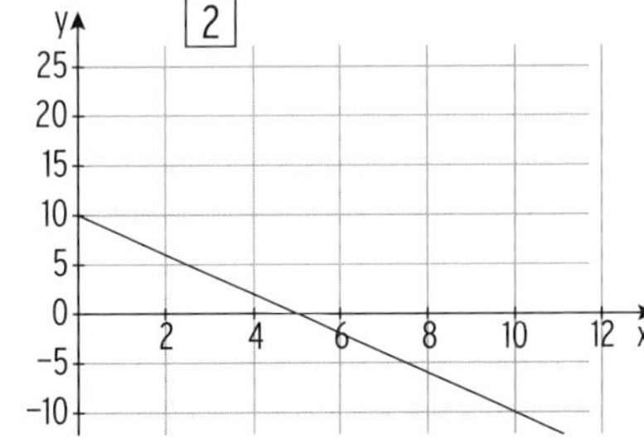

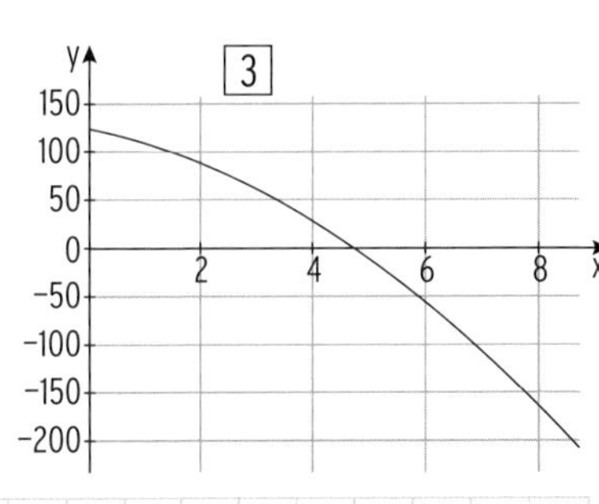

Zuordnung:

Begründung:

4 Extrem-und Wendepunkte

Monotonie und Extrempunkte

1 Bestimmen Sie die Monotoniebereiche von f mit Hilfe der Abbildung.

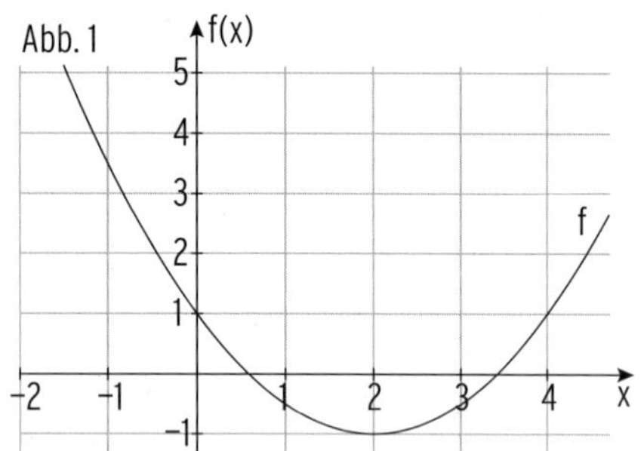

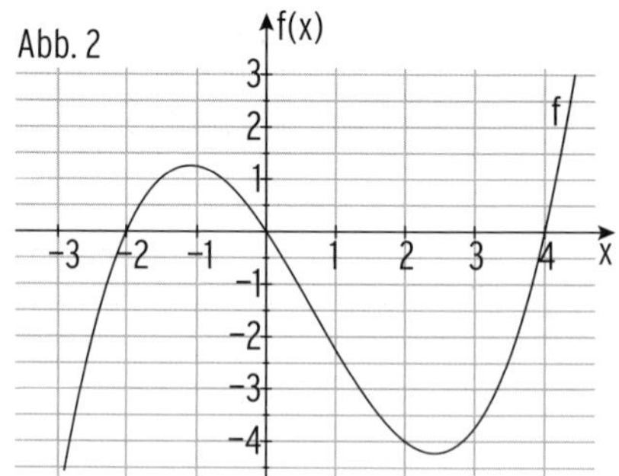

Abb. 1:

Abb. 2:

2 Zeigen Sie, f mit $f(x) = x^3 - 6x^2 + 15x + 10$; $x \in \mathbb{R}$, ist monoton wachsend.

Ableitung:

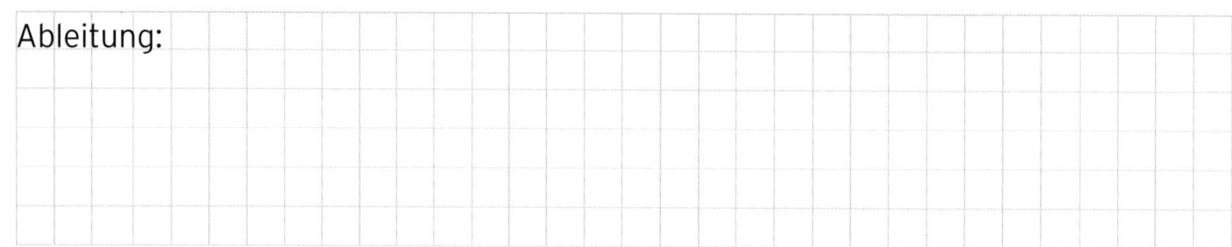

3 Gegeben ist die Funktion f. Berechnen Sie die Koordinaten der Hoch- und Tiefpunkte des Graphen von f.

<table>
<tr><td>$f(x) = 2x^2 - 2x^3 + 1$;
$x \in \mathbb{R}$</td><td>$f'(x) = 4x - 6x^2$; $f''(x) = 4 - 12x$
Notwendige Bedingung: $f'(x) = 0$ — $4x - 6x^2 = 0$
Ausklammern: — $x(4 - 6x) = 0$
Satz vom Nullprodukt: — $x = 0 \vee 4 - 6x = 0$
Stellen mit waagrechter Tangente: — $x = 0 \vee x = \frac{2}{3}$
Mit $f''(0) = 4 > 0$ und $f(0) = 1$: — $T(0 \mid 1)$
Mit $f''(\frac{2}{3}) = -4 < 0$ und $f(\frac{2}{3}) = \frac{35}{27}$: — $H(\frac{2}{3} \mid \frac{35}{27})$</td></tr>
<tr><td>$f(x) = x^3 - 3x - 1$;
$x \in \mathbb{R}$</td><td></td></tr>
</table>

4 Gegeben ist die Kostenfunktion K und die Erlösfunktion E. Füllen Sie die Tabelle aus.

Kostenfunktion K Erlösfunktion E	$K(x) = x^3 - 4x^2 + 19x + 18$ $E(x) = 30x$	$K(x) = x^3 - 9x^2 + 30x + 41$ $E(x) = -9x^2 + 72x$
Gewinnfunktion		
Variable Stückkostenfunktion		
Stückkostenfunktion		
Gewinnmaximum		
Betriebsminimum; kurzfristige Preisuntergrenze		
Zeigen Sie: Das Betriebsoptimum liegt bei x_{BO} Langfristige Preisuntergrenze	$x_{BO} = 3$	$x_{BO} \approx 5{,}25$

10 Bohner, Ott, Deusch ISBN 978-3-8120-2695-6

Krümmung und Wendepunkte

1 Bestimmen Sie die Krümmungsbereiche des Graphen von f mit Hilfe der Abbildung.

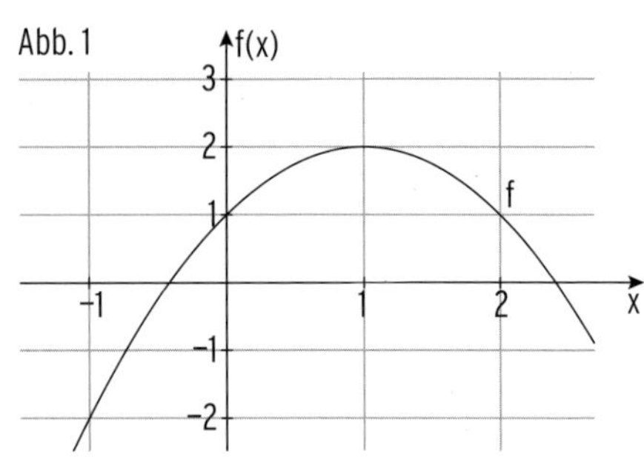

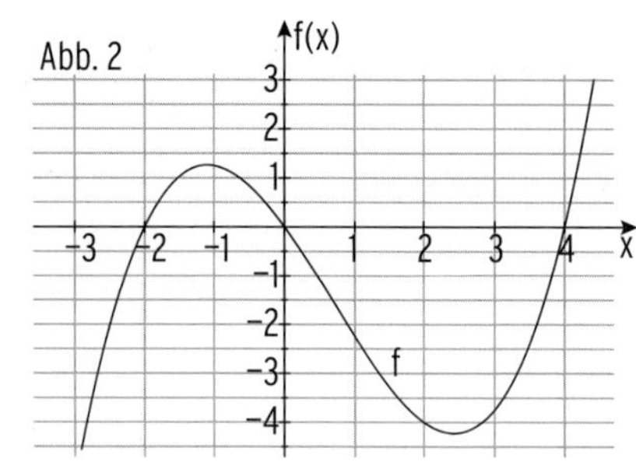

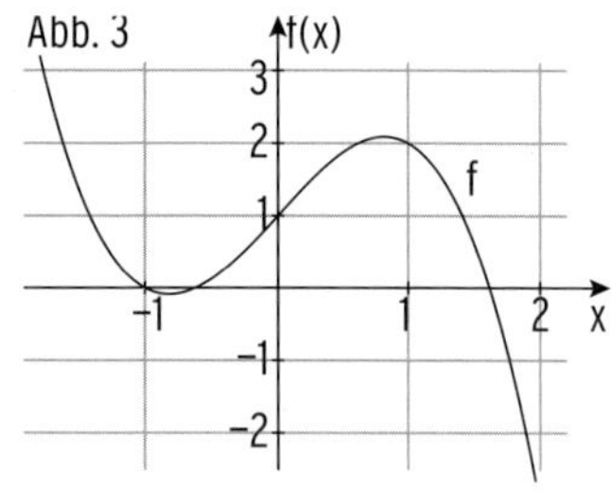

Abb. 1: Abb. 2: Abb. 3:

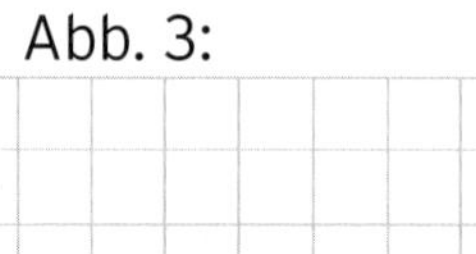

2 Gegeben ist die Funktion f mit $f(x) = x^3 - 2x^2 - 3x$; $x \in \mathbb{R}$. Untersuchen Sie das Schaubild von f auf Krümmung.

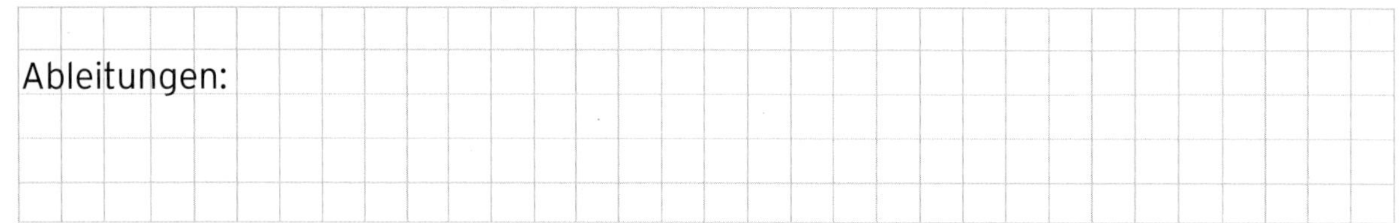

Ableitungen:

3 Gegeben ist die Kostenfunktion K mit $K(x) = x^3 - 6x^2 + 15x + 10$; $x \geq 0$.

a) Zeigen Sie, das Schaubild von K hat keinen Extrempunkt.

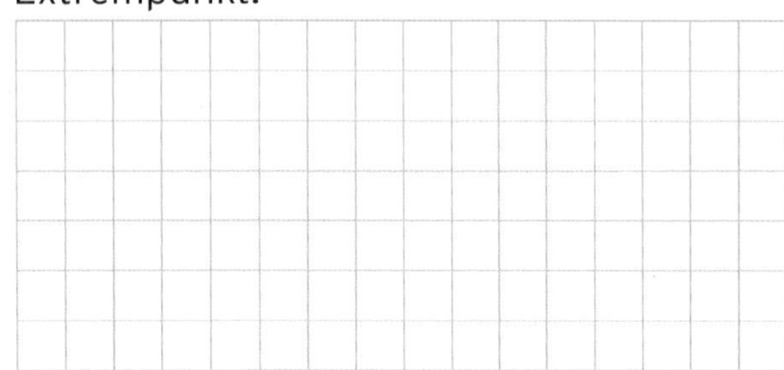

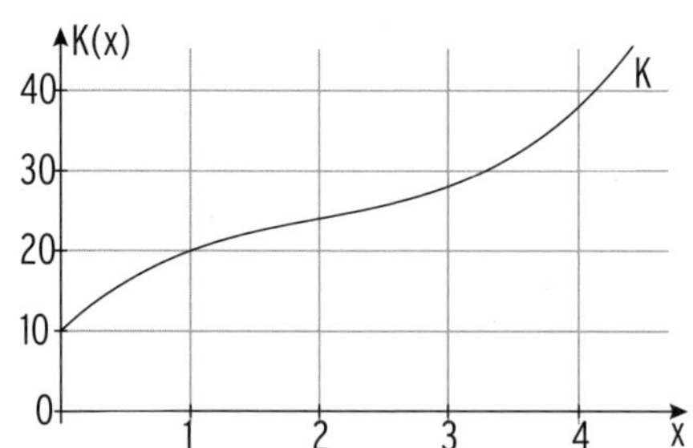

b) Auf welchem Bereich wächst K degressiv?

4 Gegeben ist eine Funktion. Berechnen Sie die Koordinaten des Wendepunktes des Schaubildes der gegebenen Funktion.

$f(x) = x^3 - 2x^2 + 1;\ x \in \mathbb{R}$

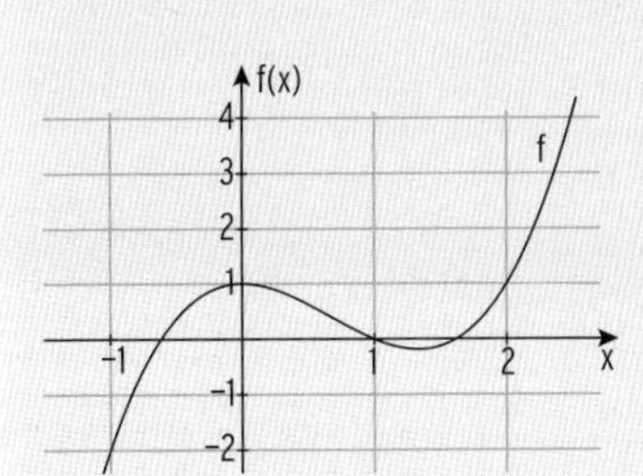

$f'(x) = 3x^2 - 4x$; $f''(x) = 6x - 4$; $f'''(x) = 6$

Notwendige Bedingung: $f''(x) = 0$ $\qquad 6x - 4 = 0$

Auflösen nach x: $\qquad x = \frac{2}{3}$

Mögliche Wendestelle: $\qquad x_1 = \frac{2}{3}$

Mit $f'''(\frac{2}{3}) = 6 \neq 0$ und $f(\frac{2}{3}) = \frac{11}{27}$: $\qquad W(\frac{2}{3} \mid \frac{11}{27})$

$f(x) = -x^3 + 2x + 4;\ x \in \mathbb{R}$

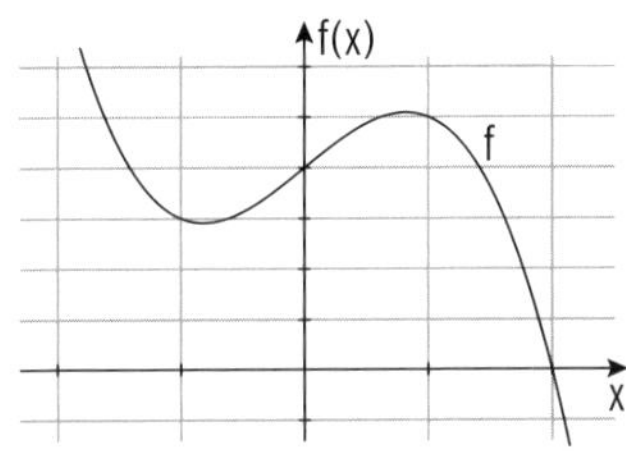

$K(x) = 2x^3 - 12x^2 + 24x + 20;$

$x \in \mathbb{R}_+$

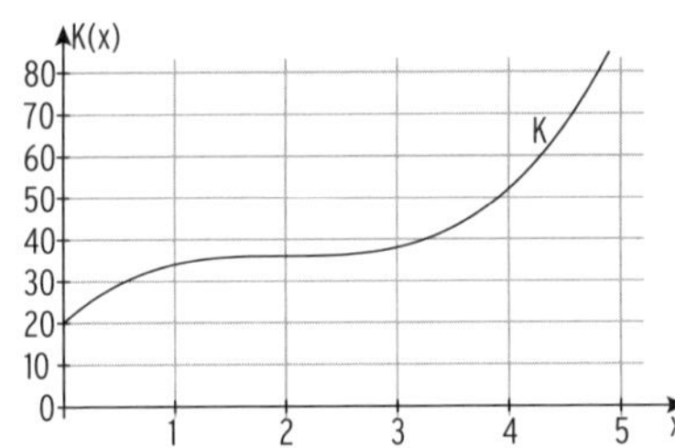

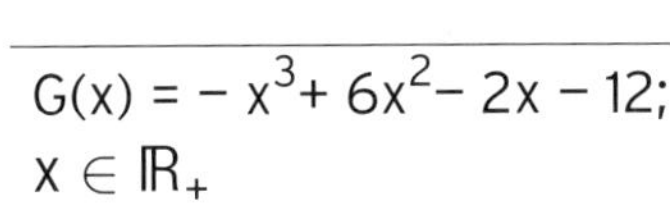

$G(x) = -x^3 + 6x^2 - 2x - 12;$

$x \in \mathbb{R}_+$

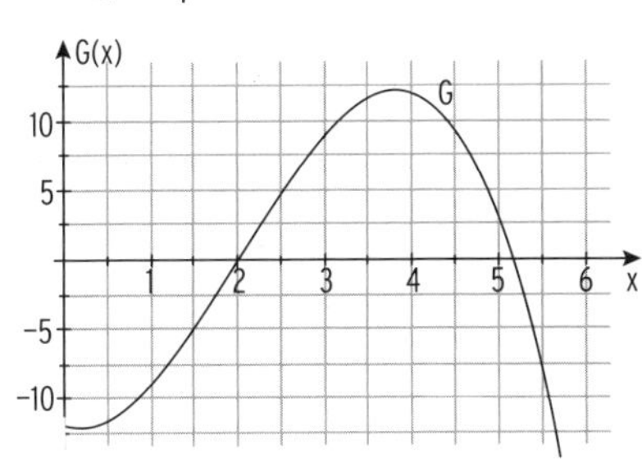

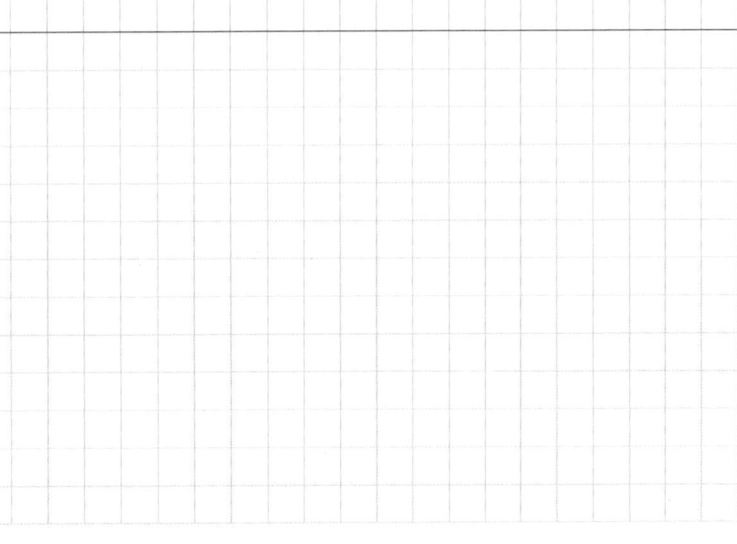

5 Die Abbildung zeigt das Schaubild der 1. Ableitungsfunktion einer Funktion f. Begründen Sie mithilfe der Zeichnung, dass das Schaubild von f einen Hoch-, einen Tief- und einen Wendepunkt mit positiver Steigung besitzt.

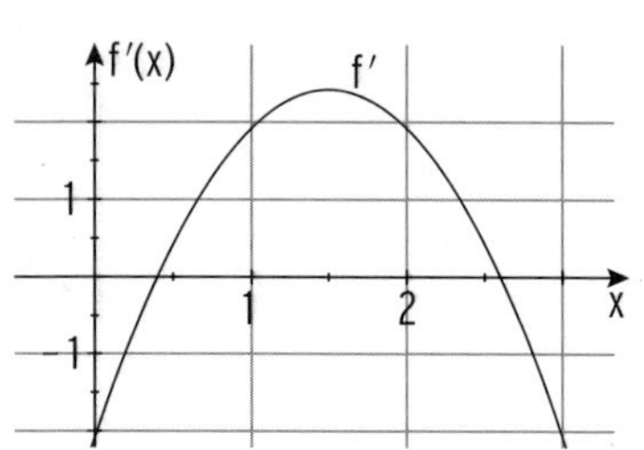

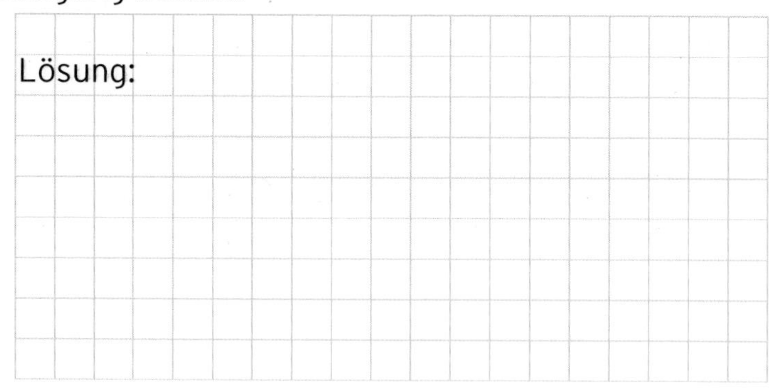

6 Vervollständigen Sie folgende Aussagen.

a) Eine ganzrationale Funktion 3. Grades hat höchstens _____ Extremstellen, denn ihre Ableitung ist vom Grad _____ .

b) Die Funktion f mit $f(x) = x^3 + 2$; $x \in \mathbb{R}$, ist __________ , denn ihre Ableitung ist stets __________ .

7 Gegeben ist das Schaubild der Funktion f. Tragen Sie die wichtigen Punkte ein und lesen Sie die Koordinaten ab. Skizzieren Sie das Schaubild der 1. Ableitung Bestimmen Sie mithilfe der Abbildung die Bereiche, in denen das Schaubild der Funktion f steigend ist bzw. rechtsgekrümmt ist.

Wichtige Punkte:

__________ ; __________ ; __________

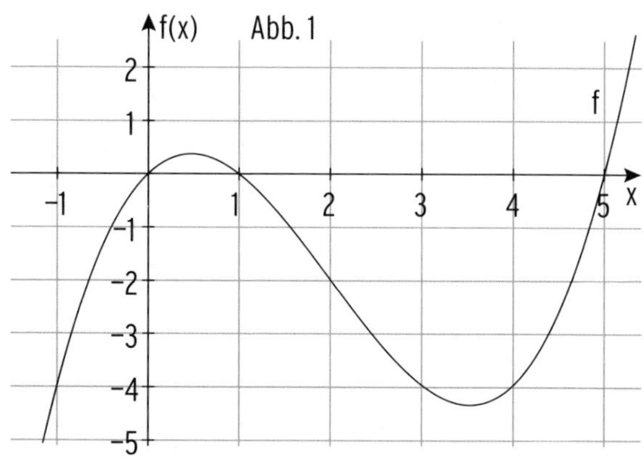

f'(x) Abb. 2

Der Graph von f ist steigend

für ____________

Der Graph von f ist rechtsgekrümmt

für ____________

8 Die Abbildung zeigt den Graph einer ertragsgesetzlichen Gesamtkostenfunktion, einer Erlösfunktion und der Gewinnfunktion.

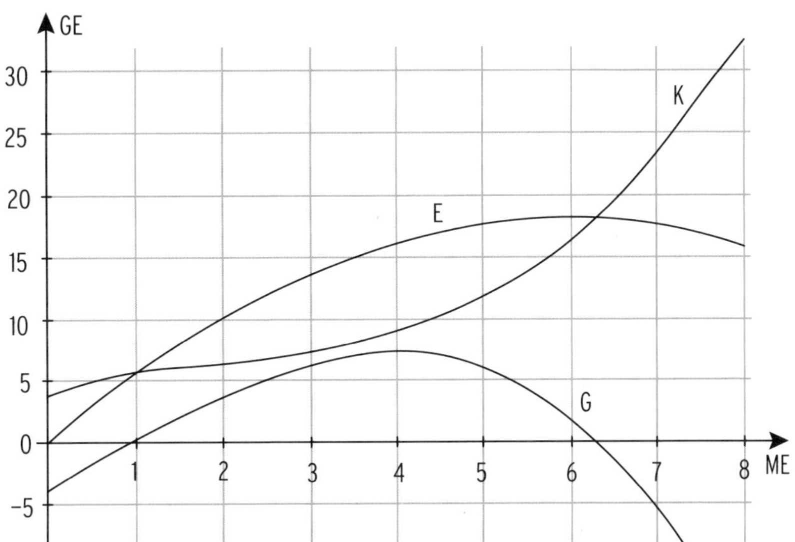

Beschreiben Sie den Verlauf der beiden Graphen, indem Sie den Lückentext mit folgenden Begriffen sinnvoll ergänzen:

degressiv, progressiv, Wendestelle, Wendepunkt ,linksgekrümmt, Rechtskrümmung, zu, geringer, geringsten, maximale, Grenzkosten, positiv, K′(x), G′(x), 0,8; 6,4; 7,2

Der Graph der Gesamtkostenfunktion K mit $K(x) = 0{,}1x^3 - 0{,}6x^2 + 2x + 4$; $x \in [0; 8]$

ist steigend, da die ________________ auf $D_{ök}$ positiv sind. Bis zu einer Produktionsmenge von 2 ME steigt der Graph ________________ an. Es liegt eine ________________ vor, d.h. die Gesamtkosten nehmen ____ , aber diese Zunahme pro ME wird ________________ . Bei einer Produktion von genau 2 ME steigen die Gesamtkosten am ____________, die ______________ sind minimal, sie betragen ________ GE/ME.

In x = 2 liegt eine ______________ vor. Der zugehörige __________________ hat die Ordinate ________ .

Danach verlaufen die Gesamtkosten _______________ steigend, die Gesamtkostenkurve ist _______________, die zweite Ableitung von K ist _____________,

Bei 4 ME wird der ______________ Gewinn in Höhe von ______ GE erzielt, es gilt hier E′(x) = ________ bzw ____ = 0 .

Lösungen

0 Basiswissen

Terme und Gleichungen

1 Vereinfachen Sie den Term.

$x - 3x - 8(x + 1)$	$= x - 3x - 8x - 8 = -10x - 8$
$x + 5(x - y + 2) - 6x - 2y$	$= x + 5x - 5y + 10 - 6x - 2y = -7y + 10$
$7(x - 2) + 3(x - 5)$	$= 7x - 14 + 3x - 15 = 10x - 29$
$12x - 6(x - 1) + 12$	$= 12x - 6x + 6 + 12 = 6x + 18$
$2 \cdot 4a \cdot 3b + 5a \cdot 2b - 18ab$	$= 24ab + 10ab - 18ab = 16ab$
$2(x^2 - x) + (x^2 - x - 3) \cdot (-5)$	$= 2x^2 - 2x - 5x^2 + 5x + 15 = -3x^2 + 3x + 15$
$8a - 3x + 6a - (x + a) - 5(a - 2x)$	$= 8a - 3x + 6a - x - a - 5a + 10x = 8a + 6x$

2 Multiplizieren Sie aus.

$2x(1 + 6y) + x(3 - 2y)$	$= 2x + 12xy + 3x - 2xy = 5x + 10xy$
$4(x + 2y - 3z) + 4$	$= 4x + 8y - 12z + 4$
$(x - 7)(x - 2)$	$= x^2 - 7x - 2x + 14 = x^2 - 9x + 14$
$\frac{1}{4}(x - 2)(x + 6)$	$= \frac{1}{4}(x^2 - 2x + 6x - 12)$ $= \frac{1}{4}(x^2 + 4x - 12) = \frac{1}{4}x^2 + x - 3$
$4(x - 6y) - 8(x - 6y)$	$= 4x - 24y - 8x + 48y = -4x + 24y$

3 Klammern Sie aus.

$24x + 16y - 12$	$= 4 \cdot 6x + 4 \cdot 4y - 4 \cdot 3 = 4(6x + 4y - 3)$
$4x + 8y - 12z$	$= 4(x + 2y - 3z)$
$tx - 3tx + t$	$= t(x - 3x + 1) = t(-2x + 1) = -t(2x - 1)$
$24a + 16ab - 12ac$	$= 4a(6 + 4b - 3c)$
$4(x - 6y) - 8(x - 6y)$	$= (4 - 8)(x - 6y) = -4(x - 6y)$

4

4 Berechnen Sie ohne Hilfsmittel.

$1 - \frac{1}{7}$	$= \frac{7}{7} - \frac{1}{7} = \frac{6}{7}$	$-2 \cdot (-\frac{2}{9}) \cdot (-\frac{2}{5})$	$= \frac{4}{9} \cdot (-\frac{2}{5}) = -\frac{8}{45}$
$-\frac{2}{5} + \frac{6}{5}$	$= \frac{4}{5}$	$\frac{1}{9} \cdot (-7)$	$= \frac{-7}{9} = -\frac{7}{9}$
$-\frac{24}{5} - 5$	$= -\frac{24}{5} - \frac{25}{5} = -\frac{49}{5}$	$-\frac{2}{5} \cdot \frac{5}{6}$	$= -\frac{2}{6} = -\frac{1}{3}$ (kürzen)
$\frac{2}{9} - 1 - \frac{5}{9}$	$= \frac{2}{9} - \frac{9}{9} - \frac{5}{9} = -\frac{12}{9} = -\frac{4}{3}$	$-\frac{5+3}{4} \cdot (-4)$	$= 8$ (kürzen)
$-\frac{(5+3)}{6} - \frac{4}{6}$	$= -\frac{8}{6} - \frac{4}{6} = -\frac{12}{6} = -2$	$\frac{9}{2} \cdot (-\frac{4}{9})$	$= -\frac{4}{2} = -2$
$\frac{9-2}{-7}$	$= \frac{7}{-7} = -1$	$(\frac{2}{3})^2 - \frac{4}{3} \cdot \frac{2}{3}$	$= \frac{4}{9} - \frac{8}{9} = -\frac{4}{9}$
$\frac{3}{2} - \frac{4}{5} - \frac{6}{4} - \frac{4}{5}$	$= \frac{3}{2} - \frac{3}{2} - \frac{8}{5} = -\frac{8}{5}$	$5 - \frac{7}{3} - \frac{1+3}{6}$	$= \frac{15}{3} - \frac{7}{3} - \frac{2}{3} = \frac{6}{3} = 2$
$-\frac{5+7}{12} + \frac{5-7}{12}$	$= -\frac{12}{12} - \frac{2}{12} = -\frac{14}{12} = -\frac{7}{6}$	$-\frac{1}{a} \cdot \frac{3}{5} + \frac{1}{a}$	$= \frac{1}{a}(-\frac{3}{5} + 1) = \frac{1}{a} \cdot \frac{2}{5} = \frac{2}{5a}$

5 Formulieren Sie einen Term für den Text.

Summe aus dem fünffachen einer Zahl und 13	$5x + 13$
Subtrahiere von 46 das Doppelte einer Zahl	$46 - 2x$
Gesamtkosten aus: Fixkosten 20 €, Kosten pro Stück 0,75 €	$0{,}75x + 20$

6 Wenden Sie eine binomische Formel an.

$(x + 1)^2$	$= x^2 + 2x + 1$	$x^2 - 12x + 36$	$= (x - 6)^2$
$x^2 + 8x + 16$	$= (x + 4)^2$	$(t - 5)^2$	$= t^2 - 10t + 25$
$(x - 3)^2$	$= x^2 - 6x + 9$	$(x - a)^2$	$= x^2 - 2ax + a^2$
$4(x - 6y)(x + 6y)$	$= 4x^2 - 144y^2$	$(2x - 1)^2$	$= 4x^2 - 4x + 1$
$x^2 - x + \frac{1}{4}$	$= (x - \frac{1}{2})^2$	$x^2 + 20x + 100$	$= (x + 10)^2$

7 Ergänzen Sie den Term.

$(x + \_\_)^2 = x^2 + \_\_ \cdot 5x$ ______	$(x + 5)^2 = x^2 + 2 \cdot 5x + 25$
$\frac{5}{4}a - \frac{3}{4}b = \frac{1}{4} \cdot (5a - 3b)$	$49 - 14a + a^2 = (7 - a) \cdot (7 - a)$
$(x - t)^2 = x^2 - 2tx + t^2$	$x^2 + 7x + 10 = (x + 5)(x + 2)$
$(x - 2y)(x + 2y) = x^2 - 4y^2$	$2x^2 - 5x = x(2x - 5)$

5

8 Lösen Sie nach x bzw. t auf.

$A = \frac{1}{2}xy$	$U = 2(a + x)$	$V = \frac{G}{3} \cdot (5x)$	$v = a \cdot t + v_0$
$A = \frac{1}{2}xy \quad \vert : y$ $\frac{A}{y} = \frac{1}{2}x \quad \vert \cdot 2$ $x = \frac{2A}{y}$	$U = 2(a + x) \vert : 2$ $\frac{U}{2} = a + x \quad \vert - a$ $x = \frac{U}{2} - a$	$V = \frac{G}{3} \cdot (5x) \quad \vert \cdot \frac{3}{G}$ $\frac{3V}{G} = 5x \quad \vert : 5$ $x = \frac{3V}{5G}$	$v = a \cdot t + v_0 \quad \vert - v_0$ $v - v_0 = a \cdot t \quad \vert : a$ $t = \frac{v - v_0}{a}$

9 Stellen Sie als eine Potenz dar.

$12 \cdot 12 \cdot 12$	$= 12^3$	$4^6 \cdot 2^6$	$= (4 \cdot 2)^6 = 8^6$
$36 \cdot 6$	$= 6^2 \cdot 6 = 6^3$	$9^3 \cdot 9^2$	$= 9^5$
144	$= 12^2$	$2^3 + 2^3$	$= 2 \cdot 2^3 = 2^4$
$2^2 \cdot 8$	$= 2^2 \cdot 2^3 = 2^5$	$2^4 - 2^3$	$= 2^3(2 - 1) = 2^3$
$(5 - 7) \cdot (5 - 7)$	$= (-2)^2 = 4$	$(9 - 2) \cdot 7^3$	$= 7 \cdot 7^3 = 7^4$

10 Berechnen Sie.

$6^2 + 3^2 - 2^3$	$= 36 + 9 - 8 = 37$	$2^4 - 1$	$= 16 - 1 = 15$
$a^2 \cdot a$	$= a^2 \cdot a^1 = a^3$	$3^3 \cdot 2$	$= 54$
$x^4 - 4x^4 - 5x^4$	$= -8x^4$	$4^3 \cdot 4^2$	$= 4^5 = 1024$
$c^3 \cdot c^3 \cdot c^4$	$= c^{3+3+4} = c^{10}$	$1^5 + 1^{18}$	$= 2$
10^5	$= 100\,000$	$-(1 - 2)^{13}$	$= -(-1)^{13} = -(-1) = 1$

11 Vereinfachen Sie, wenn möglich.

$\sqrt{4} \cdot \sqrt{3}$	$= \sqrt{4 \cdot 3} = \sqrt{12}$	$(\sqrt{2t})^2$	$= 2t$
$3 \cdot \sqrt{6} - \sqrt{6}$	$= 2 \cdot \sqrt{6}$	$(\sqrt{\frac{t}{2}})^4$	$= (\frac{t}{2})^2 = \frac{t^2}{4}$
$\sqrt{2} \cdot \sqrt{18}$	$= \sqrt{36} = 6$	$(\sqrt{5})^3$	$= (\sqrt{5})^2 \sqrt{5} = 5\sqrt{5}$
$\sqrt{\frac{16}{9} + 6 \cdot \frac{8}{9}}$	$= \sqrt{\frac{64}{9}} = \frac{8}{3}$	$\sqrt{5}\,\sqrt{20}$	$= \sqrt{100} = 10$
$\sqrt{-1}$	= nicht möglich	$\sqrt{t} + \sqrt{4t}$	$= \sqrt{t} + 2\sqrt{t} = 3\sqrt{t}$

12 Lösen Sie die Gleichungen.

$x = -3x - 8$	$x + 5 = 2 - 6x$	$7(x - 2) = 3(x - 5)$
$x = -3x - 8 \quad \vert + 3x$ Sortieren: $4x = -8 \quad \vert : 4$ $x = -2$	$x + 5 = 2 - 6x \quad \vert + 6x$ $7x + 5 = 2 \quad \vert - 5$ $7x = -3 \quad \vert : 7$ $x = -\frac{3}{7}$	$7x - 14 = 3x - 15 \quad \vert - 3x$ $4x - 14 = -15 \quad \vert + 14$ $4x = -1 \quad \vert : 4$ $x = -\frac{1}{4}$
$12x - 12(x + 1) + 12 = 0$	$\frac{1}{2}x - \frac{3}{2} = 1 - 2x$	$3(6x - 14) = 12x + 6(x - 3)$
$2x - 12x - 12 + 12 = 0$ $0 = 0$ wahre Aussage für alle x $L = \mathbb{R}$	$\frac{1}{2}x - \frac{3}{2} = 1 - 2x \quad \vert + 2x$ $\frac{5}{2}x - \frac{3}{2} = 1 \quad \vert + \frac{3}{2}$ $\frac{5}{2}x = \frac{5}{2} \quad \vert : \frac{5}{2}$ $x = 1$	$18x - 42 = 12x + 6x - 18$ $18x - 42 = 18x - 18 \quad \vert - 18x$ $-42 = -18$ falsche Aussage für alle x keine Lösung: $L = \varnothing$
$\frac{7}{2}x - 1 = -\frac{7}{3}x$	$\frac{3}{2}(6 - 3x) = 6 - 3x$	$x(2x - 1) = 1 + 2x^2 + 6x$
$\frac{7}{2}x - 1 = -\frac{7}{3}x \quad \vert + \frac{7}{3}x + 1$ $\frac{7}{2}x + \frac{7}{3}x = 1 \Leftrightarrow \frac{21}{6}x + \frac{14}{6}x = 1$ $\frac{35}{6}x = 1 \quad \vert \cdot (\frac{6}{35})$ $x = \frac{6}{35}$	$9 - \frac{9}{2}x = 6 - 3x \quad \vert + 3x$ $9 - \frac{3}{2}x = 6 \quad \vert - 9$ $-\frac{3}{2}x = -3 \quad \vert \cdot (-\frac{2}{3})$ $x = 2$	$2x^2 - x = 1 + 2x^2 + 6x$ $-x = 1 + 6x \quad \vert - 6x$ $-7x = 1 \quad \vert : (-7)$ $x = -\frac{1}{7}$
$4 - \frac{x}{5} - \frac{x}{3} = -1$	$\frac{2x}{3} - 4 = -\frac{5}{6}x - 1$	$t - 2x = \frac{3}{4}x + \frac{t}{3}$
$4 - \frac{3x}{15} - \frac{5x}{15} = -1$ $4 - \frac{8x}{15} = -1 \quad \vert - 4$ $-\frac{8x}{15} = -5 \quad \vert \cdot (-\frac{15}{8})$ $x = \frac{75}{8}$	$\frac{4x}{6} - 4 = -\frac{5}{6}x - 1 \quad \vert + \frac{5}{6}x$ $\frac{3}{2}x - 4 = -1 \quad \vert + 4$ $\frac{3}{2}x = 3 \quad \vert \cdot \frac{2}{3}$ $x = 2$	$t - 2x = \frac{3}{4}x + \frac{t}{3} \quad \vert + 2x$ $t = \frac{11}{4}x + \frac{t}{3} \quad \vert - \frac{t}{3}$ $\frac{2}{3}t = \frac{11}{4}x \quad \vert \cdot \frac{4}{11}$ $x = \frac{8}{33}t$

13 Kreuzen Sie die richtige Lösung an.

$5(x - 3) = 0$	☐ 2	☒ 3	☐ 0
$x + 5 = 4 - x$	☐ −1	☒ −0,5	☐ −2
$7x - 3 = 3(x - 1)$	☒ 0	☐ −1	☐ 1
$\frac{1}{7}x - \frac{3}{7} = 0$	☐ $-\frac{3}{7}$	☐ $\frac{3}{7}$	☒ 3

Kopfübungen

Eine Kopfübung besteht aus 10 kleinen Aufgaben aus dem Basiswissen, die ohne Hilfsmittel in maximal 10 Minuten gelöst werden sollten.

Übung 1

Setzen Sie x = 41 in $-3 - 2(x - 2)$ ein.	−81
Wie viel cm sind $\frac{3}{4}$ m?	75 cm
Faktorisieren Sie $4x^2 - 8x$.	$4x(x - 2)$
Bestimmen Sie die Lösung von $4x - 1 = 13$.	$\frac{7}{2}$
Zwei Lastwagen fahren den Schutt in 6 Stunden weg. Wie lange brauchen 3 Lastwagen?	4
30 % von 200 €.	60 €
$3^4 - 3^2$	72
$0{,}05 \cdot 0{,}2$	0,01
Mittelwert von 4, 6, 8 und 12.	7,5
Multiplizieren Sie aus: $(a - 2b)^2$.	$a^2 - 4ab + 4b^2$

Übung 2

Setzen Sie x = −2 in $-3 - 2x^2$ ein.	−11
Wie viel g sind $\frac{2}{3}$ von 96 kg?	64 000 g
Faktorisieren Sie $x^2 - 2x + 1$.	$(x - 1)^2$
Bestimmen Sie die Lösung von $x^2 - 1 = 3$.	± 2
Man halbiert die Fläche eines Quadrates viermal. Welcher Anteil der Gesamtfläche bleibt übrig?	$\frac{1}{16}$
15 % von 120 €.	18 €
$(9 - 2) \cdot (-7)$	−49
Schreiben Sie als Dezimalzahl: 10,5 %.	0,105
Multiplizieren Sie aus $(x - 4)(x - 1)$.	$x^2 - 5x + 4$
Wie groß ist ein Innenwinkel im gleichseitigen Dreieck?	60°

Übung 3

Berechnen Sie das arithmetische Mittel der Zahlen 1,4; 1,4; 1,6; 1,6 und 3.	1,8
Schreiben Sie als Prozentzahl: 0,196.	19,6%
Faktorisieren Sie: $12uv - 18v^2$.	$6v(2u - 3v)$
Bestimmen Sie die Lösung von $0{,}1 \cdot 2^x = 1{,}6$.	4
Geben Sie den Satz von Pythagoras in Worten an. Im rechtwinkligen Dreieck gilt: Die Summe der Kathetenquadrate ist gleich dem Hypotenusenquadrat.	
2,5 % von 40000 m².	1000 m²
Möbelhaus A bietet 25% Rabatt auf alle gekauften Waren. Sie zahlen 180 €. Wie hoch war der ursprüngliche Preis?	240
Berechnen Sie 99 • 101.	9999
200 € werden jährlich zu 3,5 % verzinst. Nach 6 Monaten wird das Konto aufgelöst. Wie viel Geld erhält sie?	203,5 €
Lösen Sie $(x + 1)(x - 1) + 1 = 2$.	$\pm\sqrt{2}$

Übung 4

Fassen Sie zusammen: $5 \cdot 25^2$.	3125
Schreiben Sie ohne Wurzelzeichen: $\sqrt{x^3}$.	$x^{1,5}$
Faktorisieren Sie mit binomischer Formel $4x^2 + 4x + 1$.	$(2x + 1)^2$
Lösen Sie $x(x + 4) = 0$.	0; −4
Berechnen Sie $\frac{3}{8} + \frac{5}{16} + \frac{7}{32}$.	$\frac{29}{32}$
Ein Rechteck ist 6 cm lang und 4 cm breit. Welche Kantenlänge hat ein flächengleiches Quadrat?	$\sqrt{24}$
Berechnen Sie 550 • 11.	6050
Anna verwendet die Formel: $V = \frac{1}{3} \cdot G \cdot h$. Was möchte Sie berechnen?	Volumen von Kegel oder Pyramide
Bestimmen Sie die Lösungsmenge: $\frac{2}{3}x - (4 - \frac{7}{3}x) = 3x$.	leere Menge $L = \varnothing$
Wie groß ist die Wahrscheinlichkeit beim Würfeln einen Pasch zu würfeln?	$\frac{1}{6}$

II Von Daten zu Funktionen

1 Erfassung und Darstellung von Daten

1 Datenerhebung in einer 11. Klasse

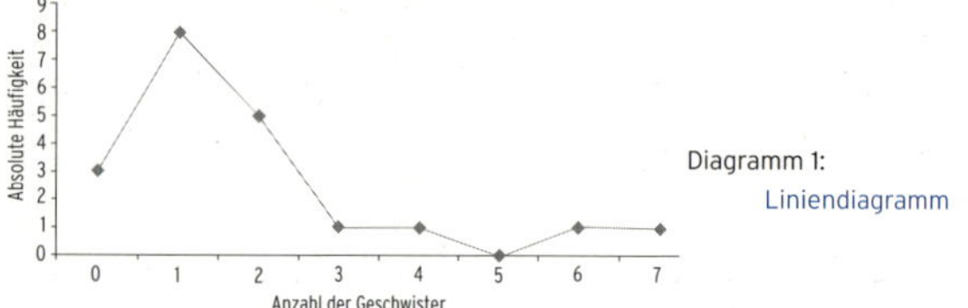

Diagramm 1: Liniendiagramm

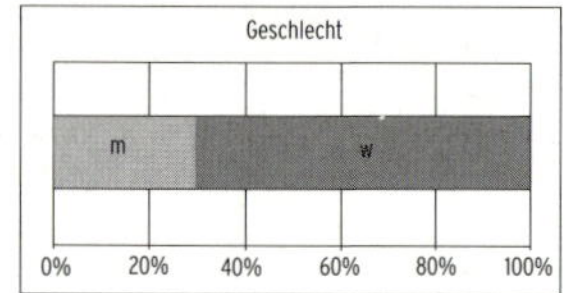

Diagramm 2: Streifendiagramm

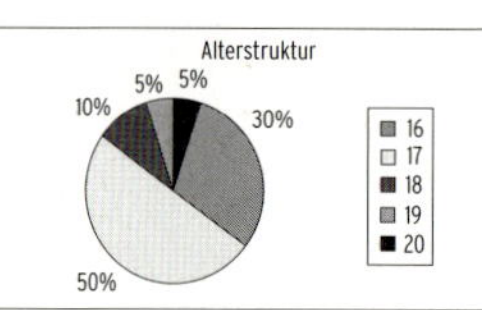

Diagramm 3: Kreisdiagramm

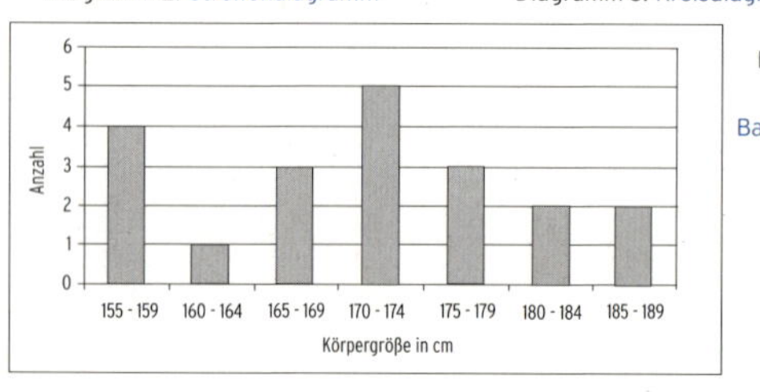

Diagramm 4: Balkendiagramm

1.1 Bezeichnen Sie die dargestellten Diagrammtypen. Tragen Sie die Bezeichnungen ein.

1.2 Geben Sie Unterschiede der Diagramme D2 und D3 zu den Diagrammen D1 und D4 an.

Einteilung nach Prozenten

1.3 Formulieren Sie Unterschiede des Diagramms D4 zu allen anderen.
Unterteilung in Klassen

2 Beantworten Sie folgende Aufgaben mit Hilfe der Diagramme auf Seite 10. Notieren Sie auch Rechnungen, wenn diese hierzu erforderlich sind.

a) Bestimmen Sie den Anteil der männlichen Schüler in der Klasse.

30 %

b) Geben Sie das Alter der meisten Schüler der Klasse an.

17 Jahre

c) Ermitteln Sie die Anzahl Schüler und Schülerinnen mit drei Geschwister.

ein Schüler/in

d) Bestimmen Sie durchschnittliche Anzahl an Geschwistern.

$0 \cdot 3 + 1 \cdot 8 + 2 \cdot 5 + 3 \cdot 1 + 4 \cdot 1 + 5 \cdot 0 + 6 \cdot 1 + 7 \cdot 1 = 38$; $\frac{38}{20} = 1{,}9$

Absolute und relative Häufigkeit

1 In vier verschiedenen Kursen des BG wurde das Alter von Schülern und Schülerinnen ermittelt. Man erhielt folgende Daten:

Kurs A

Alter	17	18	19	20
Anzahl	4	16	3	2

Kurs B

Alter	17	18	19	20
Anzahl	4	13	2	1

a) Ermitteln Sie, in welchem Kurs die relative Häufigkeit der 18-Jährigen größer ist.

Kurs A: 25 Schüler/innen relative Häufigkeit $\frac{16}{25} = 0{,}64 = 64\ \%$

Kurs B: 20 Schüler/innen relative Häufigkeit $\frac{13}{20} = 0{,}65 = 65\ \%$

Die relative Häufigkeit der 18-Jährigen ist in Kurs B höher.

b) In Kurs C sind $\frac{3}{5}$ der Schüler 18 Jahre alt, in Kurs D wird der Anteil derer mit 0,72 angegeben. Bestimmen Sie den Anteil der 18-Jährigen in diesen beiden Kursen, wenn insgesamt jeweils 25 Schüler die Kurse C und D besuchen.

Kurs C: 25 Schüler/innen $\frac{3}{5}$ von 25: $\frac{3}{5} \cdot 25 = 15$

Kurs D: 25 Schüler/innen 72 % von 25: $0{,}72 \cdot 25 = 18$

Kurs C besuchen 15 , Kurs D 18 Schüler/innen, die 18 Jahre alt sind.

2 Monatlich werden die Marktanteile der Fernsehanstalten ermittelt.

2.1 Dazu werden 3 600 Personen im Alter von 14 bis 49 Jahre befragt. Die Tabelle zeigt die Marktanteile bei den 14 - 49Jährigen
Berechnen Sie die Anzahl der Stimmen für den jeweiligen Sender.
Zeichnen Sie ein Kreisdiagramm, in dem das Ergebnis dargestellt wird.

Sender	Das Erste	ZDF	RTL	SAT 1	VOX	Sonstige
rel. Häufigkeit	5,6 %	6,2 %	15,4 %	8,1 %	7,0 %	57,7 %
abs. Häufigkeit	202	223	554	292	252	2077

Kreisdiagramm:

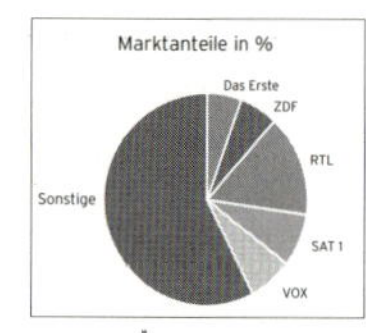

2.2 Um die Marktanteile beim Gesamtpublikum (ab 3 Jahre) zu ermitteln, werden 5000 Personen befragt. Die Tabelle zeigt das Ergebnis der Befragung. Erstellen Sie ein Säulendiagramm der relativen Häufigkeiten.

Sender	Das Erste	ZDF	RTL	SAT 1	VOX	Sonstige
abs. Häufigkeit	530	695	550	330	250	2645
rel. Häufigkeit	10,6 %	13,9 %	11,0 %	6,6 %	5,0 %	

Säulendiagramm:

(ohne sonstige)

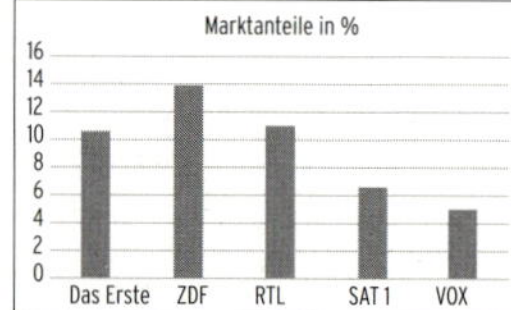

3 In einem Studentenwohnheim wohnen 200 Studenten. 165 von ihnen sprechen Englisch, 73 Deutsch, 49 sprechen beide Sprachen.

3.1 Bestimmen Sie die relative Häufigkeit der Studenten, die mindestens eine der beiden Sprachen sprechen.

E: 116, E und D: 49, D: 24

Absolute Häufigkeit = 165 + 73 − 49 = 189

Relative Häufigkeit= $\frac{\text{Absolute Häufigkeit}}{n} = \frac{189}{200} = 0{,}945 = 94{,}5\,\%$

3.2 Ermitteln Sie die relative Häufigkeit der Studenten, die keine der beiden Sprachen sprechen.

Absolute Häufigkeit= 200 − 189 = 11

Relative Häufigkeit= $\frac{\text{Absolute Häufigkeit}}{n} = \frac{11}{200} = 0{,}055 = 5{,}5\,\%$ (= 100 % − 94,5 %)

4 50,9% aller Deutschen sind Frauen. Eine Studie zufolge schnarchen 60% aller deutschen Männer. Bestimmen Sie die relative Häufigkeit der schnarchenden Männer unter allen Deutschen.
Anteil der Männer an der deutschen Gesamtbevölkerung: 49,1 %
Anteil der Schnarcher unter den Männern: 60 %
Anteil der schnarchenden Männer unter den Deutschen (60% von 49,1 %):
$0{,}67 \cdot 0{,}48 = 0{,}2946 = 29{,}46\,\%$ (= relative Häufigkeit)

5 Das Ergebnis der Kommunalwahl 2016 in Hannover ist anhand der folgenden Tabelle ablesbar. Es wurden 606 777 gültige Stimmen abgegeben.

Partei	Anzahl der gültigen Wählerstimmen	Prozentuale Verteilung
CDU	145 621	24,0 %
SPD	186 122	30,7 %
Grüne	102 485	16,9 %
FDP	32 358	5,3 %
Linke	42 867	7,1 %
AfD	53 248	8,8 %

5.1 Ermitteln Sie jeweils die prozentuale Verteilung (auf eine Nachkommastelle gerundet).

5.2 Stellen Sie die Daten in einem Säulendiagramm dar.

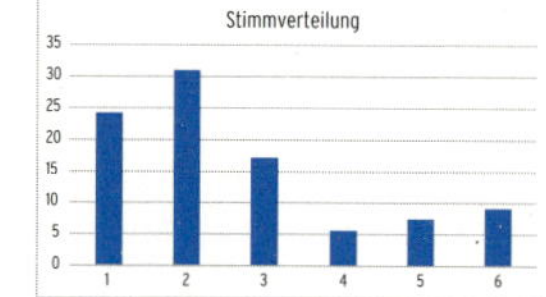

2 Datenauswertung

Lagemaße

1 Geben Sie für die folgende Datenreihe den Mittelwert und den Median an:
3, 2, 1, 4, 5, 6, 2, 3, 2

Mittelwert $\overline{x} = \frac{3+2+1+4+5+6+2+3+2}{9} = \frac{28}{9} = 3{,}11$
Median $x_{med} = 3$

2 Bei Reifenhandel Stroppel wird überlegt, ob die Anzahl der Montageplätze ausreicht. Deshalb erfasst man bei 20 PKW die Wartezeit in Minuten:
10, 5, 14, 5, 13, 5, 0, 10, 20, 5, 5, 35, 6, 5, 23, 12, 14, 6, 15, 0

2.1 Bestimmen Sie den Mittelwert.

$\overline{x} = \frac{10+5+14+5+13+5+0+10+20+5+5+35+6+5+23+12+14+6+15+0}{20} = \frac{208}{20} = 10{,}4$

2.2 Unter der Spannweite einer Messreihe versteht man die Differenz von größtem und kleinstem Messwert. Geben Sie die Bedeutung der Spannweite an.
Gar keine, da es deutliche Ausreißer gibt, die die Größe der Spannweite enorm beeinflussen.

3 Jan betreut 8 Jugendliche und möchte einen Tagesausflug mit ihnen machen. Pro Person müsste ein Beitrag von 60 EUR bezahlt werden. Jan ist bereit 100 EUR zu zahlen, ein Spender steuert nochmals 150 EUR bei.

3.1 Berechnen Sie die Kosten für den Tagesausflug. $60 \cdot 9 = 540$ (EUR)

3.2 Ermitteln Sie, wie viel Geld jeder der 8 Jugendlichen aufbringen muss.

$540 - 100 - 150 = 290$; $\frac{290}{8} = 36{,}25$; Jeder Jugendliche muss 36,25 EUR bezahlen.

4 Die Metzgerei Koppe hat zwei Filialen in Braunschweig. Die monatlichen Umsatzzahlen des Jahres 2017 in Tausend EUR sind aufgelistet.
Filiale Marienstrasse: 32 32 27 27 29 32 31 30 30 28 34 43
Filiale Berberweg: 18 19 19 19 18 18 19 18 19 18 18 18
Bestimmen Sie den durchschnittlichen monatliche Umsatz je Filiale und den durchschnittlichen Umsatz der Metzgerei Koppe.

Mittelwert Filiale M: $\overline{x_1} = \frac{32\cdot3+27\cdot2+29+31+30\cdot2+34+43+28}{12} = 31{,}250$
Mittelwert Filiale B: $\overline{x}_2 = \frac{18\cdot7+19\cdot5}{12} \approx 18{,}417$
Mittelwert Metzgerei: $\overline{x} = \frac{31{,}250+18{,}417}{2} = 24{,}834$
Der durchschnittliche monatliche Umsatz der Metzgerei Koppe beträgt 24834 EUR.

14

5 In drei Städten A, B und C in Deutschland wurden jeweils fünf Personen nach ihrem monatlichen Nettoeinkommen befragt. Hierbei ergaben sich folgende Daten:

	A	B	C
x_1	3500	3900	1100
x_2	5500	3700	900
x_3	1500	3800	13600
x_4	1600	3500	800
x_5	1900	3100	1000

	A	B	C
$\overline{x}$	2800	**3600**	3480
x_{med}	**1900**	**3700**	**1000**

Ermitteln Sie jeweils den Mittelwert und den Median der drei Datenreihen. Bezeichnen Sie die Werte, die geeignet sind, um das „typische" Einkommen der Einwohner zu charakterisieren. Der geeignete Wert ist fett unterlegt.

Bei Stadt B: x_{med} geeignet, da geringe Abweichungen vom Mittelwert existieren.

Nebenrechnungen:
$3500 + 5500 + 1500 + 1600 + 1900 = 14000$; $\frac{14000}{5} = 2800$

$3900 + 3700 + 3800 + 3500 + 3100 = 18000$; $\frac{18000}{5} = 3600$

$1100 + 900 + 13600 + 800 + 1000 = 17400$; $\frac{17400}{5} = 3480$

6 „Der Mittelwert aller Abweichungen vom Mittelwert ist immer null."
Erläutern Sie diese Aussage am Beispiel der Urliste 1; 5; 0; 2; 1; 8; 0; 3.

$1 + 5 + 0 + 2 + 1 + 8 + 0 + 3 = 20$; $\frac{20}{8} = 2{,}5$

Abweichungen vom Mittelwert:
$(1 - 2{,}5) + (5 - 2{,}5) + (0 - 2{,}5) + (2 - 2{,}5) + (1 - 2{,}5) + (8 - 2{,}5) + (0 - 2{,}5) + (3 - 2{,}5) = 0$

7 Sven hat zwei Wochen lang notiert, wie viele Posts er pro Tag absetzt. Bestimmen Sie die Lagemaße $\overline{x}$, x_{med} und x_{mod}. Interpretieren Sie diese Größen.
15, 18, 18, 21, 14, 17, 19, 28, 18, 17, 30, 28, 25, 26

Sortierte Urliste: 14, 15, 17, 17, 18, 18, 18, 19, 21, 25, 26, 28, 28,30

$\overline{x} = \frac{294}{14} = 21$ Durchschnittliche Anzahl Posts pro Tag
$x_{med} = \frac{18+19}{2} = 18{,}5$ Der "Mittelwert" sind 18,5 Posts.
$x_{mod} = 18$ Drei Tage setzt er 18 Posts ab.

15

Streuungsmaße

1 Pizza Amiga liefert Pizzen auf Bestellung und verspricht eine Lieferung innerhalb der Stadt in 20 Minuten. Jan hat die Wartezeiten (in Min) der letzten Bestellungen notiert: 22; 24; 18; 19; 30; 16; 24; 26; 20; 22, 17
Ermitteln Sie die Kenngrößen und zeichnen Sie einen Boxplot.

16; 17; 18; 19; 20; 22; 22; 24; 24; 26; 30, Spannweite: 30 − 16 = 14
Minimum: 16
Maximum: 30
Median: 22
1. Quartil: 18
3. Quartil: 24

Pizza Amiga hält sein Versprechen. Nehmen Sie Stellung.

Die durchschnittliche Lieferzeit beträgt 21,6 Min. Das Versprechen wird eingehalten.

2 Der abgebildete Boxplot zeigt die Körpergrößen der Schülerinnen und Schüler einer Mathematikkurses des beruflichen Gymnasiums in Braunschweig.

2.1 Notieren Sie das Minimum, das Maximum, den Median sowie das 1. und das 3. Quartil.

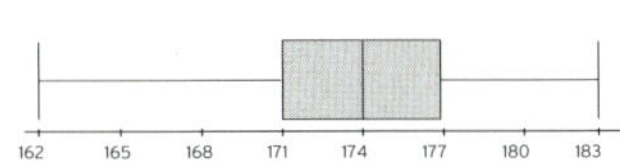

Minimum 162; Maximum 183, Median 174; 1. Quartil 171, 3. Quartil 177

2.2 Tina ist mit 1,70 m im Vergleich zum restlichen Kurs groß. Nehmen Sie Stellung zu dieser Behauptung.
Tina ist unter den ersten 25 % der Größten in der Klasse.
Die Behauptung trifft nicht zu.

3 Entscheiden Sie, welche der folgenden Aussagen zutrifft.

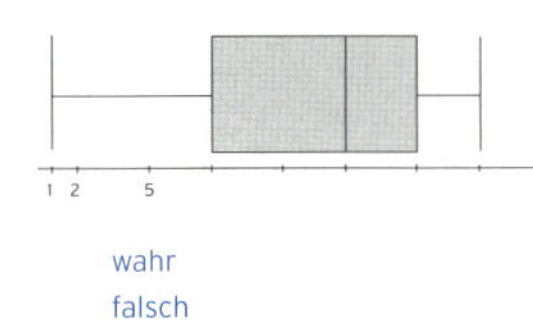

- Der Median ist 14. wahr
- 50 % der Daten liegen zwischen 1 und 8. falsch
- 25 % der Daten liegen zwischen 17 und 20. wahr
- $x_{max} = 20$ wahr
- 75 % der Daten liegen zwischen 1 und 14. falsch
- Die Daten sind gleichmäßig verteilt um x_{med}. falsch

16

4 Bei einer Umfrage zur Nutzung digitaler Medien haben 50 Mädchen und 40 Jungen angegeben, wie viele Posts sie pro Tag veröffentlichen.

4.1 Geben Sie für beide Gruppen die fünf Kenngrößen an.

	Mädchen:	Jungs:
Minimum:	2	6
Maximum:	20	40
Median:	8	16
1. Quartil:	6	12
3. Quartil:	12	24

4.2 Vergleichen Sie die beiden Boxplots und interpretieren Sie das unterschiedliche digitale Verhalten der Mädchen und Jungen.
Mädchen geben maximal 20 Posts ab, während die Jungs doppelt so viele abgeben. Dieses Verhältnis trifft auch auf die anderen Kenngrößen zu, Jungs sind nach dieser Umfrage doppelt so aktiv im Netz wie Mädchen (bis auf das Minimum).

Hinweis: Berechnen Sie die folgenden zwei Aufgaben ohne die Nutzung vorprogrammierter Kennzahlen in Ihrem Taschenrechner! Fassen Sie die Werte geeignet zusammen, um die Berechnung zu verkürzen.

5 Die zwei Freunde Markus und Kai fahren Autos vom gleichen Typ und haben den Durchschnittsverbrauch in Liter pro 100 km gemessen und notiert. Hierbei gab es das unten abgebildete Ergebnis. Am Ende diskutierten beide, wer von Ihnen der bessere Autofahrer ist.

Markus	8,1	8,0	8,9	7,9	8,0	7,7	7,9	7,5
Kai	7,9	8,1	8,8	7,2	8,6	8,0	7,7	7,7

Markus: $\overline{x} = 8$;
$\sigma^2 = \frac{1}{8}(0{,}1^2 + 0{,}9^2 + 0{,}1^2 + 0{,}3^2 + 0{,}1^2 + 0{,}5^2) = \frac{1{,}18}{8}$
also $\sigma = 0{,}38$

Kai: $\overline{x} = 8$;
$\sigma^2 = \frac{1}{8}(0{,}1^2 + 0{,}1^2 + 0{,}8^2 + 0{,}8^2 + 0{,}6^2 + 0{,}3^2 + 0{,}3^2) = \frac{1{,}84}{8}$
also $\sigma = 0{,}48$

Beide haben den gleichen Durchschnttsverbrauch erzielt; Markus fährt etwas gleichmäßiger.

17

11 Bohner, Ott, Deusch ISBN 978-3-8120-2695-6

6 Die Waldner KG bezieht von zwei Zulieferern A und B selbstsichernde Muttern in großer Stückzahl. Beim Wareneingang werden jeder Lieferung 20 Muttern entnommen und auf Fehler geprüft. Die Liste zeigt die Anzahl der defekten Muttern.

Lieferant A	2	2	3	2	2	1	3	1
Lieferant B	1	4	3	1	2	0	2	3

6.1 Berechnen Sie jeweils den Mittelwert sowie die Varianz und die Standardabweichung.

Lieferant A:

$\overline{x}_A = \frac{16}{8} = 2$

$\sigma_A^2 = \frac{1}{8}(1^2 + 1^2 + 1^2 + 1^2) = 0{,}5$

$\sigma_A = 0{,}71$

Lieferant B:

$\overline{x}_B = \frac{16}{8} = 2$

$\sigma_B^2 = \frac{1}{8}(1^2 + 2^2 + 1^2 + 1^2 + 2^2 + 1^2) = 1{,}5$

$\sigma_B = 1{,}22$

6.2 Entscheiden Sie die Wahl des Lieferanten. Begründen Sie Ihre Entscheidung!

Die Wahl fällt auf A. Bei Lieferant A sind die Kontrollen besser und effektiver, da die Abweichungen von $\overline{x} = 2$ geringer ausfallen ($\sigma_A < \sigma_B$).

7 Bei einem Mathematiktest in den Kursen a und b ergaben sich folgende Notenspiegel.

Note	15	14	13	12	11	10	8	6
Anzahl in Kurs a	3	5	7	4	3	3	3	2
Anzahl in Kurs b	4	7	7	5	1	1	1	4

Maike aus Kurs b prahlt gegenüber ihrem Freund aus Kurs a: "Wir waren mal wieder besser als ihr!" Entscheiden Sie, ob Maike Recht hat.
Ermitteln Sie jeweils Mittelwerte, Varianz sowie Standardabweichung und äußern Sie sich anhand dieser Werte zu Maikes Aussage.

Kurs a:
$\overline{x} = 11{,}766$ $\sigma^2 = 6{,}25$ $\sigma = 2{,}50$

Kurs b:
$\overline{x} = 12{,}067$ $\sigma^2 = 7{,}86$ $\sigma = 2{,}80$

Stellungnahme: Der Durchschnitt Kurs b ist etwas besser. Kurs a ist homogener. Man kann nicht sagen, welcher Kurs besser ist.

II Ganzrationale Funktionen und wirtschaftliche Anwendungen

1 Definition einer Funktionen

Intervalle sind Teilmengen der reellen Zahlen ℝ.

1 Schreiben Sie als Intervall.

$\{x \in \mathbb{R} \mid 2 < x < 5\}$	(2; 5) (offen)	$\{x \in \mathbb{R} \mid 0 \le x \le 1\}$	[0; 1] (geschlossen)
$\{x \in \mathbb{R} \mid -3 \le x \le 0\}$	[− 3; 0]	$\{x \in \mathbb{R} \mid x \le -1\}$	(− ∞; − 1]
$\{x \in \mathbb{R} \mid 0 \le x\}$	[0; ∞)	$\{x \in \mathbb{R} \mid -2 < x \le 1\}$	(− 2; 1]

2 Schreiben Sie in Mengenschreibweise.

[2 ; 8]	$\{x \in \mathbb{R} \mid 2 \le x \le 8\}$	(− ∞ ; 2)	$\{x \in \mathbb{R} \mid x < 2\}$
(0 ; 6)	$\{x \in \mathbb{R} \mid 0 < x < 6\}$	[−4 ; 4]	$\{x \in \mathbb{R} \mid -4 \le x \le 4\}$
[− 2 ; ∞)	$\{x \in \mathbb{R} \mid x \ge -2\}$	(− ∞; 1)	$\{x \in \mathbb{R} \mid x < 1\}$

3 Geben Sie die Koordinaten an und beschreiben Sie die Punktmenge.

A (2 | 3)

B(− 3,5 | 2)

C(− 0,5 | 0)

D(− 3 | − 4)

E: x ∈ [2; 4] und y = 1

F: y = 3; x ∈ [0; 1]

G: y = 0; x ∈ [− 4; −2]

H: x = 0; y∈[− 4; −1]

I: x = − 1; y∈[− 2; 4]

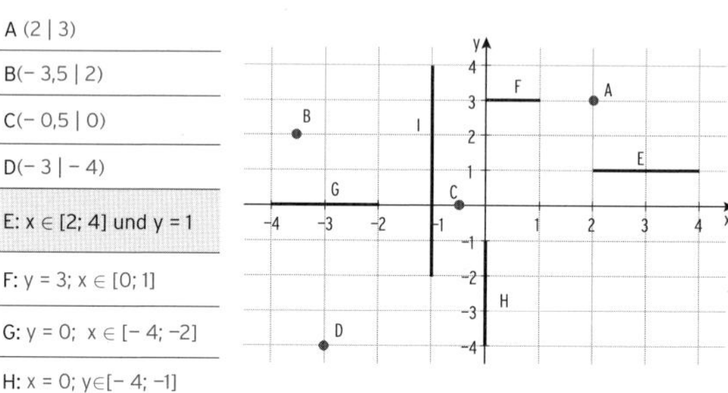

4 Entscheiden Sie begründet, ob das Schaubild zu einer Funktion gehört.

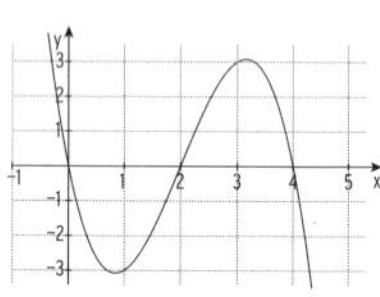

☒ ja ☐ nein

Begründung: Jedem x-Wert wird genau ein y-Wert zugeordnet.

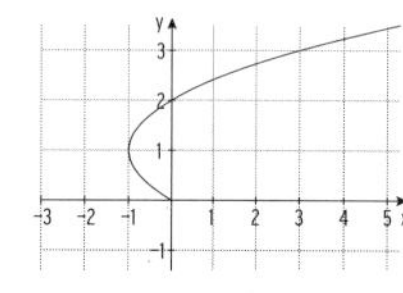

☐ ja ☒ nein

Begründung: Z.B. werden x = 0 zwei y-Werte zugeordnet.

5 Die Abbildung zeigt das Schaubild der Funktion f. Beantworten Sie folgende Fragen mithilfe der Abbildung. Begründen Sie Ihre Antwort.

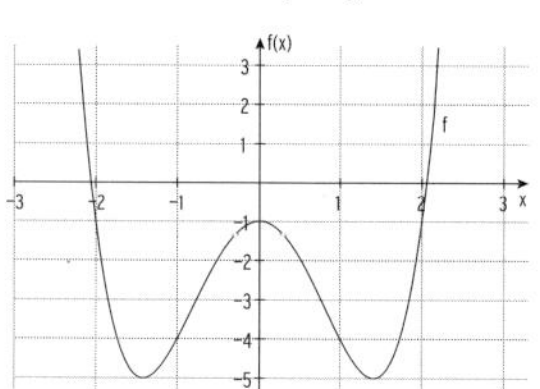

Bedingung	wahr/falsch	Begründung
f(1) = − 4	☒ (w) ☐ (f)	F(1 |− 4) liegt auf dem Graph von f
f(x) = 0 für x = −2	☐ (w) ☒ (f)	f(− 2) = − 1
f(x) = f(− x)	☒ (w) ☐ (f)	Der Graph von f ist symmetrisch zur y-Achse
f(− 1) < f(0)	☒ (w) ☐ (f)	f(− 1) = − 4 < f(0) = − 1
f(x) < − 1 für 0 < x < 2	☒ (w) ☐ (f)	Der Graph von f verläuft unterhalb der Geraden mit y = − 1.
f(0) − f(1) = 3	☒ (w) ☐ (f)	f(0) = − 1; f(1) = − 4 f(0) − f(1) = 3
f(0) = f(2)	☒ (w) ☐ (f)	f(0) = − 1; f(2) = − 1

6 Die Abbildung zeigt einen Ausschnitt des Graphen einer Funktion f mit D(f) = ℝ. Ordnen Sie jeder Funktion ihre Wertemenge W(f) zu.

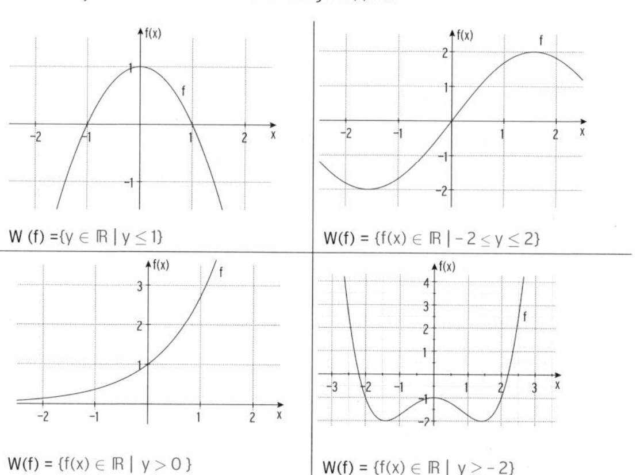

W (f) = $\{y \in \mathbb{R} \mid y \le 1\}$

W(f) = $\{f(x) \in \mathbb{R} \mid -2 \le y \le 2\}$

W(f) = $\{f(x) \in \mathbb{R} \mid y > 0\}$

W(f) = $\{f(x) \in \mathbb{R} \mid y \ge -2\}$

7 Ordnen Sie jeder Funktion Definitionsmenge D(f) und Wertemenge W(f) zu.

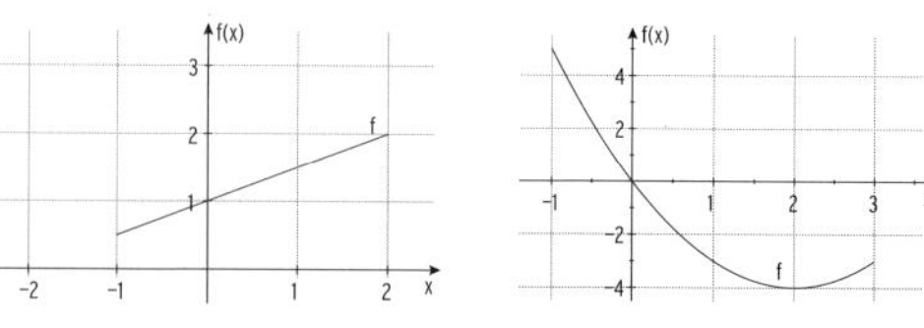

D(f) = [− 1 ; 2]
W(f) = [0,5 ; 2]

D(f) = [− 1 ; 3]
W(f) = [− 4 ; 5]

8 Füllen Sie die Tabelle aus.

Funktionsterm	D(f)	W(f)	Funktionsterm	D(f)	W(f)
f(x) = x + 1	(0 ; 7)	(1 ; 8)	f(x) = 2x	(− 1 ; 4)	(− 2 ; 8)
$f(x) = x^2$	ℝ	[0 ; ∞)	$f(x) = x^2 + 1$	[−2 ; 2]	[1; 5]

2 Lineare Funktionen

Die Funktion f mit $f(x) = mx + b$; $x \in \mathbb{R}$, ist eine lineare Funktion.
Geradengleichung $y = mx + b$ mit m: Steigung und b: Ordinatenachsenabschnitt

1 Ergänzen Sie die Lücken im Text.

Das Schaubild der linearen Funktion f mit f(x) = mx + b hat die Steigung m und den Ordinatenachsenabschnitt b. Ist b = 0, so verläuft die Gerade durch den Ursprung. Eine Gerade ist steigend, wenn die Steigung positiv ist, für m < 0 ist sie fallend. Für m = 0 verläuft sie waagrecht (parallel zur Abszissenachse).

2 Geben Sie einen linearen Funktionsterm an, so dass die Bedingung erfüllt ist.

Die Gerade geht durch den Ursprung.	y = 4x
Die Steigung beträgt − 2.	y = − 2x + 1
A(0| 7) liegt auf der Geraden.	y = 4x + 7
Die Gerade ist steigend.	y = x
Vergrößert man den x-Wert um 2, vergrößert sich der y-Wert um 6.	y = 3x
Der Erlös pro Stück beträgt 0,25 €.	y = 0,25x

3 Bestimmen Sie die Zahl, die in den Platzhalter muss, damit der Graph von f mit

$f(x) = 2x - 4$ durch (0| − 4) verläuft.

$f(x) = -\frac{6}{4}x + 6$ parallel zur Geraden mit der Gleichung y = − 1,5x verläuft.

$f(x) = 3x + 1$ der Graph einer Gesamtkostenfunktion ist und die variablen Stückkosten 3 €/ME betragen.

$f(x) = -\frac{3}{-9}x + 2$ durch $(1|\ \frac{7}{3})$ verläuft.

$f(x) = -\frac{5}{12}x - \frac{5}{2}$ die Abszissenachse in x = − 6 schneidet.

$f(x) = 4x - 40$ der Graph der Gewinnfunktion der Waldner AG ist, die bei produzierten 15 ME einen Gewinn von 20 GE erzielt.

4 Jeder Graph gehört zu einer Funktion. Ordnen Sie zu und begründen Sie Ihre Zuordnung. Eine Gerade passt nicht zu den angegebenen Funktionstermen. Geben Sie den zugehörigen Funktionsterm an.

a) $f(x) = 3x + 1$ [3] Begründung: Die Gerade hat die Steigung 3.

b) $f(x) = -\frac{1}{2}x + 1$ [2] Begründung: Die Gerade ist fallend mit Steigung $-\frac{1}{2}$.

c) $f(x) = \frac{3}{2}x + 1$ [4] Begründung: Die Gerade hat die Steigung $\frac{3}{2}$.

d) $f(x) = -\frac{1}{3}x + 1$ [1] Begründung: Die Gerade ist fallend mit Steigung $-\frac{1}{3}$.

Abb. 1

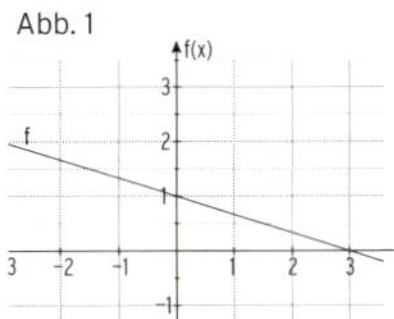

Abb. 2

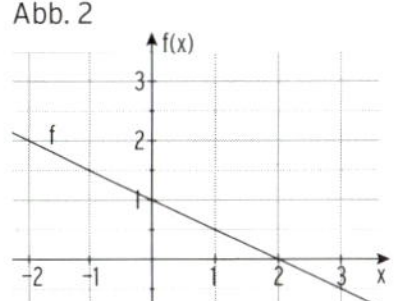

Abb. 3

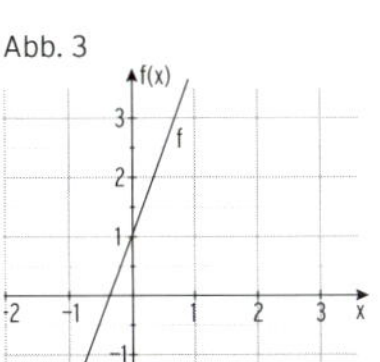

Abb. 4

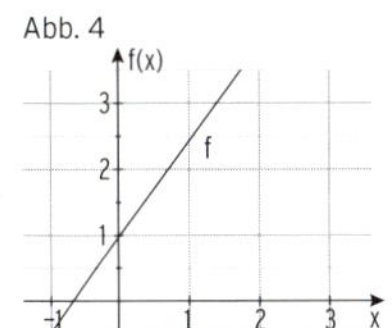

5 Die Graphen gehören nicht zum Funktionsterm $f(x) = -\frac{4}{5}x + 1$. Begründen Sie.

Zeichnen Sie den zugehörigen Graphen in das Koordinatensystem C ein.

A B

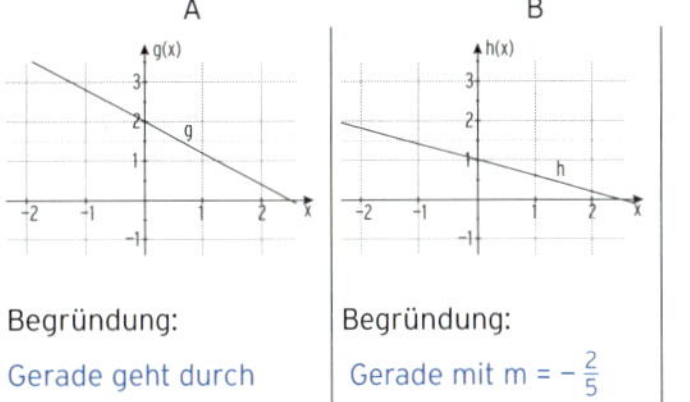

C

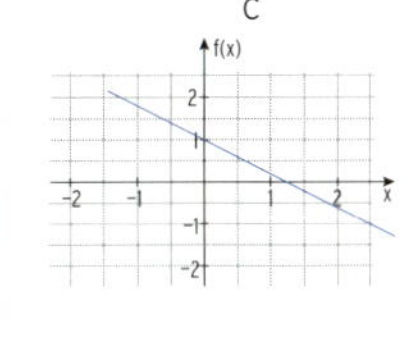

Begründung:	Begründung:
Gerade geht durch (0 | 2).	Gerade mit $m = -\frac{2}{5}$

6 Bestimmen Sie die Geradengleichung.

Gerade mit Steigung m = 2 durch P(1 | 1)	y = 2x + b Punktprobe: 1 = 2 · 1 + b ⇒ b = − 1 Geradengleichung: y = 2x − 1
Gerade durch P(0 | 1) und Q (4 |0)	$y = -\frac{1}{4}x + 1$
Gerade mit Steigung m = 4 durch P(1 | 4)	y = 4x
Gerade durch P(2 | 1) und Q (−4 | 1)	y = 1
Gerade durch P(5 | − 1) und Q (2 |5)	$m = \frac{5-(-1)}{2-5} = -2$; y= − 2x + 9

7 Bestimmen Sie en Term der Gesamtkostenfunktion. deren Graph durch folgende Eigenschaften beschrieben werden kann.

Die variablen Stückkosten betragen 0,4 GE/Stück, die fixen Kosten 3 GE.	K(x) = 0,4x + 3
Die variablen Stückkosten betragen 2,5 GE/Stück, 12 Stück verursachen Gesamtkosten von 40 GE	K(x) = 2,5x + b; 40 = 2,5 · 12 + b ⇒ b = 10 K(x) = 2,5x + 10
Bei Produktionsstillstand fallen Gesamtkosten von 8 GE an. Die Produktion von 3 Stück verursacht Gesamtkosten von 14 GE	K(x) = mx + 8 14 = 3m + 8 ⇒ m = 2 y = 2x + 8
Bei Produktion von 2 ME entstehen Gesamtkosten in Höhe von 6 GE, bei 5 ME betragen diese 12 GE.	6 = 2m + b 12 = 5m + b ⇒ m = 2; b = 2 K(x) = 2x + 2

8 Bestimmen Sie die Nullstelle der Funktion f.

f(x) = 6(x − 4)	f(x) = 2x − 3	$f(x) = 2(\frac{16}{3} - 3x)$	$f(x) = -\frac{1}{2}x + \frac{5}{2}$
f(x) = 0 6(x − 4) = 0 x − 4 = 0 x = 4 Nullstelle von f	f(x) = 0 2x − 3 = 0 2x = 3 $x = \frac{3}{2}$	f(x) = 0 $\frac{16}{3} - 3x = 0$ $3x = \frac{16}{3}$ $x = \frac{16}{9}$	f(x) = 0 $-\frac{1}{2}x + \frac{5}{2} = 0$ $-\frac{1}{2}x = -\frac{5}{2}$ x = 5

9 Berechnen Sie die Stellen, in denen sich die Graphen von f und g schneiden.

f(x) = x; g(x) = 1 − x	f(x) = 2x − 3; g(x) = 3x	$f(x) = -\frac{1}{2}(x + 5)$; $g(x) = \frac{1}{2}x$
f(x) = g(x) x = 1 − x |+ x 2x = 1 |: 2 x = 0,5 Schnittstelle	f(x) = g(x) 2x − 3 = 3x − 3 = x	f(x) = g(x) $-\frac{1}{2}(x + 5) = \frac{1}{2}x$ $-\frac{1}{2}x - \frac{5}{2} = \frac{1}{2}x$ $x = -\frac{5}{2}$

f(x) = 17x − 8; g(x) = x + 3	f(x) = 1; $g(x) = \frac{7}{2}x - 8$	$f(x) = 2(\frac{16}{3} - 3x)$; g(x) = − 5x
f(x) = g(x) 17x − 8 = x + 3 16x = 11 $x = \frac{11}{16}$	f(x) = g(x) $1 = \frac{7}{2}x - 8$ $9 = \frac{7}{2}x$ $x = \frac{18}{7}$	f(x) = g(x) $\frac{32}{3} - 6x = -5x$ $\frac{32}{3} = x$

10 Ein Monopolist arbeitet mit der Preis-Absatz-Funktion p mit p(x) = 24 − 0,5x. Berechnen Sie die Schnittpunkte mit den Koordinatenachsen. Geben Si die ökonomische Bedeutung dieser Punkte an.

Schnittpunkt mit der Abszissenachse: p(x) = 24 − 0,5x = 0 für x = 48; $S_x(48 \mid 0)$

Schnittpunkt mit der Ordinatenachse: p(0) = 24 $S = S_y(0 \mid 24)$

Ökonomische Bedeutung: Sättigungsmenge 48 ME; Höchstpreis 24 GE/ME

11 Gegeben ist die Nachfragefunktion p_N mit $p_N(x) = 5 - 0{,}25x$ und die Angebotsfunktion p_A mit $p_A(x) = 0{,}4x + 1{,}1$.

a) Bestimmen Sie das Marktgleichgewicht. $p_N(x) = p_A(x)$ $5 - 0{,}25x = 0{,}4x + 1{,}1$

x = 6

Mit $p_N(6) = 3{,}5$: Marktgleichgewicht: MG (6 | 3,5)

b) Erklären Sie die Marktsituation, wenn 5 ME am Markt angeboten werden.

Mit $p_N(5) = 3{,}75$; $p_A(5) = 3{,}1 < 3{,}5$ gilt:

Der Angebotspreis ist geringer als der Gleichgewichtspreis.

12 Beschriften Sie die Abbildung zum Thema Kostentheorie.

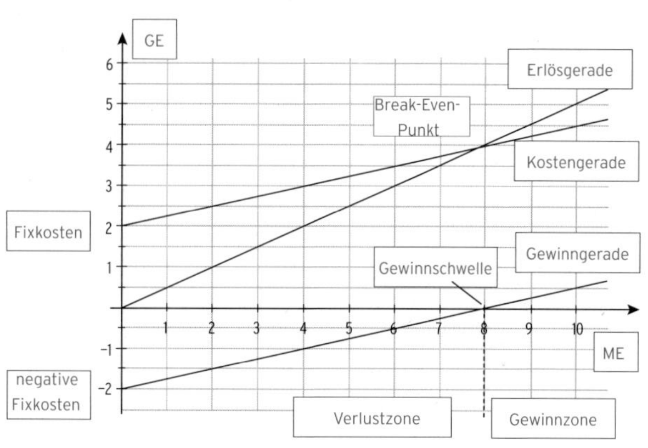

13 Füllen Sie den Lückentext aus.

Die Gesamtkostenfunktion K ist eine lineare Funktion, die zugehörige Kostengerade ist steigend .

Die Gesamtkosten setzen sich zusammen aus den fixen Kosten und den variablen Kosten. Für den Term K(x) gilt: $K(x) = K_v(x) + K_f$

Der Schnittpunkt der Kostengeraden mit der Ordinatenachse gibt die Fixkosten an.

Die Erlösfunktion E ist eine lineare Funktion, der zugehörige Graph ist eine steigende Gerade.

Die Schnittstelle der beiden Geraden gibt die Gewinnschwelle an.

Die Gewinnfunktion lässt sich wie folgt berechnen: G(x) = E(x) – K(x).

Die Nullstelle der Gewinnfunktion entspricht der Gewinnschwelle .

Verläuft die Gewinnkurve unterhalb der Abszissenachse, wird Verlust erzielt.

14 Füllen Sie den Lückentext mit Hilfe der Abbildung aus.

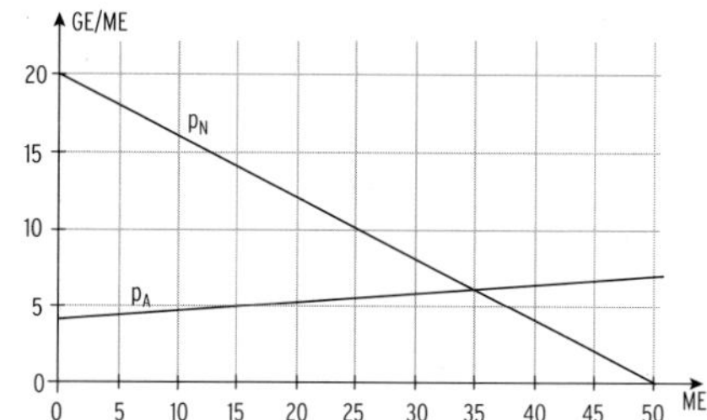

Die Nachfragefunktion p_N mit $p_N(x) = -0{,}4x + 20$ und die Angebotsfunktion p_A sind lineare Funktionen.

Der Graph von p_N ist eine fallende Gerade.

Der ökonomisch sinnvolle Definitionsbereich ist $D_{ök}(p_N) = [0; 50]$.

Begründung: Der Graph von p_N schneidet die Abszissenachse in $x_{Sätt} = 50$.

Der Graph von p_A ist eine steigende Gerade.

Die Ordinate des Schnittpunktes dieser Geraden mit der Ordinatenachse ist der Mindestangebotspreis , er beträgt 4 GE/ME .

Die Gleichgewichtsmenge x_G beträgt 35 ME,

der Gleichgewichtspreis p_G beträgt $p_N(35) = 6$.

Der Punkt MG(35 | 6) ist das Marktgleichgewicht .

Die angebotene Menge nimmt um 35 ME zu, wenn der Marktpreis um 2 GE zunimmt. Die Steigung der Angebotsgeraden beträgt $\frac{2}{35}$.

Bei einem Marktpreis von 5 GE/ME liegt ein Nachfrage überschuss vor.

Dieser beträgt etwa 23 ME .

Bei einem Marktpreis von 10 GE/ME werden 105 ME angeboten und 25 ME nachgefragt.

Es liegt also ein Angebots überschuss in Höhe von 80 ME vor.

15 Gegeben ist die Funktion f_t mit $f_t(x) = tx + 2t - 1$; $x, t \in \mathbb{R}$.

a) Bestimmen Sie den Funktionsterm für folgende t-Werte: – 2; – 0,5; 0; 1,5; 5.

$t = -2$: $f_{-2}(x) = -2 \cdot x + 2 \cdot (-2) - 1 = -2 \cdot x - 5$	
$t = -0{,}5$: $f_{-0,5}(x) = -0{,}5x + 2(-0{,}5) - 1$ $f_{-0,5}(x) = -0{,}5x - 2$	$t = 0$: $f_0(x) = -1$
$t = 1{,}5$: $f_{1,5}(x) = 1{,}5x + 2\cdot(1{,}5) - 1$ $f_{1,5}(x) = 1{,}5x + 2$	$t = 5$: $f_5(x) = 5x + 2\cdot(5) - 1 = 5x + 9$

b) Bestimmen Sie die Funktionswerte.

$f_{-1}(5)$: $f_{-1}(x) = -x + 2 \cdot (-1) - 1 = -x - 3$; $f_{-1}(5) = -5 - 3 = -8$	
$f_4(-1)$: $f_4(x) = 4x + 7$; $f_4(-1) = 3$	$f_{-3}(0)$: $f_{-3}(x) = -3x - 7$; $f_{-3}(0) = -7$
$f_{0,1}(10)$: $f_{0,1}(x) = 0{,}1x - 0{,}8$ $f_{0,1}(10) = 0{,}2$	$f_{-10}(-0{,}5)$: $f_{-10}(x) = -10x - 21$ $f_{-10}(-0{,}5) = -16$

16 Gegeben ist die Funktion f_t mit $f_t(x) = \frac{x}{t} - \frac{1}{2}t$; $x, t \in \mathbb{R}$, $t \neq 0$.

Ordnen Sie jedem Schaubild den zugehörigen Parameterwert zu.

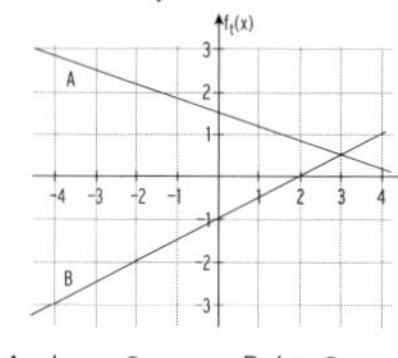

A: t = – 3 B: t = 2

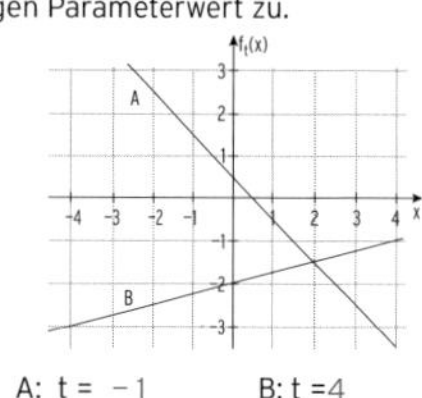

A: t = – 1 B: t = 4

17 Skizzieren Sie das Schaubild der Funktion f_t mit $f_t(x) = 0{,}5tx + \frac{2+t}{4}$; $x, t \in \mathbb{R}$ für t = – 4; – 2; 1; 4 in nebenstehendes Koordinatensystem.

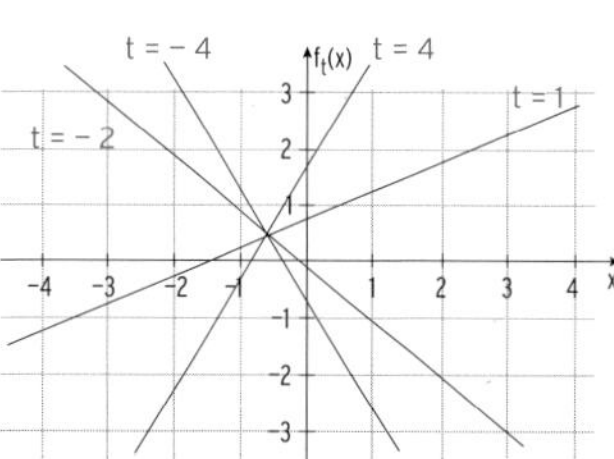

3 Quadratische Funktionen

Die Funktion f mit $f(x) = ax^2 + bx + c$; $a \neq 0$, ist eine quadratische Funktion (ganzrationale Funktion 2. Grades). Die zugehörige Parabel ist für a > 0 nach oben geöffnet bzw. für a < 0 nach unten geöffnet.

1 Nennen Sie die Eigenschaften, die auf den Graphen von f mit $f(x) = x^2$; $x \in \mathbb{R}$, zutreffen.

Der Graph ist achsensymmetrisch bezüglich der Abszissenachse.	trifft nicht zu
Der Graph ist achsensymmetrisch bezüglich der Ordinatenachse.	trifft zu
Der Graph verläuft oberhalb der Abszissenachse.	trifft nicht zu wegen O(0|0)
Alle Funktionswerte sind größer oder gleich 0.	trifft zu
Der Punkt S(0|0) ist der „höchste" Punkt.	trifft nicht zu

2 Ergänzen Sie die folgenden Sätze.

a) Der Graph der quadratischen Funktion f mit $f(x) = x^2 + 5$ entsteht aus der Normalparabel durch Verschiebung in y -Richtung um 5 Einheiten. Ihr Scheitelpunkt S liegt auf der Ordinatenachse und hat die Koordinaten S(0 | 5).

b) Der Graph der Funktion f mit $f(x) = ax^2$ mit $a \in \mathbb{R}^*$ ist für a > 0 eine nach oben geöffnete Parabel und für a > 1 schmäler als die Normalparabel.

3 Ordnen Sie jedem Graphen einen Funktionsterm zu. Begründen Sie Ihre Zuordnung.

a) $f(x) = x^2 + 1$

b) $f(x) = -\frac{1}{2}x^2 + 1$

c) $f(x) = -\frac{3}{2}x^2 + x + 1$

Abb. 1

Abb. 2

Abb. 3

Lösung zu a): 2
Begründung:
Symmetrie zur Ordinatenachse; nach oben offen

Lösung zu b): 3
Begründung:
Symmetrie zur Ordinatenachse; nach unten offen

Lösung zu c): 1
Begründung:
keine Symmetrie zur Ordinatenachse

4 Wählen Sie ein geeignetes Lösungsverfahren und lösen Sie die Gleichung.

a) $4x^2 - x = 0$	b) $0{,}5x^2 - 1 = 0$	c) $-x^2 - x + 2 = 0$
Ausklammern Satz vom Nullprodukt	Wurzelziehen	pq-Formel
$x(4x - 1) = 0$ $x = 0 \vee 4x - 1 = 0$ $x = 0 \vee x = \frac{1}{4}$	$0{,}5x^2 - 1 = 0$ $0{,}5x^2 = 1$ $x^2 = 2$ $x = -\sqrt{2} \vee x = \sqrt{2}$	$x^2 + x - 2 = 0$ $x_{1\|2} = -\frac{1}{2} \pm \sqrt{\frac{1}{4} + 2}$ $x_1 = 1;\ x_2 = -2$
d) $2x = 3x^2$	e) $(x + 1)(x - 4) = 0$	f) $2x^2 - 5x + 2 = 0$
Ausklammern Satz vom Nullprodukt	Satz vom Nullprodukt	pq-Formel
$2x - 3x^2 = 0$ $x(2 - 3x) = 0$ $x = 0 \vee 2 - 3x = 0$ $x = 0 \vee x = \frac{2}{3}$	$(x + 1)(x - 4) = 0$ $x + 1 = 0 \vee x - 4 = 0$ $x = -1 \vee x = 4$	$2x^2 - 5x + 2 = 0$ $x^2 - 2{,}5x + 1 = 0$ $x_{1\|2} = \frac{5}{4} \pm \sqrt{(-\frac{5}{4})^2 - 1}$ $x_1 = 2;\ x_2 = \frac{1}{2}$

5 Bestimmen Sie die Nullstellen von f und den Scheitelpunkt S des Graphen von f.

a) $f(x) = 2x^2 - 2x - 4$		
	Bedingung: $f(x) = 0$	$2x^2 - 2x - 4 = 0$
		$x^2 - x - 2 = 0$
	Formel:	$x_{1\|2} = \frac{1}{2} \pm \sqrt{\frac{1}{4} + 2} = \frac{1}{2} \pm \sqrt{\frac{9}{4}}$
	Nullstellen von f:	$x_1 = 2;\ x_2 = -1$
	Scheitel:	$x_S = \frac{x_1 + x_2}{2};\ y_S = f(x_S)$
		$x_S = 0{,}5;\ y_S = f(0{,}5) = -4{,}5$
		$S(0{,}5 \mid -4{,}5)$

b) $f(x) = 0{,}5x^2 + 2x - 5$	c) $f(x) = x^2 + 4x - 2{,}25$	d) $f(x) = 2x^2 - 3x$
$f(x) = 0$: $x^2 + 4x - 10 = 0$ $x_{1\|2} = -2 \pm \sqrt{4 + 10}$ $x_1 = -2 + \sqrt{14}$ $x_2 = -2 - \sqrt{14}$ Scheitel: $x_S = \frac{x_1 + x_2}{2} = -2$ $f(-2) = -7$ Scheitel $S(-2 \mid -7)$	$f(x) = 0$: $x^2 + 4x - 2{,}25 = 0$ $x_{1\|2} = -2 \pm \sqrt{4 + 2{,}25}$ Nullstellen: $x_1 = \frac{1}{2};\ x_2 = -\frac{9}{2}$ Scheitel: $x_S = \frac{x_1 + x_2}{2} = -2$ $f(-2) = -6{,}25$ Scheitel $S(-2 \mid -6{,}25)$	$f(x) = 0$: $2x^2 - 3x = 0$ $x(2x - 3) = 0$ $x = 0 \vee 2x - 3 = 0$ $x = 0 \vee x = \frac{3}{2}$ Nullstellen: $x_1 = 0;\ x_2 = \frac{3}{2}$ Scheitel: $x_S = \frac{3}{4};\ f(\frac{3}{4}) = -\frac{9}{8}$ Scheitel $S(\frac{3}{4} \mid -\frac{9}{8})$

30

6 Bestimmen Sie die Schnittstellen der Graphen der Funktionen f und g und interpretieren Sie Ihr Ergebnis geometrisch.

	Funktionsterme	Gleichsetzen: $f(x) = g(x)$	Geometrische Interpretation
a)	$f(x) = x^2 + 1$ $g(x) = 2x$	$x^2 + 1 = 2x$ Nullform: $x^2 - 2x + 1 = 0$ Formel: $x_{1\|2} = 1 \pm \sqrt{1 - 1}$ Schnittstelle: $x_{1\|2} = 1$	Parabel und Gerade berühren sich (D = 0) in x = 1. Die Gerade ist Tangente an die Parabel.
b)	$f(x) = x^2$ $g(x) = x - 1$	$x^2 = x - 1$ Nullform: $x^2 - x + 1 = 0$ Formel: $x_{1\|2} = \frac{1}{2} \pm \sqrt{\frac{1}{4} - 1}$ keine Schnittstellen (D < 0)	Parabel und Gerade schneiden sich nicht, sie haben keinen gemeinsamen Punkt.
c)	$f(x) = x^2 - 2x + 2$ $g(x) = 4x - 7$	$x^2 - 2x + 2 = 4x - 7$ Nullform: $x^2 - 6x + 9 = 0$ Formel: $x_{1\|2} = 3 \pm \sqrt{9 - 9}$ Schnittstelle: $x_{1\|2} = 3$ (D = 0)	Parabel und Gerade berühren sich (D = 0) in x = 3. Die Gerade ist Tangente an die Parabel. x = 3 ist eine Berührstelle.

7 Die Gewinnentwicklung beim Verkauf der Damenräder der Adler GmbH wird durch die Gewinnfunktion G mit $G(x) = -2x^2 + 24x - 54$ dargestellt.

a) Berechnen Sie die Gewinnzone. Geben Sie Gewinnschwelle und Gewinngrenze an.

$G(x) = -2x^2 + 24x - 54 = 0$ $\quad x^2 - 12x + 27 = 0 \Leftrightarrow x_1 = 3;\ x_2 = 9$

Gewinnzone: $3 \leq x \leq 9$ $\quad$ Gewinnschwelle: $x_{GS} = 3$; Gewinngrenze: $x_{GG} = 9$

b) Bestimmen Sie den Gewinn bei einer Ausbringung von 5 ME. $G(5) = 16$ (GE)

c) Ermitteln Sie das Gewinnmaximum. $x_S = \frac{x_1 + x_2}{2} = 6$ $\quad G(6) = 18 = G_{max}$

d) Die Adler GmbH möchte einen Gewinn von 10 GE erzielen. Bestimmen Sie die Produktionsmengen, um dieses Ziel zu erreichen.

$G(x) = 10$ $\quad -2x^2 + 24x - 54 = 10$

$-2x^2 + 24x - 64 = 0$

$x^2 - 12x + 32 = 0$

$x_1 = 4;\ x_2 = 8$

Werden 4 ME bzw. 8 ME produziert, so kann das Ziel erreicht werden.

31

8 Für das Produkt eines Monopolisten gilt die Preis-Absatz-Funktion p mit $p(x) = -x + 20$. Für das Produkt fallen Fixkosten in Höhe von 16 GE an. Die variablen Kosten betragen 10 GE/Stück.

a) Berechnen Sie den Höchstpreis und die Sättigungsmenge.

Höchstpreis: $p(0) = 20$ $\quad$ Der Höchstpreis liegt bei 20 GE/ME.

Sättigungsmenge: $p(x) = 0$ $\quad -x + 20 = 0$ für $x = 20 = x_{sätt}$

b) Stellen Sie die lineare Kostenfunktion auf. Geben Sie die Erlös- und die Gewinnfunktion an.

Kostenfunktion: $K(x) = 10x + 16$ $\quad$ Erlösfunktion $E(x) = p(x) \cdot x = -x^2 + 20x$

$G(x) = E(x) - K(x) = -x^2 + 20x - (10x + 16) = -x^2 + 10x - 16$

c) Ermitteln Sie die Kosten, den Erlös und den Gewinn für eine Ausbringung von 5 ME.

$K(5) = 66;\ E(5) = -25 + 100 = 75;$ $\quad G(5) = 9$

d) Beurteilen Sie die Gewinnsituation, wenn der Monopolist 16 ME anbietet.

$G(16) = -256 + 160 - 16 = -112$

Werden 16 ME produziert und verkauft, macht er 112 GE Verlust.

e) Bestimmen Sie die Ausbringungsmengen, wenn der Monopolist einen Gewinn von 5 GE erzielen will.

$G(x) = 5$ $\quad -x^2 + 10x - 16 = 5$ $\quad x^2 - 10x + 21 = 0$

$x_1 = 3;\ x_2 = 7$

Für die Ausbringungsmengen 3 ME und 7 ME wird ein Gewinn von 5 GE erzielt.

f) Bestimmen Sie die Produktionsmenge mit maximalem Gewinn. Geben Sie den größten Gewinn an.

$G(x) = 0$ $\quad -x^2 + 10x - 16 = 0$ $\quad x^2 - 10x + 16 = 0$

$x_1 = 2;\ x_2 = 8$

Gewinnschwelle $x_{GS} = 2$; Gewinngrenze $x_{GG} = 8$

Maximalstelle $x_S = \frac{x_{GS} + x_{GG}}{2} = \frac{2 + 8}{2} = 5$

Gewinnmaximum: $G(5) = -25 + 50 - 16 = 9$

g) Die Abbildung stellt den Sachverhalt grafisch dar. Beschriften Sie die Abbildung.

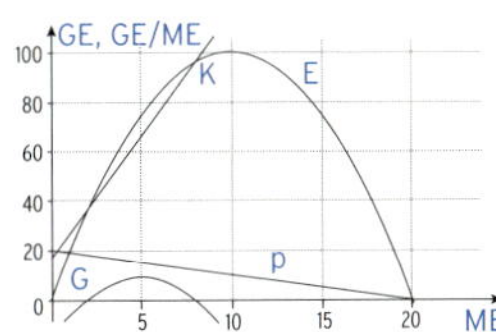

32

9 Die Abbildung beschreibt die Kosten- und Erlössituation einer Unternehmung.

Ordnen Sie die Graphen der Gesamtkostenfunktion K, der Erlösfunktion E, der Gewinnfunktion G und wenn möglich der Preis-Absatz-Funktion p_N begründet zu.

Tragen Sie in diesem Fall den Cournot'schen Punkt ein.

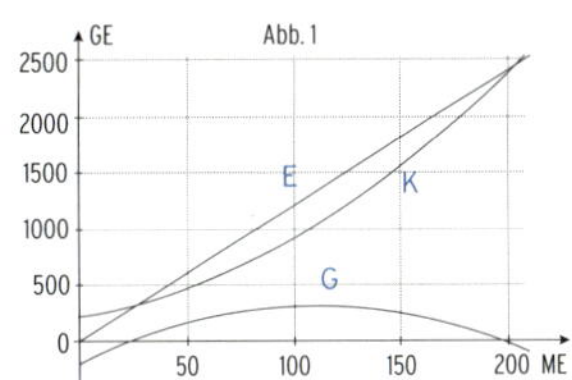

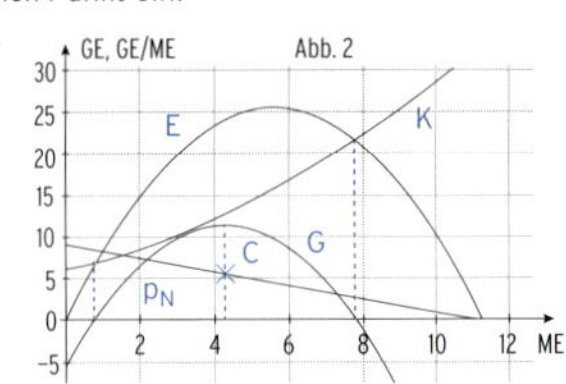

Abb. 1	Abb. 2
Der Graph der Erlösfunktion geht durch den Ursprung, der Graph der Gesamtkostenfunktion ist wachsend und der Graph der Gewinnfunktion hat Schnittstellen mit der Abszissenachse.	Der Graph der Erlösfunktion geht durch den Ursprung, die Nullstellen von G sind die Schnittstellen der Graphen von E und K. Der Graph der Preis-Absatz-Funktion $p_N(x) = \frac{E(x)}{x}$ ist eine fallende Gerade.

10 Beschränken Sie den Definitionsbereich der Funktionen so, dass die Angebots- und Nachfragefunktion einer Unternehmung dargestellt ist.

Geben Sie $D_{ök}$ und $W_{ök}$ für die Gesamtsituation an. Markieren Sie die Graphen.

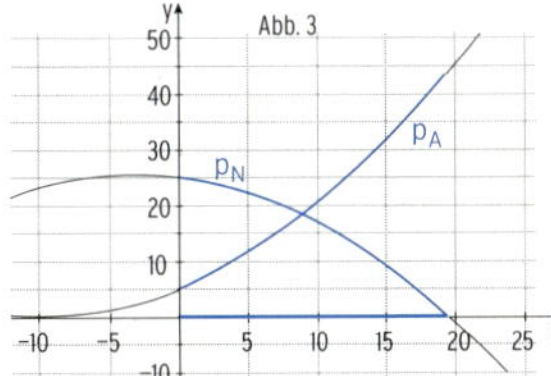

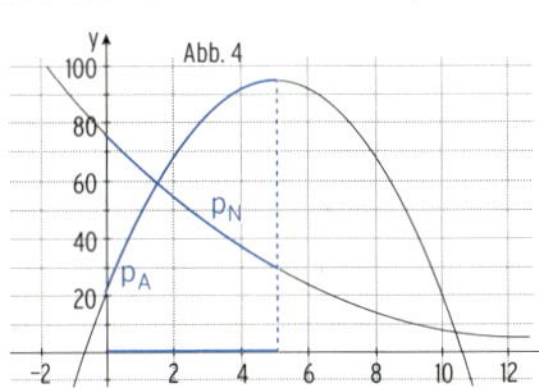

Für eine Nachfragefunktion gilt: $x \geq 0$ und $p_N(x) \geq 0$ und p_N fallend

Für eine Angebotsfunktion gilt: $x \geq 0$ und $p_A(x) \geq 0$ und p_A wachsend

$D_{ök}$ und $W_{ök}$ für die Gesamtsituation

Abb. 3: $D_{ök} = [0; 19]$; $W_{ök} = [0; 43]$ $\quad$ Abb. 4: $D_{ök} = [0; 5]$; $W_{ök} = [20; 95]$

33

11 Die Analyse für ein schmerzlinderndes Präparat ergibt, dass sich die Angebotspreise und die Nachfragesituation auf dem Markt darstellen lassen durch p_A und p_N mit $p_A(x) = 0{,}1x^2 + 0{,}4x + 5{,}4$ und $p_N(x) = 12 - 0{,}15\,x^2$,

x in ME, $p_A(x)$ bzw. $p_N(x)$ in GE pro ME.

a) Geben Sie die Sättigungsmenge und den Höchstpreis an.

Sättigungsmenge: $p_N(x) = 0$ $\quad 12 - 0{,}15 \cdot x^2 = 0$

$x^2 = \frac{12}{0{,}15} = 80$

$x_{1|2} = \pm\, 8{,}94$

Die Sättigungsmenge liegt bei etwa 8,94 ME.

Höchstpreis: $p_N(0) = 12$

Der Höchstpreis liegt bei 12 GE/ME.

b) Berechnen Sie die Gleichgewichtsmenge und das Marktgleichgewicht.

Bedingung: $p_A(x) = p_N(x)$ $\quad 0{,}1x^2 + 0{,}4x + 5{,}4 = 12 - 0{,}15 \cdot x^2$

Nullform: $\quad 0{,}25x^2 + 0{,}4x - 6{,}6 = 0$

Für die pq-Formel: $\quad x^2 + 1{,}6x - 26{,}4 = 0$

$x_1 = -6;\ x_2 = 4{,}4$

Gleichgewichtsmenge: $\quad x_G = 4{,}4$

Gleichgewichtspreis: $\quad p_A(x_G) = p_N(x_G) = 9{,}096$

Marktgleichgewicht: $\quad$ MG (4,4 | 9,096)

c) Kennzeichnen Sie die Situation im nebenstehenden Koordinatensystem.

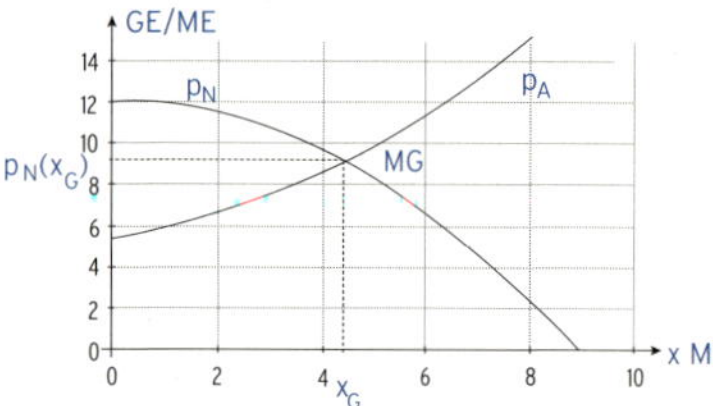

12 Entscheiden Sie, ob die Aussagen wahr oder falsch sind.

Aussage	(w)	(f)
5 ist Nullstelle von f mit $f(x) = -x^2 - 5x$	☐	☒
Eine quadratische Funktion kann genau eine Nullstelle haben.	☒	☐
$\frac{1}{8}x^2 - x + 1 = 0$ hat die Diskriminante 0.	☐	☒
Der Funktionsterm einer quadratischen Funktion lässt sich immer in Produktform darstellen.	☐	☒

13 Bestimmen Sie den Funktionsterm der quadratischen Funktion f.

Bedingung	Funktionsterm
Der Graph ist symmetrisch zur Ordinatenachse und verläuft durch (0 | 1) und (1 | 2).	$f(x) = x^2 + 1$
Der Graph schneidet die Achsen in (0 | 1), (1 | 0) und (2 | 0).	$f(x) = \frac{1}{2}(x-1)(x-2)$
Die verschobene Normalparabel berührt die Abszissenachse an der Stelle 3.	$f(x) = (x-3)^2$
Der Graph berührt die Abszissenachse in (− 2| 0) und verläuft durch (1 | 5).	$f(x) = \frac{5}{9}(x+2)^2$
f hat die Nullstellen − 3 und 2 und es gilt f(1) = 6.	$f(x) = -\frac{3}{2}(x+3)(x-2)$

14 Die Abbildung zeigt einen Ausschnitt des Graphen von f. Bestimmen Sie einen geeigneten Funktionsterm.

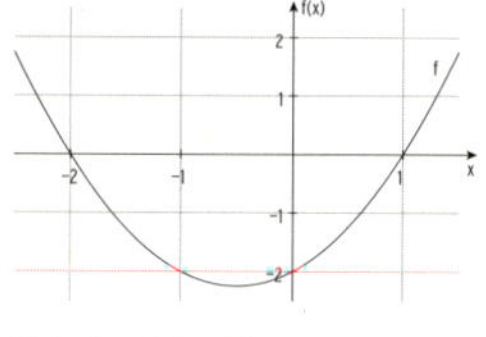

$f(x) = (x-1)(x+2)$

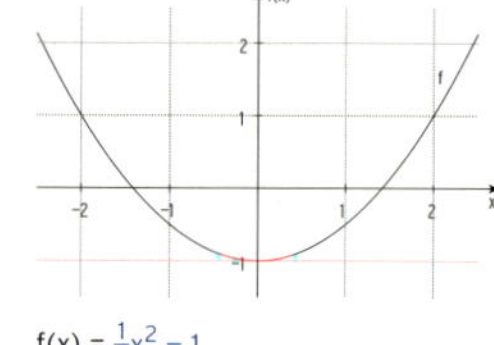

$f(x) = \frac{1}{2}x^2 - 1$

Hinweis: Nullstellen führen zur Produktform

Symmetrieansatz: $f(x) = ax^2 + c$

15 Der Graph einer quadratischen Funktion hat den Scheitelpunkt auf der Ordinatenachse und verläuft durch die Punkte A und B. Bestimmen Sie den Funktionsterm.

a) A(1 | − 4) B(3 | − 2)

Ansatz: $f(x) = ax^2 + c$

A(1 | − 4): $a + c = -4$ $\quad | \cdot (-1)$

B(3 | − 2): $9a + c = -2$

Additionsverfahren: $8a = 2$

$a = 0{,}25$

Einsetzen in z.B. $a + c = -4$: $c = -4{,}25$

Funktionsterm: $f(x) = 0{,}25x^2 - 4{,}25$

b) A(− 2| −3) B(3 | − 1)

Ansatz: $f(x) = ax^2 + c$

A(− 2 | − 3): $4a + c = -3$ $\quad \cdot (-1)$

B(3 | − 1): $9a + c = -1$

Additionsverfahren: $5a = 2$

$a = 0{,}4$

Einsetzen in z.B. $4a + c = -3$: $c = -4{,}6$

Funktionsterm: $f(x) = 0{,}4x^2 - 4{,}6$

16 Der Graph einer quadratischen Funktion verläuft durch die Punkte A, B und C. Bestimmen Sie den Funktionsterm durch quadratische Regression.

a) A(− 2| − 6), B (1 | − 4), C(4 | 0)

$f(x) = 0{,}11x^2 + 0{,}78x - 4{,}89$

b) A(1| − 2); B(4 | − 1); C(− 2| 6)

$f(x) = 0{,}5x^2 - 2{,}17x - 0{,}33$

17 Abb. 1 zeigt den Graphen einer quadratischen Gesamtkostenfunktion, Abb. 2 zeigt den Graphen einer quadratischen Angebotsfunktion . Bestimmen Sie jeweils den Funktionsterm.

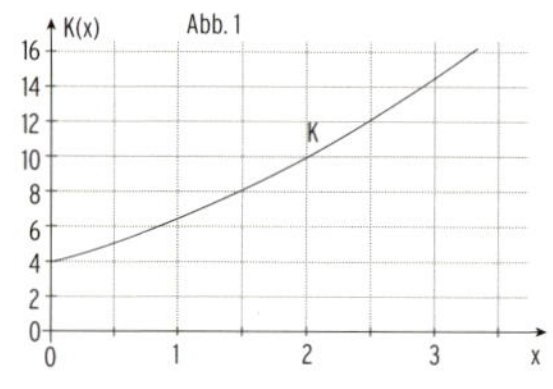

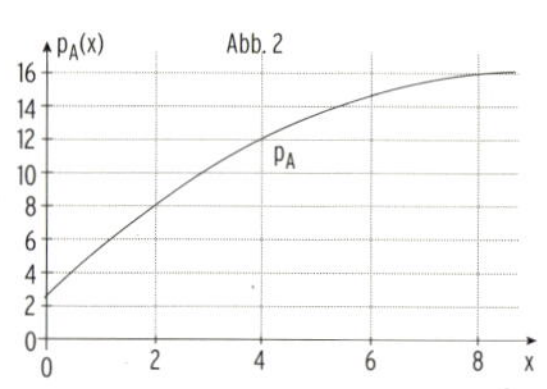

Punkte auf der Kurve durch Ablesen:

A(0,5| 5), B (1,5 | 8), C(2,5 | 12) $\qquad$ A(2| 8), B (4 | 12), C(8 | 16)

quadratische Regression:

$f(x) = 0{,}5x^2 + 2x + 3{,}875$ $\qquad$ $f(x) = -0{,}17x^2 + 3x + 2{,}67$

18 Beschriften Sie die Abbildung zum Thema Kostentheorie.

GE/ME

Höchstpreis

Marktgleichgewicht

Angebotskurve

Gleichgewichtspreis p_G

Nachfragekurve

Geringster Angebotspreis

ME

Gleichgewichtsmenge

Sättigungsmenge $x_{Sätt}$

19 Füllen Sie den Lückentext aus.

Die Nachfragefunktion p_N ist eine quadratische Funktion, die zugehörige Kurve ist eine Parabel .

Je höher der Preis ist, desto geringer ist die Menge, die die Konsumenten abnehmen.

Die Angebotsfunktion p_A ist eine quadratische Funktion, die zugehörige Kurve ist eine Parabel. Je höher der Preis ist, desto größer ist die Menge, die die Anbieter auf den Markt bringen.

Der Schnittpunkt der Nachfragekurve mit der Abszissenachse gibt die Sättigungsmenge an, mit dem Ordinatenachsenschnittpunkt wird der Höchstpreis ermittelt.

Der Schnittpunkt der beiden Kurven gibt das Marktgleichgewicht an.

Die Koordinaten des Marktgleichgewichts geben die Gleichgewichtsmenge x_G und den Gleichgewichtspreis p_G an.

20 Gegeben ist die Funktion f_t mit $f_t(x) = x^2 + 2tx - 3t$; $x, t \in \mathbb{R}$.

a) Bestimmen Sie den Funktionsterm für folgende t-Werte: − 2; − 0,5; 0; 1,5; 5.

$t = -2$: $f_{-2}(x) = x^2 + 2\cdot(-2)x - 3\cdot(-2) = x^2 - 4x + 6$	
$t = -0{,}5$: $f_{-0,5}(x) = x^2 - x + 1{,}5$	$t = 0$: $f_0(x) = x^2$
$t = 1{,}5$: $f_{1,5}(x) = x^2 + 3x - 4{,}5$	$t = 5$: $f_5(x) = x^2 + 10x - 15$

b) Bestimmen Sie die Funktionswerte.

$f_{-1}(5)$: $f_{-1}(x) = x^2 + 2\cdot(-1)x - 3\cdot(-1) = x^2 - 2x + 3$; $f_{-1}(5) = 25 - 10 + 3 = 18$	
$f_4(-1)$: $f_4(x) = x^2 + 8x - 12$; $f_4(-1) = -19$	$f_{-3}(0)$: $f_{-3}(x) = x^2 - 6x + 9$; $f_{-3}(0) = 9$
$f_{0,1}(1)$: $f_{0,1}(x) = x^2 + 0{,}2x - 0{,}3$ $f_{0,1}(1) = 0{,}9$	$f_{-2}(-0{,}5)$: $f_{-2}(x) = x^2 - 4x + 6$ $f_{-2}(-0{,}5) = 8{,}25$

21 Gegeben ist die Funktion f_t mit $f_t(x) = tx^2 + 2x - 3t$; $x, t \in \mathbb{R}$.

Ordnen Sie jedem Schaubild den zugehörigen Parameterwert zu.

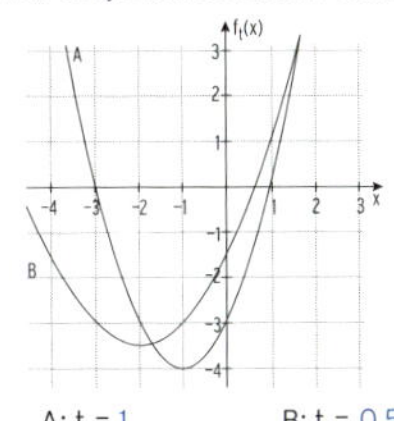

A: t = 1 B: t = 0,5

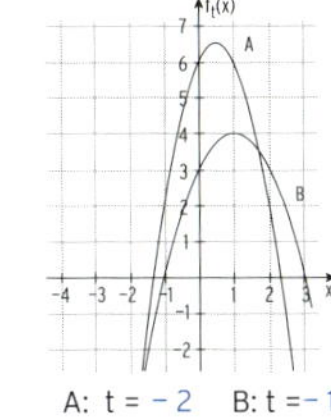

A: t = − 2 B: t = − 1

22 Skizzieren Sie das Schaubild der Funktion f_t mit $f_t(x) = 0{,}5tx^2 + 2$; $x, t \in \mathbb{R}$ für t = − 2; − 1; 1; 4 in nebenstehendes Koordinatensystem.

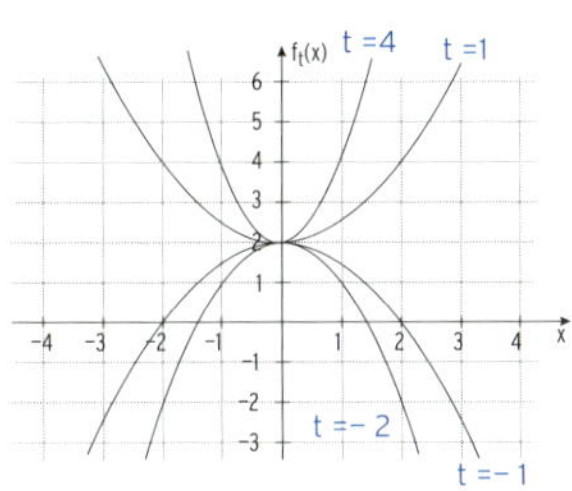

4 Potenzfunktionen

1 Berechnen Sie den Funktionswert $f(x_0)$ ohne Hilfsmittel.

a) $f(x) = \frac{1}{8}x^4$; $f(-2) = 2$ b) $f(x) = \frac{3}{x^2}$; $f(-0{,}5) = 12$ c) $f(x) = \frac{x^{0,5}}{10}$; $f(25) = \frac{1}{2}$

2 Bestimmen Sie den Funktionsterm, wenn der Graph von f mit $f(x) = x^4$; $x \in \mathbb{R}$

in Ordinatenrichtung mit Faktor 3 gestreckt wird.	$f(x) = 3 \cdot x^4$
in Ordinatenrichtung um 1,5 verschoben wird.	$f(x) = x^4 + 1{,}5$
an der Abszissenachse gespiegelt wird.	$f(x) = -x^4$
um 2 nach rechts verschoben wird.	$f(x) = (x - 2)^4$
in Abszissenrichtung mit Faktor 2 gestreckt wird.	$f(x) = (\frac{1}{2}x)^4 = \frac{1}{16}x^4$

3 Die Abbildung zeigt Graphen der Potenzfunktionen f_1 bis f_4. Ordnen Sie zu und begründen Sie Ihre Zuordnung mit Hilfe der Begriffe Symmetrie und Asymptote.
$f_1(x) = x^4 - 1$; $f_2(x) = 0{,}5x^{-2}$; $f_3(x) = -x^{\frac{1}{2}}$; $f_4(x) = \frac{2}{3x}$.

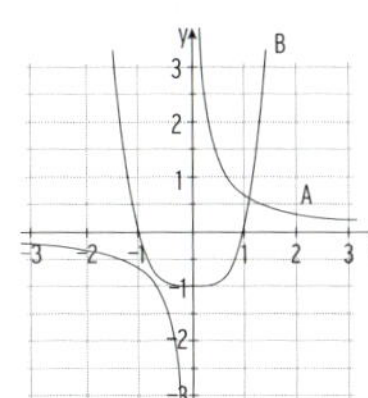

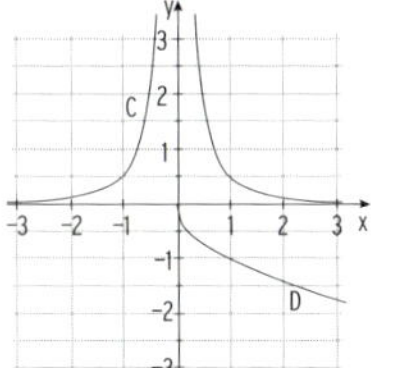

A: $f_4(x) = \frac{2}{3x}$; Symmetrie zu O
Asymptote: y = 0

B: $f_1(x) = x^4 - 1$; Symmetrie zur Ordinatenachse, keine Asymptote

C: $f_2(x) = 0{,}5x^{-2}$; Symmetrie zur Ordinatenachse, Asymptote: y = 0

D: $f_3(x) = -x^{\frac{1}{2}}$, keine Symmetrie
keine Asymptote

4 Der Graph von f mit $f(x) = \frac{1}{x}$; $x > 0$ wird A: um 1 nach oben verschoben
B: mit Faktor 0,5 in Ordinatenrichtung gestreckt C: um 2 nach rechts verschoben.
Ordnen Sie zu.

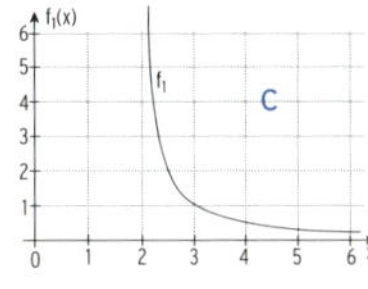

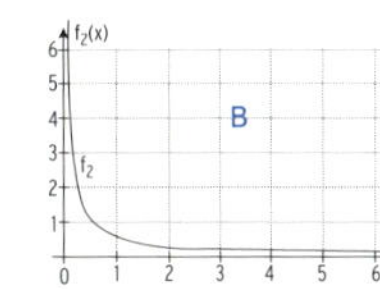

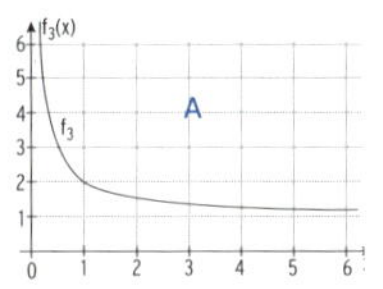

5 Ganzrationale Funktionen dritten Grades

f mit $f(x) = ax^3 + bx^2 + cx + d$; $a \neq 0$ ist eine ganzrationale Funktion 3. Grades.

Verlauf des zugehörigen Schaubildes: für a > 0 vom III. in den I. Quadranten
für a < 0 vom II. in den IV. Quadranten

1 Der Graph einer ganzrationalen Funktion 3. Grades ist abgebildet.
Füllen Sie die Tabelle aus.

Schaubild	Symmetrie / Verlauf	Funktionsterm
	[x] Symmetrie zu O [x] $f(x) = -f(-x)$ Verlauf: von III. in I. Quadrant	[x] $f(x) = x^3 - 2x$ [ ] $f(x) = x^3 - x + 1$
	[x] Sym. zu $(0 \mid -\frac{1}{2})$ [ ] $f(x) = f(-x)$ Verlauf: von III. in I. Quadrant	[x] $f(x) = \frac{1}{2}(x^3 - 3x - 1)$ [ ] $f(x) = x^3 - 3x - 1$
	[ ] Sym. zu $(0 \mid 1)$ [ ] Symmetrie zu O Verlauf: von II. in IV. Quadrant	[ ] $f(x) = x^3 - \frac{3}{2}x^2 + 1$ [x] $f(x) = -x^3 - \frac{3}{2}x^2 + 1$
	[ ] Sym. zu $(1 \mid 0)$ [x] Symmetrie zu O Verlauf: von II. in IV. Quadrant	[x] $f(x) = -x^3 + x$ [ ] $f(x) = -\frac{1}{3}x^3 + x$

2 Füllen Sie die Tabelle aus.

Funktionsterm	Globales Verhalten von f	Symmetrie
$f(x) = -x^3 - 5x$	für $x \to \infty$: $f(x) \to -\infty$ für $x \to -\infty$: $f(x) \to \infty$	[x] zum Ursprung [ ] zur Ordinatenachse
$f(x) = -3x^2 + 2$	für $x \to \infty$: $f(x) \to -\infty$ für $x \to -\infty$: $f(x) \to -\infty$	[x] $f(x) = f(-x)$ [ ] $f(x) = -f(-x)$
$f(x) = \frac{1}{8}x^2 - x + 1$	für $x \to \infty$: $f(x) \to \infty$ für $x \to -\infty$: $f(x) \to \infty$	[x] zu g: x = 4 [ ] zur Ordinatenachse
$f(x) = \frac{1}{2}x^3 - x + 2$	für $x \to \infty$: $f(x) \to \infty$ für $x \to -\infty$: $f(x) \to -\infty$	[ ] zu $(0 \mid 1)$ [x] zu $(0 \mid 2)$

3 Ordnen Sie jeder Polynomgleichung ein Lösungsverfahren zu.

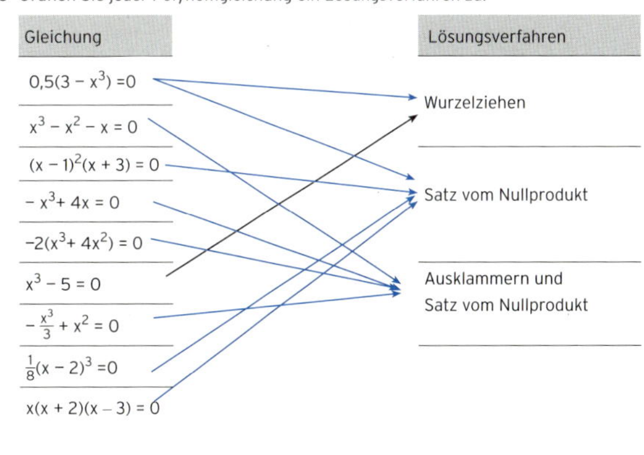

4 Lösen Sie die Gleichung durch Wurzelziehen.

Gleichung:	$4x^3 - 1 = 0$	$0{,}5x^3 - 5 = 0$	$-2x^3 - 2 = 0$
Lösung	$4x^3 - 1 = 0$ $x^3 = \frac{1}{4}$ $x = \sqrt[3]{\frac{1}{4}}$ (eine Lösung)	$0{,}5x^3 - 5 = 0$ $0{,}5x^3 = 5$ $x^3 = 10$ $x = \pm\sqrt[3]{10}$	$-2x^3 - 2 = 0$ $-2x^3 = 2$ $x^3 = -1$ $x = -1$

5 Lösen Sie die Gleichung mit dem Satz vom Nullprodukt.

Gleichung:	$x^3(1 - x^2) = 0$	$(x - 5)x^3 = 0$	$x(x - 4)(x + 1) = 0$
Lösung	$x^3(1 - x^2) = 0$ $x^3 = 0 \vee 1 - x^2 = 0$ $x = 0 \vee x = -1 \vee x = 1$	$(x - 5)x^3 = 0$ $x - 5 = 0 \vee x^3 = 0$ $x = 5 \vee x = 0$	$x(x - 4)(x + 1) = 0$ $x = 0 \vee x - 4 = 0 \vee x + 1 = 0$ $x = 0 \vee x = 4 \vee x = -1$

6 Lösen Sie die Gleichung durch Ausklammern und Anwendung des Satzes vom Nullprodukt.

Gleichung:	$4x^3 - x^2 = 0$	$x^3 - 5x^2 + 2x = 0$	$-2x^3 - 2x^2 = 0$
Lösung	$4x^3 - x^2 = 0$ $x^2(4x - 1) = 0$ $x^2 = 0 \vee 4x - 1 = 0$ $x = 0 \vee x = \frac{1}{4}$	$x^3 - 5x^2 + 2x = 0$ $x(x^2 - 5x + 2) = 0$ $x = 0 \vee x^2 - 5x + 2 = 0$ $x = 0 \vee x = \frac{5}{2} \pm \sqrt{(\frac{5}{2})^2 - 2}$ $x = 0 \vee x = \frac{5}{2} \pm \sqrt{\frac{17}{4}}$	$-2x^3 - 2x^2 = 0$ $-2x^2(1 + x) = 0$ $-2x^2 = 0 \vee 1 + x = 0$ $x = 0 \vee x = -1$

7 Lösen Sie mit GTR/CAS.

Lösungen auf zwei Dezimalen gerundet

a) $4x^3 - x^2 + 1 = 0$ — $x_1 \approx -0{,}56$

b) $x^3 - x^2 - x = -1$ — $x_1 = -1$; $x_2 = 1$

c) $\frac{1}{4}x^3 - x + \frac{3}{2} = x^2$ — $x_1 \approx -1{,}47$; $x_2 \approx 0{,}89$; $x_3 \approx 4{,}59$

d) $0{,}125x^3 - 2x^2 + 0{,}5x = x^2 + 3x$ — $x_1 \approx -0{,}81$; $x_2 = 0$; $x_3 \approx 24{,}81$

42

8 Berechnen Sie die Nullstellen von f und skizzieren Sie das Schaubild von f.

Funktionsterm	$f(x) = -x^3 + 3x$	Skizze
Nullstellen: $f(x) = 0$	$-x^3 + 3x = 0$ $-x(x^2 - 3) = 0$ $x = 0 \vee x^2 - 3 = 0$ $x = 0 \vee x = -\sqrt{3} \vee x = \sqrt{3}$ drei einfache NST von f	

Funktionsterm	$f(x) = x^3 - 2x^2$	Skizze
Nullstellen: $f(x) = 0$	$x^3 - 2x^2 = 0$ $x^2(x - 2) = 0$ $x = 0 \vee x - 2 = 0$ $x = 0 \vee x = 2$ $x_{1\vert 2} = 0$ doppelte Nullstelle $x_3 = 2$ einfache Nullstelle	

Funktionsterm	$f(x) = 0{,}5\,x(1 - x)(x + 3)$	Skizze
Nullstellen: $f(x) = 0$	Ablesen aus der Produktdarstellung (Linearfaktoren) oder Satz vom Nullprodukt $x_1 = 0$; $x_2 = 1$; $x_3 = -3$	

Funktionsterm	$f(x) = 3x - 2x^2 - x^3$	Skizze
Nullstellen: $f(x) = 0$	$3x - 2x^2 - x^3 = 0$ $x(3 - 2x - x^2) = 0$ $x = 0 \vee 3 - 2x - x^2 = 0$ $x = 0 \vee x = 1 \vee x = -3$ $x_1 = -3$; $x_2 = 0$; $x_3 = 1$ (einfache Nullstellen)	

43

9 Berechnen Sie die Schnittpunkte der Graphen von f und g. Skizzieren Sie das Schaubild von g in das gegebene Achsenkreuz ein.

$f(x) = -x^3 + 3x$; $g(x) = 0{,}5x^2$		Skizze
$f(x) = g(x)$	$-x^3 + 3x = 0{,}5x^2$	
Nullform:	$-x^3 - 0{,}5x^2 + 3x = 0$	
Ausklammern:	$-x(x^2 + 0{,}5x - 3) = 0$ $x = 0 \vee x^2 + 0{,}5x - 3 = 0$ $x_1 = 0$; $x_2 = -2$; $x_3 = 1{,}5$	
$g(0) = 0$; $g(-2) = 2$; $g(1{,}5) = 1{,}125$		
$S_1(0 \mid 0)$; $S_2(-2 \mid 2)$; $S_3(1{,}5 \mid 1{,}125)$		

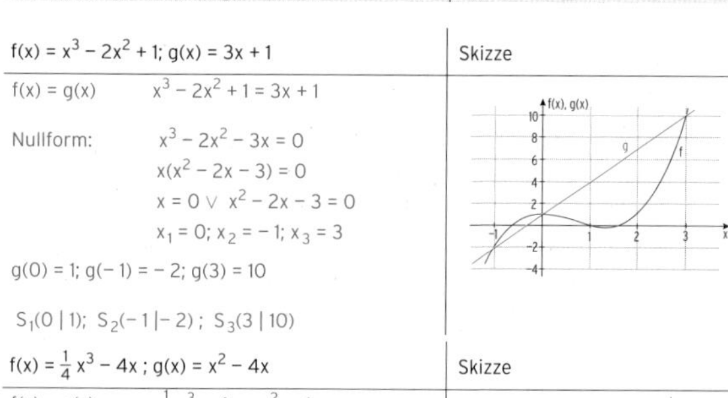

$f(x) = x^3 - 2x^2 + 1$; $g(x) = 3x + 1$		Skizze
$f(x) = g(x)$	$x^3 - 2x^2 + 1 = 3x + 1$	
Nullform:	$x^3 - 2x^2 - 3x = 0$ $x(x^2 - 2x - 3) = 0$ $x = 0 \vee x^2 - 2x - 3 = 0$ $x_1 = 0$; $x_2 = -1$; $x_3 = 3$	
$g(0) = 1$; $g(-1) = -2$; $g(3) = 10$		
$S_1(0 \mid 1)$; $S_2(-1 \mid -2)$; $S_3(3 \mid 10)$		

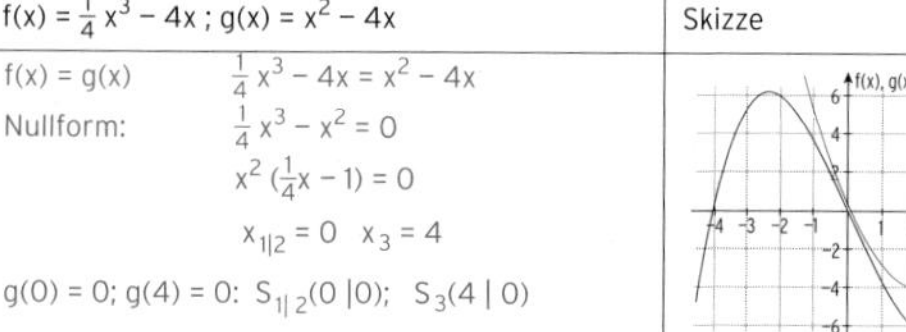

$f(x) = \frac{1}{4}x^3 - 4x$; $g(x) = x^2 - 4x$		Skizze
$f(x) = g(x)$	$\frac{1}{4}x^3 - 4x = x^2 - 4x$	
Nullform:	$\frac{1}{4}x^3 - x^2 = 0$ $x^2(\frac{1}{4}x - 1) = 0$ $x_{1\vert 2} = 0$ $x_3 = 4$	
$g(0) = 0$; $g(4) = 0$: $S_{1\vert 2}(0 \mid 0)$; $S_3(4 \mid 0)$		

10 Berechnen Sie die Schnittpunkte der Graphen von f und g.
$f(x) = x^3 - 3x^2 + 3x + 27$; $x \geq 0$ $g(x) = 28x$; $x \geq 0$

Mit GTR/CAS : $x^3 - 3x^2 + 3x + 27 = 28x$
$S_1(1 \mid 28)$; $S_2(6{,}29 \mid 176{,}16)$

Hinweis: $S_3(-4{,}29 \mid -120{,}16)$ ist keine Lösung wegen $x \geq 0$

44

11 Im Heft von Julia stehen Teillösungen zum Aufstellen von ganzrationalen Funktionen. Bestimmen Sie eine mögliche Aufgabenstellung.

Heftaufschrieb	Aufgabenstellung
$5 = a \cdot 2^2 + 1$	Die Parabel mit Scheitel $S(0 \mid 1)$ verläuft durch $P(2 \mid 5)$.
$8 = a(0 + 1)^2(0 + 7)$	Der Graph einer ganzrationalen Funktion 3. Grades verläuft durch $A(-7 \mid 0)$, $B(0 \mid 8)$ und berührt die x-Achse in $C(-1 \mid 0)$.
$a + b + c = 5$ $4a + 2b + c = 8$ $c = 2$	Der Graph einer ganzrationalen Funktion 2. Grades verläuft durch $A(1 \mid 5)$, $B(2 \mid 8)$ und $C(0 \mid 2)$.
$a + b + c = 0$ $a - b + c = -8$ $9a + 3b + c = 1$	Der Graph einer ganzrationalen Funktion 2. Grades verläuft durch $A(1 \mid 0)$, $B(-1 \mid -8)$ und $C(3 \mid 1)$.
$a + b + c + d = 1$ $-a + b - c + d = 3$ $8a + 4b + 2c + d = 0$ $d = 2$	Der Graph einer ganzrationalen Funktion 3. Grades verläuft durch $A(1 \mid 1)$, $B(-1 \mid 3)$, $C(2 \mid 0)$ und $D(0 \mid 2)$.

12 Bestimmen Sie einen geeigneten Funktionsterm.

a) Der Graph einer ganzrationalen Funktion f 3. Grades ist symmetrisch zum Ursprung und verläuft durch die Punkte $A(1 \mid \frac{7}{4})$ und $B(-2 \mid -2)$.
Lösung:
Ansatz: $f(x) = ax^3 + cx$
Punktprobe mit A: $a + c = \frac{7}{4}$ (1)
Punktprobe mit B: $-8a - 2c = -2$ (2)
(1) · 2 +(2) ergibt: $-6a = \frac{3}{2}$
Die Lösung des linearen Gleichungssystems ist $a = -\frac{1}{4}$ und $c = 2$
Funktionsterm: $f(x) = -\frac{1}{4}x^3 + 2x$

b) Der Graph einer ganzrationalen Funktion f 3. Grades mit $f(x) = ax^3 + bx^2 + 2x + d$ verläuft durch die Punkte $A(0 \mid 3)$, $B(2 \mid 11)$ und $C(1 \mid 5)$.
Lösung:
Punktprobe mit A: $d = 3$
Punktprobe mit B: $8a + 4b + 4 + d = 11$ vereinfacht: $8a + 4b = 4$ (1)
Punktprobe mit C: $a + b + 2 + d = 5$ vereinfacht: $a + b = 0$ (2)
(1) : 4 − (2) ergibt $a = 1$
Die Lösung des linearen Gleichungssystems ist $a = 1$, $b = -1$ und $d = 3$.
Funktionsterm: $f(x) = x^3 - x^2 + 2x + 3$

45

13 Der Graph einer ertragsgesetzlichen Kostenfunktion verläuft durch A, B und C. Bestimmen Sie den Funktionsterm.

a) A(1 | 2), B(2 | 5) und C(3 | 12); die fixen Kosten betragen 1 GE.

1. Punktprobe in $K(x) = ax^3 + bx^2 + cx + 1$:

A(1 | 2): $a + b + c + 1 = 2$	$a + b + c = 1$	LGS für a, b, c
B(2 | 5): $8a + 4b + 2c + 1 = 5$	$8a + 4b + 2c = 4$	
C(3 | 12): $27a + 9b + 3c + 1 = 12$	$27a + 9b + 3c = 11$	

2. LGS in Matrixform: $\left(\begin{array}{ccc|c} 1 & 1 & 1 & 1 \\ 8 & 4 & 2 & 4 \\ 27 & 9 & 3 & 11 \end{array}\right)$

3. Lösung mit GTR/CAS: $a = \frac{1}{3}$; $b = 0$; $c = \frac{2}{3}$

Funktionsterm der Kostenfunktion: $K(x) = \frac{1}{3}x^3 + \frac{2}{3}x + 1$

b) A(1 | 54), B(2 | 60) und C(3 | 64); die fixen Kosten betragen 40 GE.

Punktprobe in $K(x) = ax^3 + bx^2 + cx + 40$:

A(1 | 54): $a + b + c + 40 = 54$	$a + b + c = 14$	LGS für a, b, c
B(2 | 60): $8a + 4b + 2c + 40 = 60$	$8a + 4b + 2c = 20$	
C(3 | 64): $27a + 9b + 3c + 40 = 64$	$27a + 9b + 3c = 24$	

Lösung mit GTR/CAS: $a = 1$; $b = -7$; $c = 20$

Funktionsterm der Kostenfunktion: $K(x) = x^3 - 7x^2 + 20x + 40$

14 Für eine ertragsgesetzliche Gesamtkostenfunktion ist bekannt: $K(0) = 20$; $K(2) = 28$; $K(5) = 85$, $K(10) = 700$.
Bestimmen Sie den Funktionsterm durch kubische Regression.

$K(x) = x^3 - 4x^2 + 8x + 20$

mit $r^2 = 1$ ergeben sich die exakten Koeffizienten

15 Der Graph einer ertragsgesetzlichen Gesamtkostenfunktion K ist abgebildet. Die Kosten für 1 ME betragen 36 GE. Bestimmen Sie ein lineares Gleichungssystem, dessen Lösung zum Funktionsterm führt.

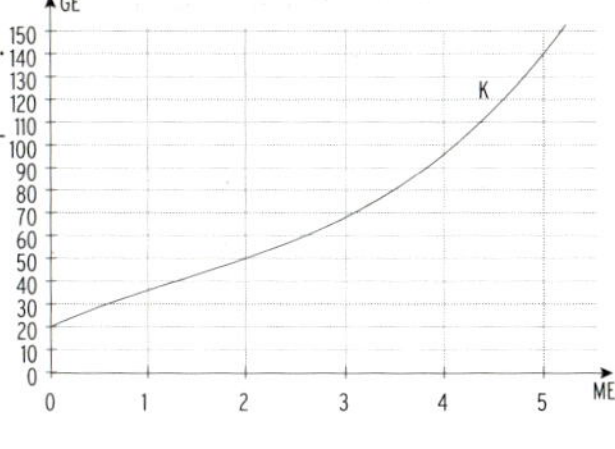

$K(x) = ax^3 + bx^2 + cx + 20$
$K(1) = 36 = a + b + c + 20$
$K(2) = 50 = 8a + 4b + 2c + 20$
$K(5) = 140 = 125a + 25b + 5c + 20$

LGS: $a + b + c = 16$ und $8a + 4b + 2c = 30$ und $125a + 25b + 5c = 120$

16 Gegeben ist die Kostenfunktion K und die Erlösfunktion E. Füllen Sie die Tabelle aus.

Gesamtkostenfunktion K Erlösfunktion E	$K(x) = x^3 - 4x^2 + 19x + 20$ $E(x) = 30x$	$K(x) = 0{,}2x^3 - 2x^2 + 10x + 90$ $E(x) = 20x$
Gewinnfunktion	$G(x) = E(x) - K(x)$ $= -x^3 + 4x^2 + 11x - 20$	$G(x) = E(x) - K(x)$ $= -0{,}2x^3 + 2x^2 + 10x - 90$
Variable Stückkostenfunktion	$k_v(x) = x^2 - 4x + 19$	$k_v(x) = 0{,}2x^2 - 2x + 10$
Stückkostenfunktion	$k(x) = x^2 - 4x + 19 + \frac{20}{x}$	$k(x) = 0{,}2x^2 - 2x + 10 + \frac{90}{x}$
Preis pro ME	30 (GE)	20 (GE)
Erlös bei 5 ME	150 (GE)	100 (GE)
Gewinn bei 10 ME	$G(10) = -510$	$G(10) = 10$
Gesamtkosten bei 6 ME	$K(6) = 206$	$K(6) = 121{,}2$
die fixen Kosten	$K_f = 20$	$K_f = 90$
Stückkosten bei 4 ME	$k(4) = 24$	$k(4) = \frac{110{,}8}{4} = 27{,}7$
variable Gesamtkosten bei 3 ME	$K_v(x) = x^3 - 4x^2 + 19x$ $K_v(3) = 48$	$K_v(x) = 0{,}2x^3 - 2x^2 + 10x$ $K_v(3) = 17{,}4$
x = 5 (ME) liegt in der Gewinnzone	$G(5) = 10 > 0$; ja	$G(5) = -15 < 0$; nein
variable Stückkosten bei 2 ME	$k_v(2) = 15$	$k_v(2) = 6{,}8$

17 Entscheiden Sie, ob die Aussagen wahr oder falsch sind.

Aussage	(w)	(f)
Das Schaubild einer Gesamtkostenfunktion ist fallend.	☐	☒
Eine ertragsgesetzliche Gesamtkostenfunktion kann (für $x \geq 0$) genau eine Nullstelle haben.	☐	☒
Das Schaubild einer ganzrationalen Funktion 3. Grades kann nur im I. und IV. Quadranten verlaufen.	☐	☒
Eine ganzrationale Funktion 3. Grades hat mindestens eine Nullstelle.	☒	☐
Der Funktionsterm $f(x) = x^3 + 1$ kann (für $x \geq 0$) die Gesamtkosten eines Produktes beschreiben.	☒	☐

18 Gegeben ist die Gesamtkostenfunktion K und die Erlösfunktion E.
Füllen Sie die Tabelle aus.

Gesamtkostenfunktion K Erlösfunktion E	$K(x) = x^3 - 6x^2 + 15x + 32$ $E(x) = -7x^2 + 49x$	$K(x) = 2x^3 - 18x^2 + 60x + 82$ $E(x) = -18x^2 + 144x$
Gewinnfunktion	$G(x) = E(x) - K(x)$ $= -x^3 - x^2 + 34x - 32$	$G(x) = E(x) - K(x)$ $= -2x^3 + 84x - 82$
Variable Stückkostenfunktion	$k_v(x) = x^2 - 6x + 15$	$k_v(x) = 2x^2 - 18x + 60$
Stückkostenfunktion	$k(x) = x^2 - 6x + 15 + \frac{32}{x}$	$k(x) = 2x^2 - 18x + 60 + \frac{82}{x}$
Preis-Absatz-Funktion	$p(x) = -7x + 49$	$p(x) = -18x + 144$
Erlös bei 5 ME	$E(5) = 70$	$E(5) = 270$
Gewinn bei 10 ME	$G(10) = -792$	$G(10) = -1242$
Gesamtkosten bei 16 ME	$K(16) = 2832$	$K(16) = 4626$
die fixen Kosten	$K_{fix} = 32$	$K_{fix} = 82$
Stückkosten bei 4 ME	$k(4) = 15$	$k(4) = 40{,}5$
variable Gesamtkosten bei 3 ME	$K_v(x) = x^3 - 6x^2 + 15x$ $K_v(3) = 18$	$K_v(x) = 2x^3 - 18x^2 + 60x$ $K_v(3) = 72$
Erlösmaximalstelle Erlösmaximum	3,5 $E(3{,}5) = 85{,}75$	4 $E(4) = 288$
x = 5 (ME) liegt in der Gewinnzone	$G(5) = -12 < 0$; nein	$G(5) = 88 > 0$; ja
$K(2) > E(2)$	$K(2) = 46 < E(2) = 70$	$K(2) = 146 < E(2) = 216$

19 Die Abbildung zeigt den Graph einer ertragsgesetzlichen Gesamtkostenfunktion und einer Erlösfunktion.

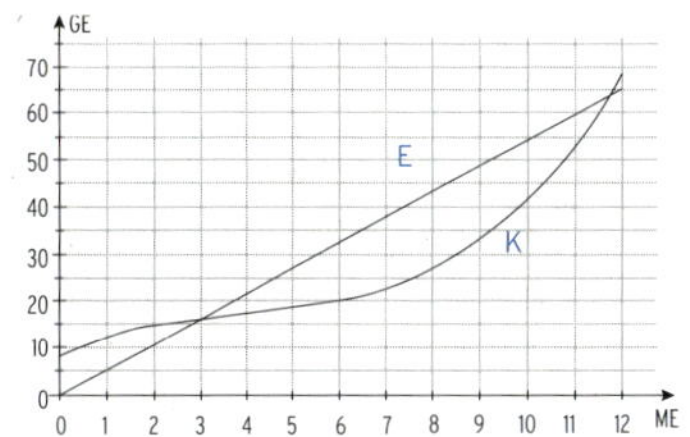

Beschreiben Sie den Verlauf der beiden Graphen, indem Sie den Lückentext mit folgenden Begriffen sinnvoll ergänzen: steigend, degressiv, progressiv, wachsen, Gewinnschwelle, Gewinngrenze; Gewinnzone, Fixkosten, Beak-Even-Punkt, Kapazitätsgrenze, ökonomisch sinnvollen, größten, konstant, Ursprungsgerade, Steigung, Stückpreis, maximal, 8 GE.

Der Graph der Gesamtkostenfunktion K mit $K(x) = \frac{1}{12}x^3 - x^2 + 5x + 8$ verläuft im ökonomisch sinnvollen Definitionsbereich $D_{ök}(K) = [0; 12]$ steigend, d.h. mit zunehmender Produktionsmenge wachsen die Gesamtkosten. Die Kosten wachsen bis etwa 4 ME degressiv und danach progressiv.

Die Kapazitätsgrenze liegt bei 12 ME.

Der Graph beginnt in (0 | 8). Dies entspricht den Fixkosten in Höhe von 8 GE.

Der Graph der Erlösfunktion ist eine Ursprungsgerade, die Steigung ist konstant und entspricht dem Stückpreis.

Die erste Schnittstelle von Kostenkurve und Erlösgerade liegt bei 3 ME und wird als Gewinnschwelle bezeichnet. Die zweite Schnittstelle von Kostenkurve und Erlösgerade liegt bei 11,8 ME und wird als Gewinngrenze bezeichnet. Der Bereich zwischen Gewinnschwelle und Gewinngrenze ist die Gewinnzone.

Der zur Gewinnschwelle gehörige Schnittpunkt heißt Break-Even-Punkt.

Bei etwa 8 ME ist die Ordinatendifferenz von K(x) und E(x) am größten, der Gewinn wird hier maximal.

12 Bohner, Ott, Deusch ISBN 978-3-8120-2695-6

20 Die Abbildung zeigt den Graphen der Funktion f mit $f(x) = \frac{1}{10}(x + 2)^2(x - 10)$; $x \in \mathbb{R}$.
Bestimmen Sie einen ökonomisch sinnvollen Definitionsbereich so, dass der Graph eine Angebotsfunktion beschreibt.
Begründen Sie Ihr Ergebnis.

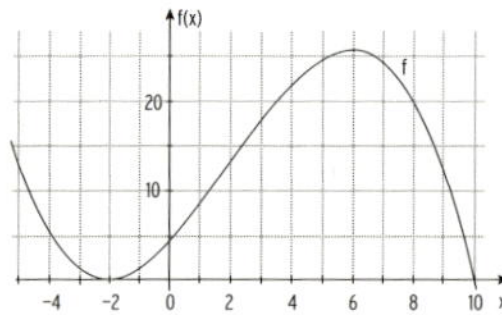

Der Graph einer Angebotsfunktion ist für $x \geq 0$ monoton wachsend. $f(x) = p_A(x)$ ist definiert von x = 0 bis $x_{max} = 6$
$D_{ök}(p_A) = [0; 6]$

21 Die Abbildung beschreibt die Gesamtkosten- und die Erlössituation eines Monopolisten. Ordnen Sie die Graphen der Gesamtkostenfunktion K, der Erlösfunktion E, der Gewinnfunktion G und der Preis-Absatz-Funktion p_N begründet zu.
Tragen Sie den Cournot'schen Punkt ein.

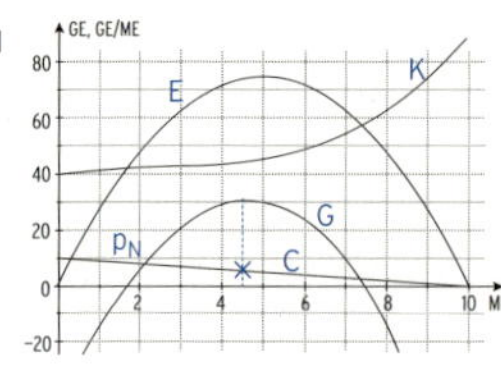

Der Graph der Erlösfunktion geht durch den Ursprung, der Graph der Gesamtkostenfunktion ist wachsend die Nullstellen von G sind die Schnittstellen von E und K.

Der Graph der Preis-Absatz-Funktion $p_N(x) = \frac{E(x)}{x}$ ist eine fallende Gerade.

22 Bestimmen Sie, für welchen Wert von a die Gesamtkostenfunktion K_a mit $K_a(x) = x^3 - ax^2 + 43x + 72$ an der Stelle x = 6 den Wert 510 annimmt.

$K_a(6) = 216 - 36a + 258 + 72 = 510$
$-36a = -36$ für a = 1

23 Gegeben ist die Gesamtkostenfunktion K_a mit $K_a(x) = ax^3 - 1{,}2x^2 + 61x + 5000$.
Bestimmen Sie, für welchen Wert von a die variablen Stückkosten an der Stelle x = 60 den Wert 25 annehmen.
variable Stückkosten $k_{v,a}(x) = ax^2 - 1{,}2x + 61$
$k_{v,a}(60) = 3600\,a - 72 + 61 = 25$ für $a = 0{,}01 = \frac{1}{100}$

24 Die Nachfragesituation kann durch p_N mit $p_N(x) = 12 - ax^3$; $x \in \mathbb{R}$, $x \geq 0$, $a > 0$, beschrieben werden. Geben Sie die Sättigungsmenge in Abhängigkeit vom Parameter a an.
Sättigungsmenge $p_N(x) = 0$ $12 - ax^3 = 0$
Auflösen nach x: $x^3 = \frac{12}{a}$
Wurzel ziehen ergibt die Sättigungsmenge: $x = \sqrt[3]{\frac{12}{a}}$

III Exponentialfunktionen

Schaubilder und Gleichungen

1 Zeichnen Sie das Schaubild der Exponentialfunktion mithilfe einer Wertetabelle .

a) Funktionsterm: $f(x) = 2^x$ Skizze:

$f(-2) = 2^{-2} = \frac{1}{4}$
$f(0{,}5) = 2^{0{,}5} = 1{,}414$
$f(1) = 2^1 = 2$
$f(0) = 2^0 = 1$

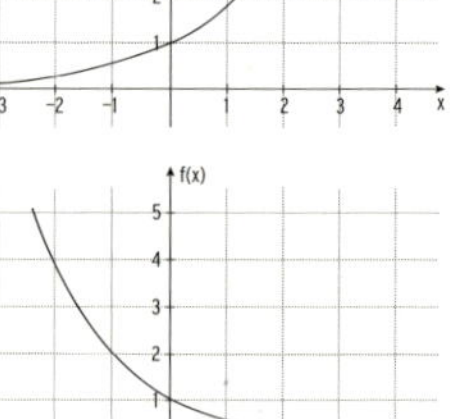

b) Funktionsterm: $f(x) = 0{,}5^x$ Skizze:

$f(-2) = 4$
$f(0{,}5) = 0{,}71$
$f(1) = 0{,}5$
$f(0) = 0{,}5^0 = 1$

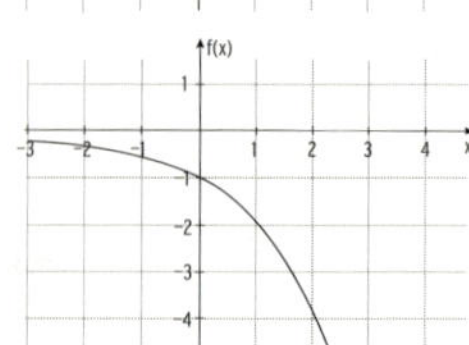

c) Funktionsterm: $f(x) = -2^x$ Skizze:

$f(-2) = -0{,}25$
$f(0{,}5) = -1{,}41$
$f(1) = -2$
$f(0) = -2^0 = -1$

2 Bestimmen Sie zu jedem Schaubild in der Abbildung den zugehörigen Funktionsterm.

a)

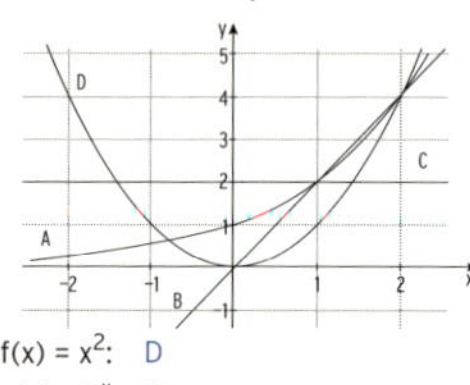

$f(x) = x^2$: D
$g(x) = 2^x$: A
$h(x) = 2x$: B
$j(x) = 2$: C

b)

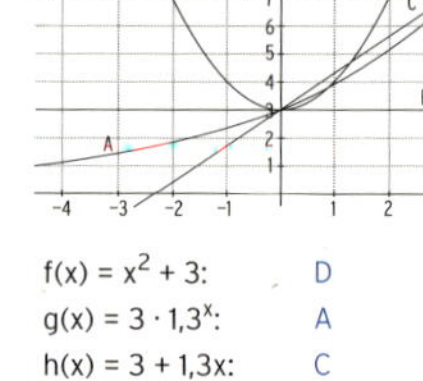

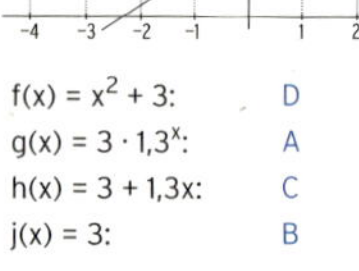

$f(x) = x^2 + 3$: D
$g(x) = 3 \cdot 1{,}3^x$: A
$h(x) = 3 + 1{,}3x$: C
$j(x) = 3$: B

3 Stellen Sie den Vorgang im Koordinatensystem dar. Entscheiden Sie, ob Sie hierbei eine lineare Funktion (Gerade) oder eine Exponentialfunktion verwenden. Beschriften Sie die Achsen.

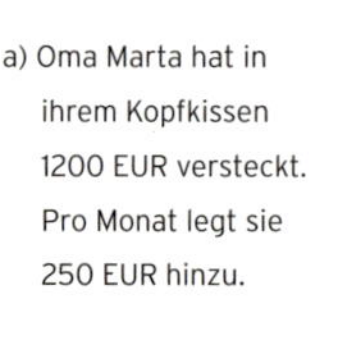

a) Oma Marta hat in ihrem Kopfkissen 1200 EUR versteckt. Pro Monat legt sie 250 EUR hinzu.

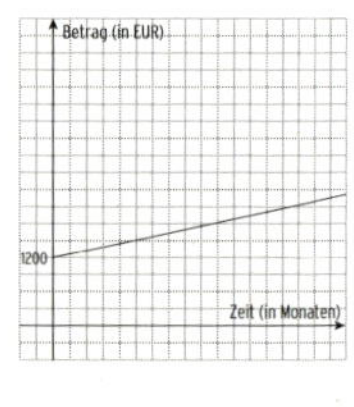

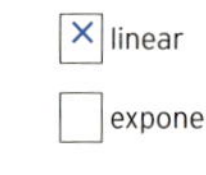

☒ linear
☐ exponentiell

b) Ein Guthaben von 50 € auf einem Sparbuch verzinst sich mit 2 %.

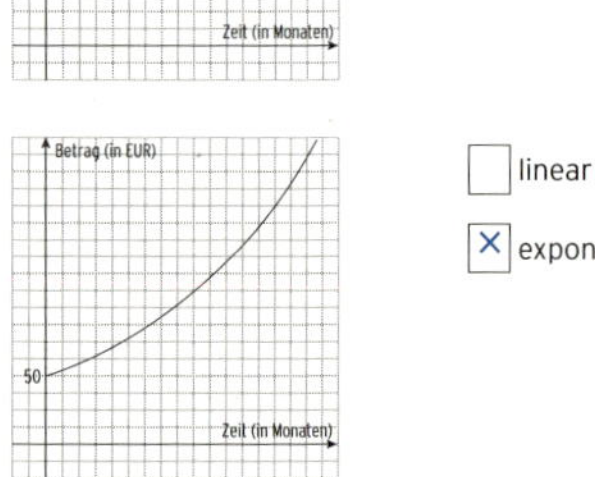

☐ linear
☒ exponentiell

4 Entscheiden Sie, welcher Graph welche Wachstumsform beschreibt. Ordnen Sie zu.

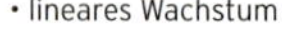

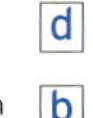
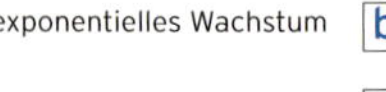

- lineares Wachstum c
- linearer Zerfall d
- exponentielles Wachstum b
- exponentieller Zerfall a

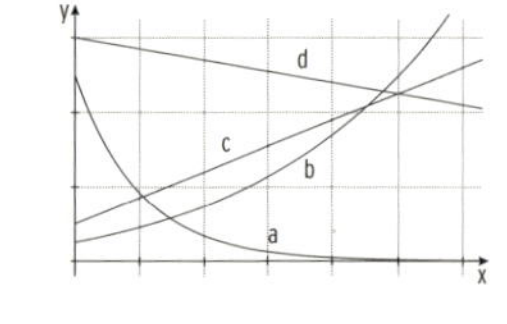

5 Entscheiden Sie, ob lineares oder exponentielles Wachstum vorliegt.

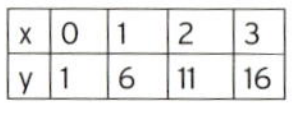

x	0	1	2	3
y	1	6	11	16

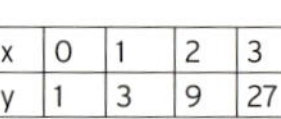

x	0	1	2	3
y	1	3	9	27

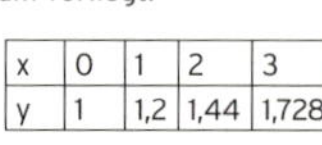

x	0	1	2	3
y	1	1,2	1,44	1,728

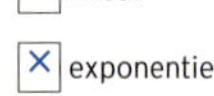

☒ linear ☐ exponentiell
Begründung: x wächst um 1, dann wächst y um 5

☐ linear ☒ exponentiell
Begründung: x wächst um 1, dann wächst y mit Faktor 3

☐ linear ☒ exponentiell
Begründung: x wächst um 1, dann wächst y mit Faktor 1,2

6 Die Abbildung zeigt den Graphen von f mit $f(x) = 2{,}5^x$; $x \in \mathbb{R}$ bzw. g mit $g(x) = 2{,}5^{-x}$; $x \in \mathbb{R}$. Skizzieren Sie den Graphen der Funktion h.

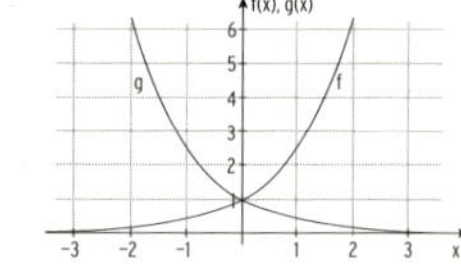

a) $h(x) = 2{,}5^{2x} - 2$ b) $h(x) = 2{,}5^{-x} + 1$ c) $h(x) = 4 - 2{,}5^{0{,}5x}$

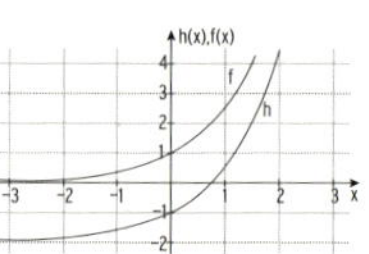

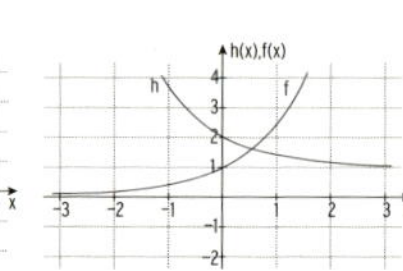

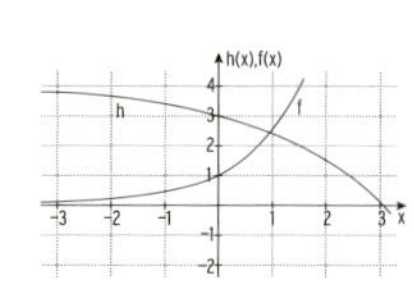

7 Der Graph von f mit $f(x) = 2^x$ wird abgebildet und es entsteht der Graph von g. Zeichnen Sie den Graphen von g ein und geben Sie den Funktionsterm an.

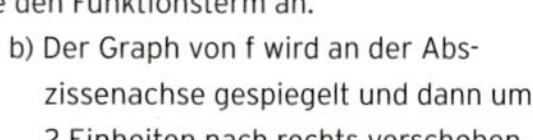

a) Der Graph von f wird in Ordinatenrichtung mit Faktor $\frac{1}{2}$ gestreckt und dann um eine Einheit nach oben verschoben.

b) Der Graph von f wird an der Abszissenachse gespiegelt und dann um 2 Einheiten nach rechts verschoben.

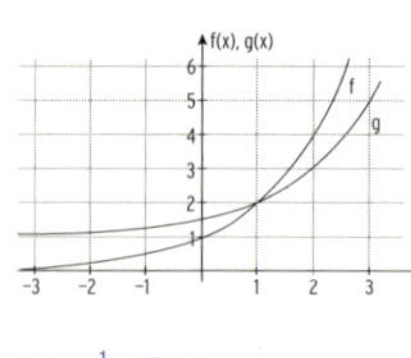

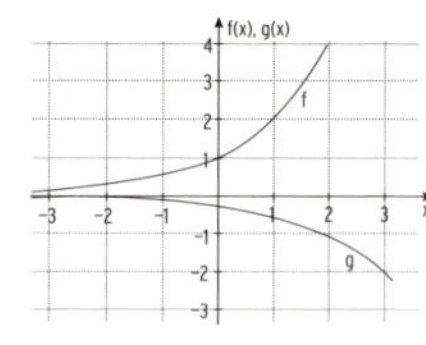

$g(x) = \frac{1}{2} \cdot 2^x + 1$

$g(x) = -2^{x-2}$

8 Lea und Elisa diskutieren darüber, wie man den Graphen von g mit $g(x) = 2^{x+1}$ aus dem Graphen von f mit $f(x) = 2^x$ erhält. Lea behauptet, dass man den Graphen von f um eine Einheit nach links verschieben muss. Elisa entgegnet, dass man den Graphen von f mit dem Faktor 2 in Ordinatenrichtung strecken muss. Entscheiden Sie.

Verschiebung um 1 nach links: Ersetzen von x durch (x + 1), also $g(x) = 2^{x+1}$
Streckung in Ordinatenrichtung mit Faktor 2; $g(x) = 2 \cdot 2^x = 2^1 \cdot 2^x = 2^{x+1}$
Beide haben Recht.

9 Beschreiben Sie in Worten, wie der Graph von g aus dem Graphen von f mit $f(x) = 2^x$ hervorgeht. Achten Sie auf die richtige Reihenfolge!

$g(x) = -2^x + 1$	Spiegelung an der Abszissenachse; Verschiebung um 1 nach oben
$g(x) = 2^{-x} - 2$	Spiegelung a.d. Ordinatenachse; Verschiebung um 2 nach unten
$g(x) = 2 \cdot 2^x + 3$	Streckung in Ordinatenrichtung mit 2; Verschiebung um 3 nach oben
$g(x) = -\frac{1}{2} \cdot 2^x + 4$	Spiegelung an der Abszissenachse; Streckung in Ordinaten-Richtung mit Faktor $\frac{1}{2}$; Verschiebung um 4 nach oben
$g(x) = 3 \cdot 2^{x-1}$	Streckung in Ordinatenrichtung mit 3; Verschiebung um 1 nach rechts

10 Geben Sie die Gleichung der Asymptote, die Annäherungsrichtung und den Schnittpunkt mit der Ordinatenachse an.

Funktionsterm	Asymptote	für $x \to \infty$, für $x \to -\infty$	S_y
$f(x) = -3^x + 1$	$y = 1$	für $x \to -\infty$	$S_y(0 \mid 0)$
$f(x) = -3^{2x} + 3$	$y = 3$	für $x \to -\infty$	$S_y(0 \mid 2)$
$f(x) = 2 + 3^{-0,25x}$	$y = 2$	für $x \to \infty$	$S_y(0 \mid 3)$
$f(x) = -0,8 \cdot 3^{x-1}$	$y = 0$	für $x \to -\infty$	$S_y(0 \mid -0,27)$
$f(x) = x - 2 \cdot 0,6^{-3x}$	$y = x$	für $x \to \infty$	$S_y(0 \mid -2)$
$f(x) = 5 - 2 \cdot 4^{0,45x}$	$y = 5$	für $x \to -\infty$	$S_y(0 \mid 3)$

11 Geben Sie einen möglichen Funktionsterm an.

Asymptote	für $x \to \infty$, für $x \to -\infty$	S_y	Funktionsterm
$y = 0$	für $x \to -\infty$	$S_y(0 \mid 2)$	$f(x) = 2 \cdot 3^x$
$y = 2$	für $x \to \infty$	$S_y(0 \mid 1)$	$f(x) = -2^{-2x} + 2$
$y = -4$	für $x \to -\infty$	$S_y(0 \mid -2)$	$f(x) = 2 \cdot 2^{0,5x} - 4$
$y = -1$	für $x \to \infty$	$S_y(0 \mid 0)$	$f(x) = 2^{-0,25x} - 1$

12 Ein Mitschüler versteht nicht, was mit dem Begriff „Asymptote" gemeint ist. Notieren Sie eine verständliche Erklärung für diesen Begriff.

Der Graph einer Funktion nähert sich einer Geraden (Asymptote) für $x \to \infty$ bzw. für $x \to -\infty$ immer mehr an.

54

13 Skalieren Sie die Koordinatenachsen.

$f(x) = 4 \cdot 3^{2x} - 2$

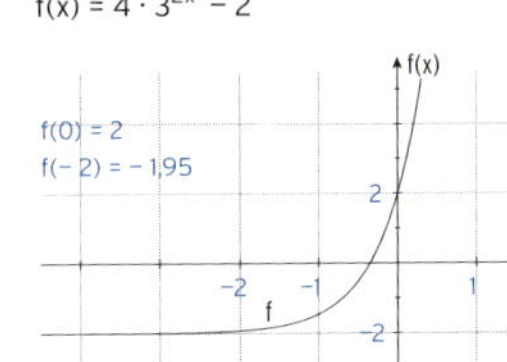

$f(x) = 70 - 15 \cdot 2^{-0,2x}$

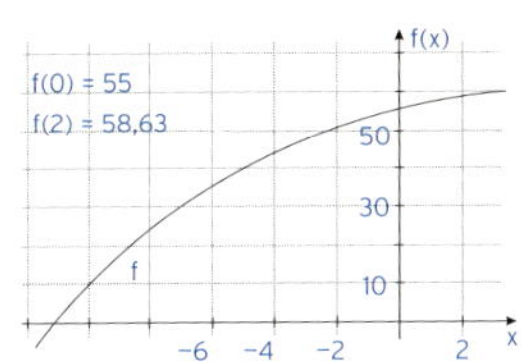

14 Ordnen Sie zu.

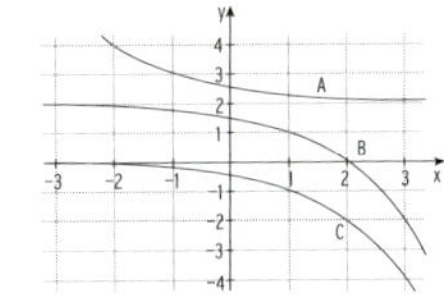

B: $f(x) = -0,5 \cdot 2^x + 2$

A: $g(x) = 0,5 \cdot 2^{-x} + 2$

C: $h(x) = -2^{x-1}$

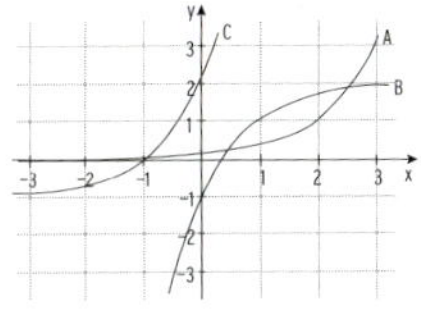

A: $f(x) = 3^{x-2}$

B: $g(x) = -3^{-x} + 2$

C: $h(x) = 3^{x+1} - 1$

15 Geben Sie für jedes der abgebildeten Schaubilder, das nicht zu einer Funktion vom Typ $f(x) = a + b \cdot 2^{-0,5x}$ gehören kann, ein ausschließendes Argument an. Ansonsten bestimmen Sie die zugehörigen Werte für a und b.

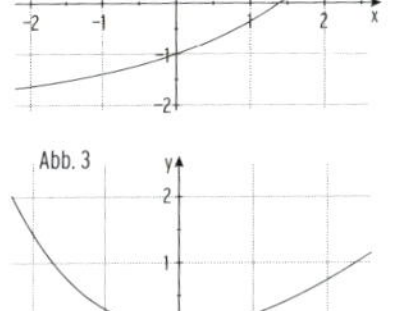

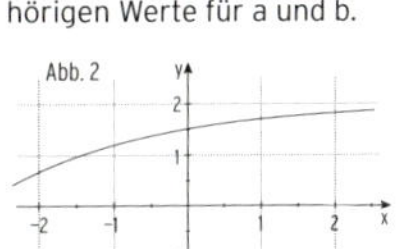

Lösung: Der Graph von f hat eine waagrechte Asympote mit $y = a$ für $x \to \infty$.
Abb. 1 nicht, da Asymptote für $x \to -\infty$ Abb. 3 nicht, da schiefe Asymptote
Abb. 2: Asymptote mit $y = 2$, also $a = 2$; $S_y(0 \mid 1,5)$: $2 + b = 1,5 \Rightarrow b = -0,5$

55

16 Entscheiden Sie, ob die Aussagen wahr oder falsch sind.

Beim exponentiellen Wachstum bzw. Zerfall hat der Graph stets die Abszissenachse als Asymptote	☒ (w) ☐ (f)
Beim exponentiellen Wachstum nimmt die Ordinate zu Beginn am stärksten zu.	☐ (w) ☒ (f)
Bei der degressiven Abschreibung wird die jährliche Abschreibung immer geringer.	☒ (w) ☐ (f)
Eine Pizza wird bei 180 °C aus dem Ofen genommen und kühlt dann auf 20 °C Zimmertemperatur ab. Der Temperaturverlauf kann damit durch einen exponentiellen Zerfallsvorgang beschrieben werden.	☐ (w) ☒ (f)

17 Die nachfolgenden exponentiellen Wachstums- bzw. Zerfallsvorgänge sollen durch einen Funktionsterm beschrieben werden. Geben Sie einen Funktionsterm an.

Vorgang	$f(t) = a \cdot b^t$
Ein Kapital von 1500 EUR wird mit einem Zinssatz von 3 % jährlich verzinst.	$f(t) = 1500 \cdot 1,03^t$ (t in Jahren)
Ein Auto wird für 20000 EUR gekauft. Pro Jahr verliert es 30 % an Wert.	$f(t) = 20000 \cdot 0,7^t$ (t in Jahren)
Zu Beginn sind 4 Rechner mit einem Computervirus infiziert. Die Anzahl der insgesamt infizierten Rechner verzehnfacht sich täglich.	$f(t) = 4 \cdot 10^t$ (t in Tagen)
Von einem radioaktiven Stoff sind zu Beginn 5 g vorhanden. Die Menge halbiert sich jährlich.	$f(t) = 5 \cdot 0,5^t$ (t in Jahren)
Eine Maschine im Wert von 65000 EUR wird jährlich mit 20 % degressiv abgeschrieben.	$f(t) = 65000 \cdot 0,8^t$ (t in Jahren) Restwert f(t)

56

18

a) Bei den nachfolgenden Vorgängen liegt näherungsweise ein exponentieller Wachstums- bzw. Zerfallsprozess vor. Entscheiden Sie.

2011	2012	2013	2014	2015
112,7	132,7	152,7	172,7	192,7

☐ ja ☒ nein

2011	2012	2013	2014	2015
7,80	7,41	7,04	6,69	6,36

☒ ja ☐ nein

b) Beim exponentiellen Wachstum gilt $b > 1$,
beim exponentiellen Zerfall gilt $0 < b < 1$.

19 Eine Anfangsmenge von 5 mg des radioaktiven Stoffes Radon 222 zerfällt exponentiell gemäß der Tabelle (t in Tagen; y in mg).

t	0	1	2	3	4
y	5	4,09	3,34	2,73	2,23

a) Stellen Sie den Vorgang im Koordinatensystem dar.

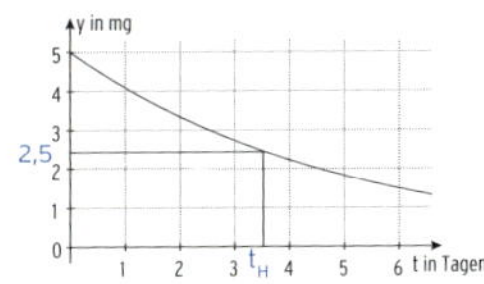

b) Ermitteln Sie den zugehörigen Funktionsterm auf zwei Arten.

1. Regression führt zu $f(t) = 5,002 \cdot 0,8172^t$.

2. Der Anfangsbestand von $a = 5$ und der Wachstumsfaktor $b = \frac{4,09}{5} = 0,818$ führen zu $f(t) = 5 \cdot 0,818^t$.

c) Die Halbwertszeit beträgt $t_H \approx 3,4$ (Tage). Überprüfen Sie dies am Schaubild.

57

IV Trigonometrische Funktionen

1 Vervollständigen Sie die Tabelle mithilfe von GTR/CAS.

α	x	sin(x)	cos(x)
60°	$\frac{1}{3}\pi$	0,866	0,5
20°	$\frac{1}{9}\pi \approx 0{,}35$	0,342	0,940
90°	$\frac{1}{2}\pi \approx 1{,}57$	1	0
120°	$\frac{2}{3}\pi \approx 2{,}09$	0,866	− 0,5

α	x	sin(x)	cos(x)
57,3°	1	0,841	0,540
30°	$\frac{1}{6}\pi$	0,5	0,866
143,3°	2,5	0,598	− 0,801
286,6°	5	− 0,959	0,284

2 Vervollständigen Sie die Tabelle. Skalieren Sie die Abszissenachse.

x	sin(x)	cos(x)
0	0	1
2π	0	1
π	0	− 1
$\frac{1}{2}\pi$	1	0
$-\frac{1}{2}\pi$	− 1	0
$-\frac{3}{2}\pi$	1	0
$\frac{5}{2}\pi$	1	0
7π	0	− 1
12π	0	1

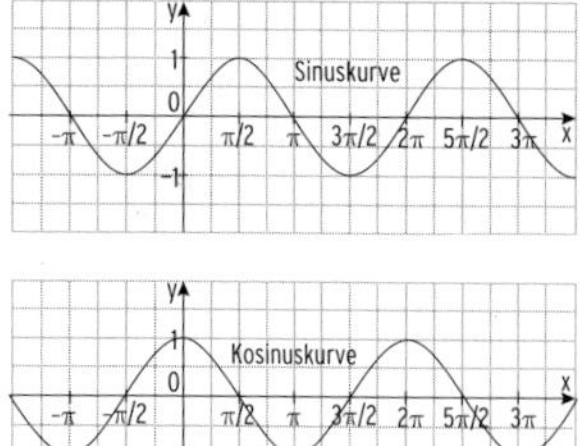

3 Zeichnen Sie den Graphen von f ein.

a) f(x) = 2sin(x) + 1

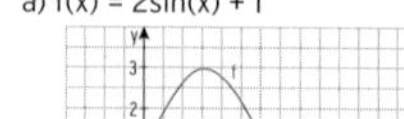
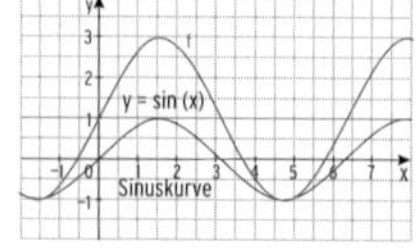

b) f(x) = − 1,5sin(x)

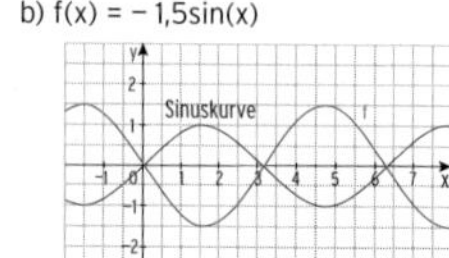

c) f(x) = 0,5cos(x)

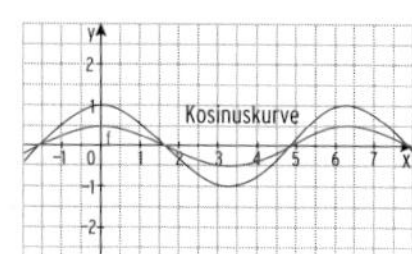

d) f(x) = − cos(x) − 1

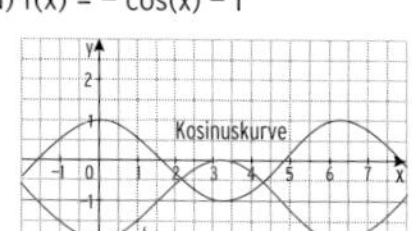

4 Bestimmen Sie einen möglichen Funktionsterm der Form f(x) = asin(x) + c bzw. f(x) = acos(x) + c.

a) f(x) = 2sin(x) − 1

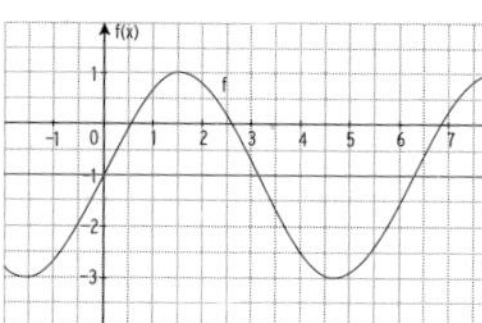

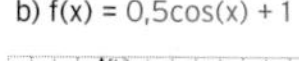
b) f(x) = 0,5cos(x) + 1

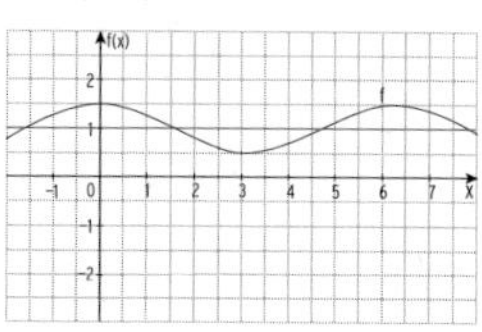

c) f(x) = − sin(x)

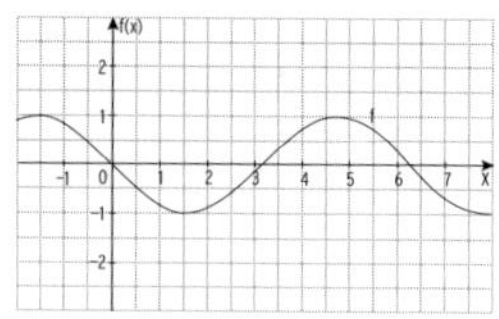

d) f(x) = 2cos(x) − 0,5

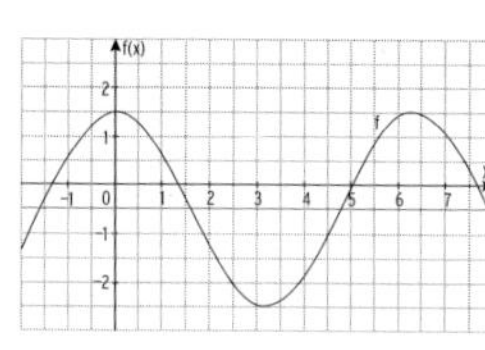

e) f(x) = − 2,5cos(x)

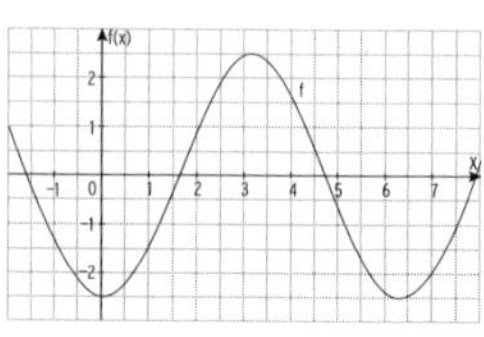

f) f(x) = − 1,5cos(x) + 0,5

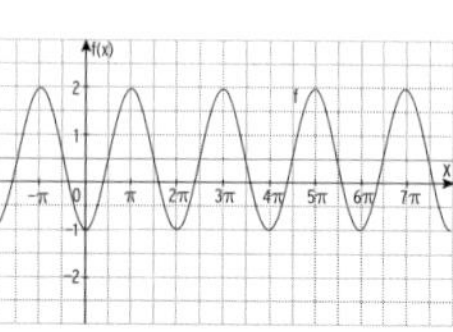

g) f(x) = 0,5sin(x) + 3

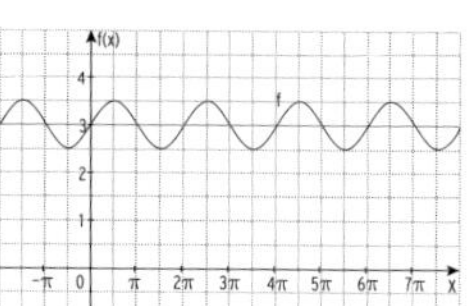

h) f(x) = − 2sin(x) − 1

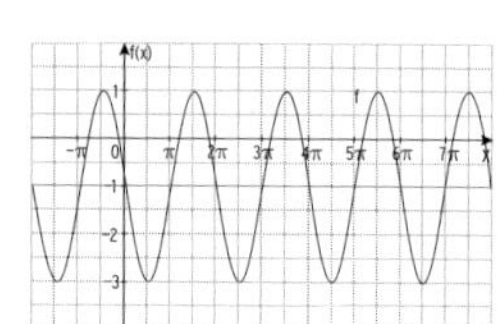

5 Ergänzen Sie die folgenden Sätze.

a) Das Schaubild der Funktion g mit g(x) = 0,5sin(x) − 1 entsteht aus der Sinuskurve durch Streckung mit dem Faktor 0,5 in Ordinatenrichtung und durch Verschiebung um 1 nach unten.

b) Das Schaubild der Funktion g mit g(x) = − cos(x) + 2 entsteht aus der Kosinuskurve durch Spiegelung an der Abszissenachse und durch Verschiebung um 2 nach oben.

c) Das Schaubild der Funktion g mit g(x) = 2cos(x) − 3 entsteht aus der Kosinuskurve durch Streckung mit dem Faktor 2 in Ordinatenrichtung und durch Verschiebung um 3 nach unten.

d) Das Schaubild der Funktion g mit g(x) = − πsin(x) entsteht aus der Sinuskurve durch Spiegelung an der Abszissenachse, anschließend durch eine Streckung mit dem Faktor π in Ordinatenrichtung.

6 Geben Sie die Amplitude a und die Periode p der Funktion f an.

Funktionsterm	a	p	Funktionsterm	a	p
$f(x) = 0{,}25\sin(\pi x)$	a = 0,25	$p = \frac{2\pi}{\pi} = 2$	$f(x) = -5\cos(\frac{\pi}{2}x)$	a = 5	$p = \frac{2\pi}{\frac{\pi}{2}} = 4$
$f(x) = 6\cos(5x)$	a = 6	$p = \frac{2\pi}{5}$	$f(x) = 1{,}6\sin(3x)$	a = 1,6	$p = \frac{2\pi}{3}$
$f(x) = -4\sin(\frac{x}{3})$	a = 4	$p = \frac{2\pi}{\frac{1}{3}} = 6\pi$	$f(x) = -\frac{4}{3}\sin(\frac{x}{2})$	$a = \frac{4}{3}$	$p = \frac{2\pi}{\frac{1}{2}} = 4\pi$
$f(x) = 3\cos(2x)$	a = 3	$p = \frac{2\pi}{2} = \pi$	$f(x) = \cos(x) + 1$	a = 1	$p = 2\pi$

7 Geben Sie den Funktionsterm einer trigonometrischen Funktion mit der Periode p und der Amplitude a an.

a	p	f(x) = a · sin(bx)	a	p	f(x) = a · cos(bx)
a = 2	p = 2	$f(x) = 2\sin(\pi x)$	a = 6	$p = 4\pi$	$f(x) = 6\cos(\frac{x}{2})$
$a = \pi$	p = 1	$f(x) = \pi\sin(2\pi x)$	a = 4	p = 4	$f(x) = 4\cos(\frac{\pi}{2}x)$
a = 0,5	$p = \frac{2}{3}\pi$	$f(x) = 0{,}5\sin(3x)$	$a = \frac{5}{2}$	$p = \frac{3}{4}$	$f(x) = \frac{5}{2}\cos(\frac{8}{3}\pi x)$

8 Bestimmen Sie einen möglichen Funktionsterm.

g(x) = ____________

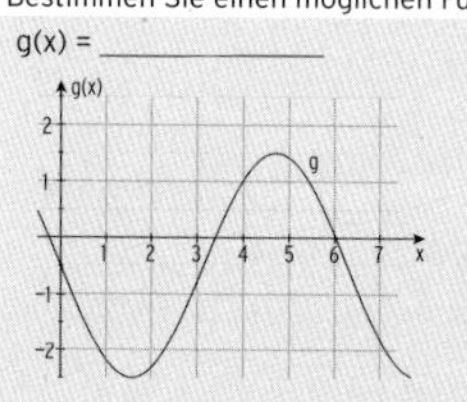

g(x) = asin(bx) + c

Durch Ablesen:

c = − 0,5

|a| = 2

a = − 2

p = 2π;

$b = \frac{2\pi}{p} = 1$

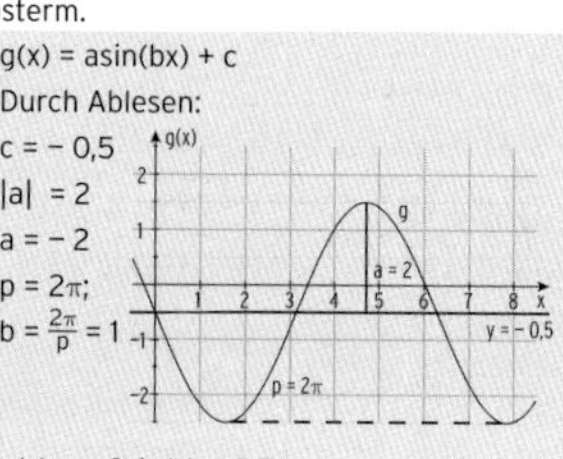

g(x) = − 2sin(x) − 0,5

g(x) = 1,5cos(x) − 1,5

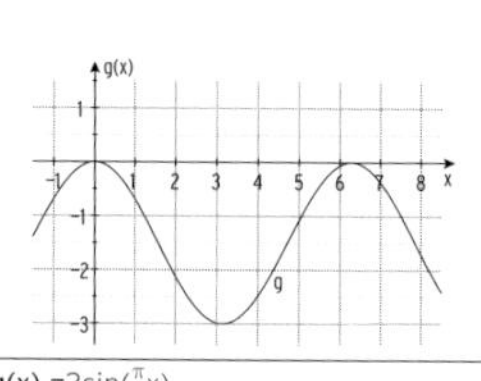

g(x) = − 1,5sin(x)

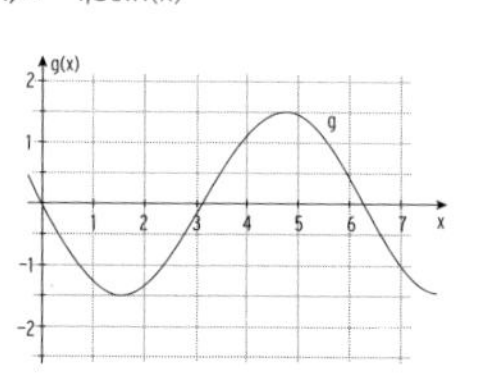

$g(x) = 2\sin(\frac{\pi}{3}x)$

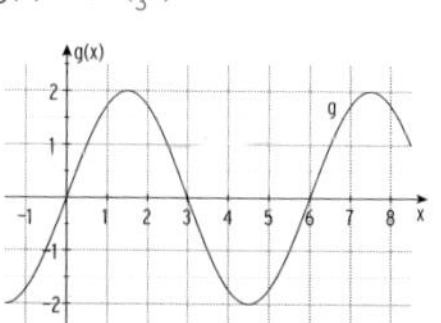

g(x) = − 0,5sin(2x) − 1

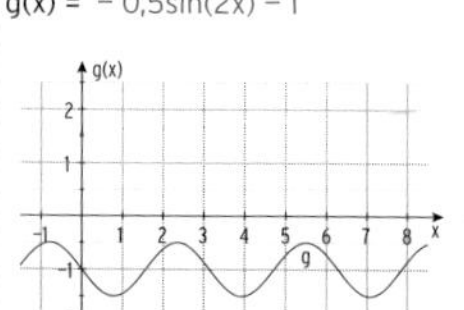

g(x) = − 2cos(πx)

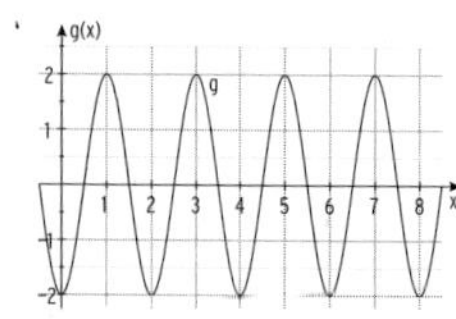

g(x) = − cos(0,5x) − 0,5

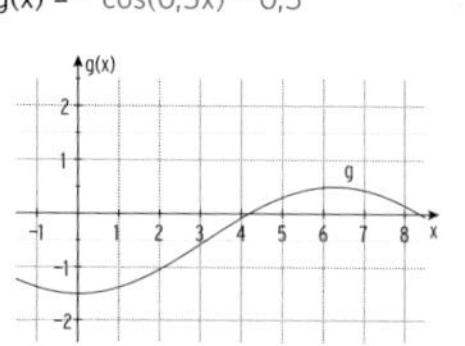

9 Beschriften Sie die Koordinatenachsen.

$f(x) = 4\sin(x) - 2$

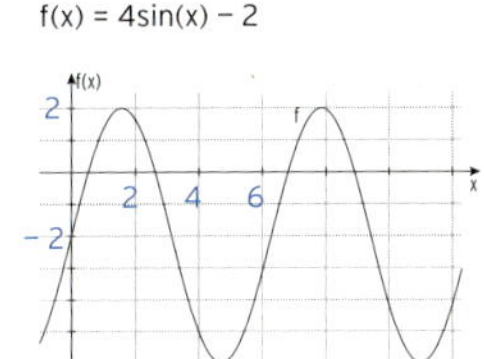

$f(x) = 0{,}5\cos(0{,}5x)$

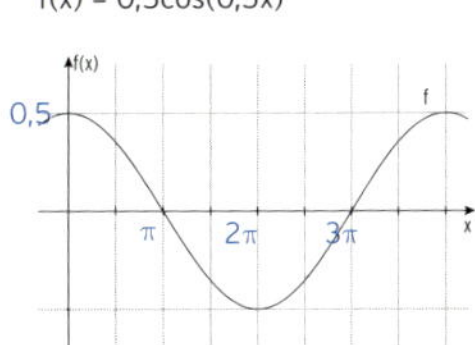

10 Geben Sie den zugehörigen Funktionsterm an. Das Schaubild von f mit $f(x) = \sin(x)$ wird

a) in Ordinatenrichtung mit Faktor 4 gestreckt und um 0,5 nach unten verschoben. $g(x) = 4\sin(x) - 0{,}5$

b) an der Abszissenachse gespiegelt und dann um 1 nach oben verschoben. $g(x) = -\sin(x) + 1$

c) mit Faktor 3 in Ordinatenrichtung gestreckt und dann mit Faktor 5 in Abszissenrichtung gestreckt. $g(x) = 3\sin(0{,}2x)$

d) mit Faktor 2 in Abszissenrichtung gestreckt und dann um 3 nach unten verschoben. $g(x) = \sin(0{,}5x) - 3$

11 Der Graph von g entsteht aus dem Graphen von f mit $f(x) = \sin(x)$.

$g(x) = 2\sin(x) + 1$	Streckung in Ordinatenrichtung mit Faktor 2, Verschiebung nach oben um 1
$g(x) = -3\sin(4x) + 2$	Streckung in Ordinatenrichtung mit Faktor 3; Spiegelung an der Abszissenachse; Streckung in Abszissenrichtung mit $\frac{1}{4}$; Verschiebung nach oben um 2
$g(x) = 0{,}25\sin(\frac{1}{2}x) + 5$	Streckung in Ordinatenrichtung mit Faktor $\frac{1}{4}$; Streckung in Abszissenrichtung mit Faktor 2 Verschiebung nach oben um 5.
$g(x) = 2{,}5\sin(\pi x) - 3$	Streckung in Ordinatenrichtung mit Faktor 2,5; Streckung in Abszissenrichtung mit Faktor $\frac{1}{\pi}$; Verschiebung nach unten um 3

12 Ordnen Sie zu, indem Sie
- den Schnittpunkt mit der Ordinatenachse berechnen.
- die Periode berechnen.

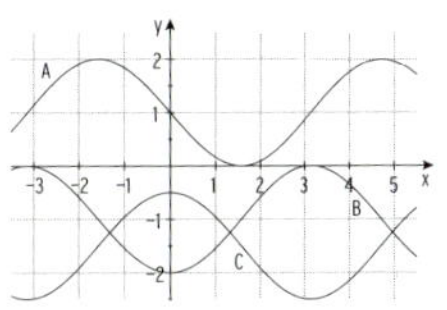

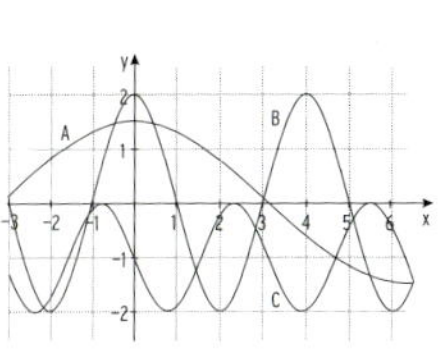

B : $f(x) = -\cos(x) - 1$
C : $g(x) = \cos(x) - 1{,}5$
A : $h(x) = -\sin(x) + 1$

A : $f(x) = 1{,}5\cos(0{,}5x)$
C : $g(x) = -1 - \sin(2x)$
B : $h(x) = 2\cos(\frac{\pi}{2}x)$

13 Sind die Aussagen falsch (f) oder wahr (w)?

a) Durch eine Streckung in Ordinatenrichtung mit Faktor $\frac{3}{2}$ vergrößert sich die Amplitude einer Funktion.	☒ w	☐ f
b) Durch eine Streckung in Abszissenrichtung mit Faktor 2 vergrößert sich die Periodenlänge einer Funktion.	☒ w	☐ f
c) Das Schaubild der Funktion f mit $f(x) = 3\sin(3x)$ geht aus der Sinuskurve durch eine Streckung mit Faktor 3 in Abszissen- und Ordinatenrichtung hervor.	☐ w	☒ f
d) Das Schaubild der Funktion g mit $g(x) = 1 - \sin(x)$ geht aus der Sinuskurve durch Spiegelung an der Abszissenachse und Verschiebung um eine Einheit nach oben hervor.	☒ w	☐ f
e) Die Funktion f mit $f(x) = 2\sin(x) + 1$ hat den Wertebereich [−2; 2].	☐ w	☒ f
f) Die Funktion f mit $f(x) = 3\sin(x) + 4$ hat den Wertebereich [1; 7].	☒ w	☐ f

14 Die Abbildung zeigt den Graphen der Funktion f mit $f(x) = \sin(x)$. Lesen Sie alle Lösungen der Gleichungen im Intervall $[-\pi; 2\pi]$ aus der Zeichnung ab.

a) $\sin(x) = -1 \Rightarrow x = -\frac{\pi}{2};\ x = \frac{3}{2}\pi$

b) $\sin(x) = 0{,}5 \Rightarrow x = 0{,}5;\ x = 2{,}6$

c) $\sin(x) = -0{,}5 \Rightarrow x = -0{,}5;\ x = -2{,}6$
$x = 3{,}7;\ x = 5{,}8$

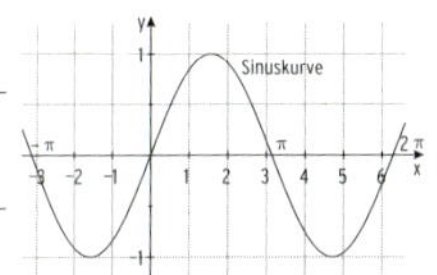

V Einführung in die Differenzialrechnung

1 Differenzialquotient und Ableitung

1 Bestimmen Sie die mittlere Änderungsrate auf [a; b].

$f(x) = (x+1)^2$; [0; 2]	$\frac{f(2) - f(0)}{2 - 0} = \frac{9 - 1}{2} = 4$
$f(x) = 6x - 2x^3$; [1; 3]	$\frac{f(3) - f(1)}{3 - 1} = \frac{-36 - 4}{2} = -20$
$f(x) = x^3 - \frac{1}{2}x$; [−1; 2]	$\frac{f(2) - f(-1)}{2 - (-1)} = \frac{7 - (-\frac{1}{2})}{2 - (-1)} = 2{,}5$
$f(x) = 9$; [−5; 3]	$\frac{f(3) - f(-5)}{3 + 5} = \frac{9 - 9}{8} = 0$

2 Bestimmen Sie die momentane Änderungsrate in x_0.

$f(x) = x^2 + 2;\ x_0 = 2$	$\frac{f(2+h) - f(2)}{h} = \frac{(2+h)^2 + 2 - 6}{h} = \frac{h^2 + 4h}{h} = h + 4$ $h + 4 \to 4$ für $h \to 0$ $m_t = f'(2) = 4$
$f(x) = 6x^2 - 2;\ x_0 = 1$	$\frac{f(1+h) - f(1)}{h} = \frac{6(1+h)^2 - 2 - 4}{h} = \frac{6h^2 + 12h}{h} = 6h + 12$ $6h + 12 \to 12$ für $h \to 0$ $m_t = f'(1) = 12$
$f(x) = x^2 - x;\ x_0 = 0$	$\frac{f(h) - f(0)}{h} = \frac{h^2 - h}{h} = h - 1;$ $h - 1 \to -1$ für $h \to 0$ $m_t = f'(0) = -1$

3 Für eine Funktion f gilt folgende Bedingung. Formulieren Sie Aussagen für den Graphen von f.

$f'(2) = -3$	Der Graph von f hat in x = 2 die Steigung − 3.
$f'(4) = 0$	Der Graph von f hat in x = 4 die Steigung 0, eine waagrechte Tangente.
$f'(x) > 0$;	Der Graph von f ist steigend.
$f(-1) = 0$	P(−1| 0) liegt auf dem Graphen von f.
$f(4) < 0$	Der Kurvenpunkt Q(4| f(4)) liegt unterhalb der Abszissenachse.
$f'(-2) = -1$	Der Graph von f hat in x = − 2 die Steigung − 1.
$f(3) = 4 \wedge f'(3) = 0$ (und)	Der Graph von f hat in P(3| 4) eine waagrechte Tangente.
$f'(x) = 1$	An der Stelle x hat der Graph von f die Steigung 1.

4 Bestimmen Sie die mittlere Änderungsrate von f auf [1; 3] und die momentane Änderungsrate in x = 1 mithilfe der Abbildung.

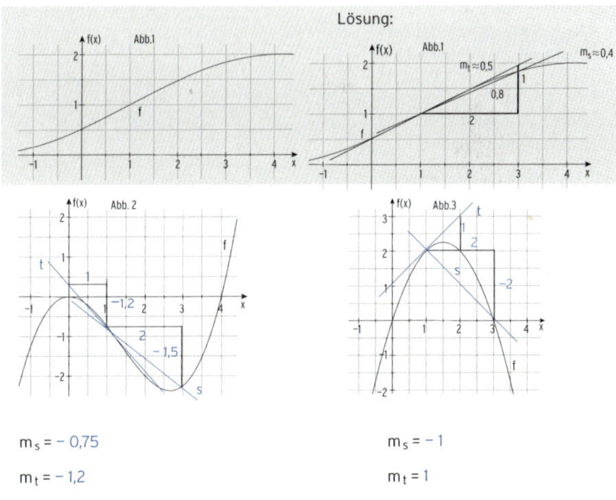

$m_s = -0{,}75$
$m_t = -1{,}2$

$m_s = -1$
$m_t = 1$

5 Die Abbildung zeigt dén Graphen der Ableitungsfunktion einer Funktion f.

a) Nennen Sie die Stellen, an denen der Graph von f eine waagrechte Tangente hat.

b) Bestimmen Sie die Stellen, so dass der Graph von f die Steigung 2 hat.

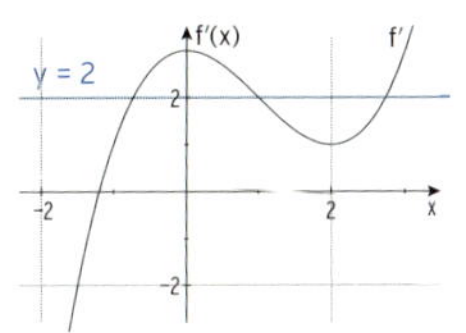

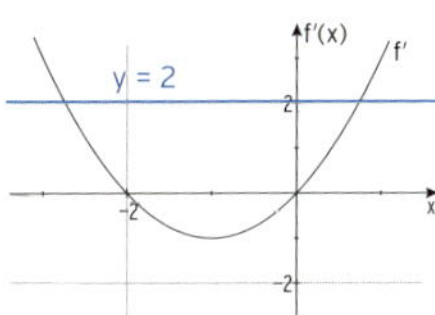

Lösung:
a) $f'(-1{,}2) = 0$; Der Graph von f hat in $x \approx -1{,}2$ eine waagrechte Tangente.
b) Der Graph von f hat die Steigung 2, d.h. $f'(x) = 2$ für $x \approx -0{,}8$; $x \approx 0{,}9$; $x \approx 2{,}7$.

Lösung:
a) $f'(-2) = 0$; $f'(0) = 0$;
Der Graph von f hat in x = − 2 und in x = 0 eine waagrechte Tangente.
b) Der Graph von hat die Steigung 2, d. h. $f'(x) = 2$ für $x \approx -2{,}6$; $x \approx 0{,}7$.

6 Bilden Sie die erste Ableitung.

$f(x) = -\frac{1}{3}x^3 + 3x^2 + \frac{7}{3}x - 1$	$f'(x) = -\frac{1}{3}\cdot 3x^2 + 3\cdot 2x + \frac{7}{3} = -x^2 + 6x + \frac{7}{3}$
$f(x) = -\frac{3}{2}x^2 + 4x - 2$	$f'(x) = -3x + 4$
$K(x) = \frac{1}{4}x^3 - 3x^2 + 30x + 84$	$K'(x) = \frac{3}{4}x^2 - 6x + 30$
$f(x) = \frac{1}{32}x^3 + x^2 + x - 4$	$f'(x) = \frac{3}{32}x^2 + 2x + 1$
$f(x) = -\frac{1}{8}(x^3 - 4x^2 + 3x)$	$f'(x) = -\frac{1}{8}(3x^2 - 8x + 3)$

7 Kreuzen Sie die richtige Ableitung an.

$f(x) = \frac{1}{32}x^3 + \frac{3}{2}x^2 + x$	☐ $f'(x) = \frac{3}{32}x^3 + 3x$	☒ $f'(x) = \frac{3}{32}x^2 + 3x + 1$
$f(x) = (x - 3)\cdot x^2$	☐ $f'(x) = 1\cdot 2x$	☒ $f'(x) = 3x^2 - 6x$
$f(x) = \frac{1}{7}(x^2 + 2x + 1)$	☒ $f'(x) = \frac{1}{7}(2x + 2)$	☐ $f'(x) = \frac{2}{7}x + 4$
$f(x) = \frac{1}{7}x^4 + \frac{3}{7}x^3 + 2$	☐ $f'(x) = \frac{4}{7}x^3 + \frac{9}{7}x^2 + 2$	☒ $f'(x) = \frac{1}{7}(4x^3 + 9x^2)$

8 Bilden Sie die erste und die zweite Ableitung.

$f(x) = -\frac{1}{5}x^3 + \frac{3}{5}x^2 + 2x$	$f'(x) = -\frac{3}{5}x^2 + \frac{6}{5}x + 2$	$f''(x) = -\frac{6}{5}x + \frac{6}{5}$
$f(x) = 3x - x^2 - 1$	$f'(x) = 3 - 2x$	$f''(x) = -2$
$f(x) = \frac{1}{4}x^5 + x^4 + 3x^2$	$f'(x) = \frac{5}{4}x^4 + 4x^3 + 6x$	$f''(x) = 5x^3 + 12x^2 + 6$
$f(x) = \frac{1}{16}(x^3 + x^2 - 8x)$	$f'(x) = \frac{1}{16}(3x^2 + 2x - 8)$	$f''(x) = \frac{1}{16}(6x + 2)$
$f(x) = x^2(x^2 + 1)$	$f'(x) = 4x^3 + 2x$	$f''(x) = 12x^2 + 2$

9 Bestimmen Sie f'(x).

$f(x) = 3\sin(x) - 2\cos(x)$	$f'(x) = 3\cdot\cos(x) + 2\sin(x)$	
$f(x) = 0{,}5\cos(x) - \frac{4}{3}\sin(x)$	$f'(x) = -0{,}5\cdot\sin(x) - \frac{4}{3}\cdot\cos(x)$	
$K(x) = \frac{1}{4}x^6 - 3x^{-2} + 3$	$K'(x) = \frac{3}{2}x^5 + 6x^{-3} = \frac{3}{2}x^5 + \frac{6}{x^3}$	
$f(x) = 0{,}3x^4 + 5x^2 - \frac{4}{x}$	$f'(x) = 1{,}2x^3 + 10x + \frac{4}{x^2}$	$\frac{4}{x} = 4x^{-1}$
$f(x) = x^5 + 3\sqrt{x} - 4\sin(x)$	$f'(x) = 5x^4 + \frac{3}{2\sqrt{x}} - 4\cos(x)$	$3\sqrt{x} = 3\cdot x^{0,5}$
$f(x) = -3x + \frac{4}{3}\sin(x) - 1$	$f'(x) = -3 + \frac{4}{3}\cos(x)$	

66

10 Entscheiden Sie, ob die Aussagen wahr (w) oder falsch (f) sind.

Der Funktionswert von f mit $f(x) = x^2 + 1$ entspricht an jeder Stelle x der Steigung des Graphen der Ableitungsfunktion.	☐ (w) ☒ (f)
f'(x) entspricht an der Stelle x der Steigung des Graphen der Funktion f.	☒ (w) ☐ (f)
Die Ableitungsfunktion einer linearen Funktion ist eine konstante Funktion.	☒ (w) ☐ (f)
Es gibt keine zwei Funktionen, welche beide die gleiche Ableitungsfunktion haben. (z.B.: f(x) = 4x + 8; f(x) = 4x + 5)	☐ (w) ☒ (f)

11 Gegeben ist die Gesamtkostenfunktion K und die Erlösfunktion E. Füllen Sie die Tabelle aus.

Gesamtkostenfunktion K Erlösfunktion E	$K(x) = x^3 - 4x^2 + 19x + 20$ $E(x) = 30x$	$K(x) = 0{,}2x^3 - 2x^2 + 10x + 90$ $E(x) = 20x$
Grenzkostenfunktion	$K'(x) = 3x^2 - 8x + 19$	$K'(x) = 0{,}6x^2 - 4x + 10$
Gewinnfunktion	$G(x) = E(x) - K(x)$ $= -x^3 + 4x^2 + 11x - 20$	$G(x) = E(x) - K(x)$ $= -0{,}2x^3 + 2x^2 + 10x - 90$
Grenzgewinnfunktion	$G'(x) = -3x^2 + 8x + 11$	$G'(x) = -0{,}6x^2 + 4x + 10$
Grenzstückkostenfunktion k'	$k(x) = x^2 - 4x + 19 + \frac{20}{x}$ $k'(x) = 2x - 4 - \frac{20}{x^2}$	$k(x) = 0{,}2x^2 - 2x + 10 + \frac{90}{x}$ $k'(x) = 0{,}4x - 2 - \frac{90}{x^2}$
variable Grenzstückkostenfunktion	$k'_v(x) = 2x - 4$	$k'_v(x) = 0{,}4x - 2$
Mittlere Gesamtkosten auf [0; 6]	$\frac{K(6) - K(0)}{6} = \frac{206 - 20}{6} = 31$	$\frac{K(6) - K(0)}{6} = \frac{121{,}2 - 90}{6} = 5{,}2$
Grenzkosten bei 0 ME	$K'(0) = 19$	$K'(0) = 10$
Grenzkosten bei 2 ME	$K'(2) = 15$	$K'(2) = 4{,}4$
Grenzstückkosten bei 6 ME	$k'(6) = 7{,}44$	$k'(6) = -2{,}1$
Grenzerlös bei 6 ME	$E'(6) = 30$	$E'(6) = 20$
Grenzgewinn bei 1 ME	$G'(1) = 16$	$G'(1) = 13{,}4$
Grenzgewinn bei 7 ME	$G'(7) = -80$	$G'(7) = 8{,}6$

67

12 Gegeben ist die Gesamtkostenfunktion K mit $K(x) = 0{,}1x^3 - 1{,}2x^2 + 61x + 2500$
Bestimmen Sie die Grenzkosten an den Stellen x = 2, x = 4 und x = 6.
Vergleichen Sie.
$K'(x) = 0{,}3x^2 - 2{,}4x + 61$; $K'(2) = 57{,}4$; $K'(4) = 56{,}2$; $K'(6) = 57{,}4$
Die Grenzkosten nehmen ab und danach wieder zu.

13 Das Schaubild zeigt den Graph der Gesamtkostenkurve K der Norddeutschen Nagelfabrik nach einer Umstrukturierung.
Die Kosten werden in GE und die Produktionsmenge in ME angegeben.

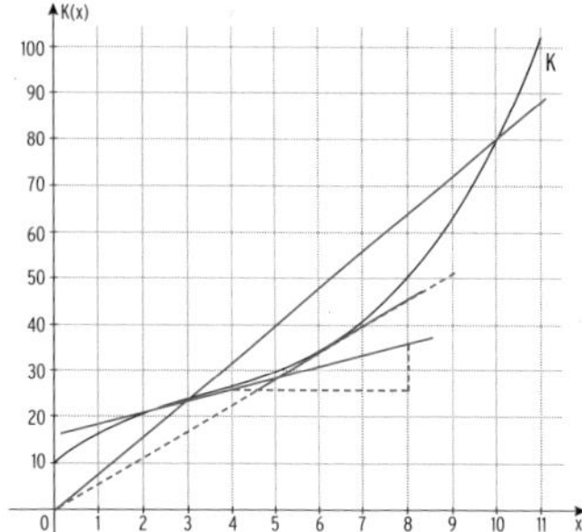

Begründen Sie für jede der Aussagen, ob sie wahr oder falsch sind.

(1) Die Fixkosten des Unternehmens betragen 10 GE.
wahr, $S_y(0 \mid 10)$

(2) Bei jeder Produktionsmenge nehmen die Grenzkosten zu.
falsch, die Grenzkosten nehmen bis ca. 4 ME ab (degressiv)

(3) Bei einer Produktionsmenge von 6 ME liegen die Grenzkosten bei 2 GE pro ME.
falsch, die Grenzkosten liegen etwa bei 5 GE/ME

(4) Wenn die Gewinngrenze 10 ME beträgt, verkauft das Unternehmen sein Produkt zu einem Marktpreis von 8 GE pro ME.
wahr, für 10 ME beträgt der Erös 80 GE.

(5) Die minimalen Grenzkosten betragen weniger als 1 GE/ME.

falsch, die Tangente an die Gesamtkostenkurve bei etwa 4 ME (Wendestelle), hat eine Steigung von etwa $\frac{10}{4} = 2{,}5 > 1$

68

2 *Tangente und Normale*

1 Berechnen Sie die Gleichung der Tangente an das Schaubild von f an der Stelle x = u.

$f(x) = 3x - 2x^2$ $u = -2$	$f(-2) = 3\cdot(-2) - 2\cdot(-2)^2 = -14$ $f'(x) = 3 - 4x$; $f'(-2) = 3 - 4(-2) = 11$; also $m = 11$ Tangentengleichung Ansatz: $y = mx + b$ $y = 11x + b$ Punktprobe mit $B(-2 \mid -14)$: $-14 = 11\cdot(-2) + b$ $b = 8$ Tangentengleichung: $y = 11x + 8$
$f(x) = x - 2x^3$ $u = 1$	$f(1) = 1 - 2 = -1$ $f'(x) = 1 - 6x^2$; $f'(1) = 1 - 6 = -5$; also $m_t = -5$ Tangentengleichung: $y = -5x + b$ Punktprobe mit $B(1 \mid -1)$: $-1 = -5\cdot 1 + b \Rightarrow b = 4$ Tangentengleichung: $y = -5x + 4$
$f(x)=2x^3 - 12x^2 + 24x + 20$ $u = 2$	$f(2) = 16 - 48 + 48 + 20 = 36$ $f'(x) = 6x^2 - 24x + 24$; $f'(2) = 0$; also $m_t = 0$ Tangentengleichung: $y = b$ Mit $B(2 \mid 36)$: $b = 36$ Tangentengleichung: $y = 36$ (waagrechte Tangente)

2 Berechnen Sie die Gleichung der Tangente an den Graphen der Gesamtkostenfunktion K mit
$K(x) = x^3 - 4x^2 + 19x + 18$
an der Stelle x = 3.
Zeichnen Sie die Tangente ein.
Interpretieren Sie.

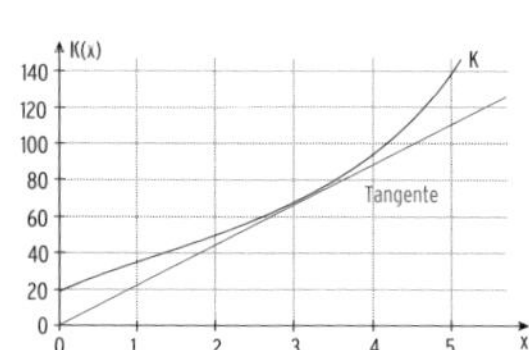

Lösung
$K(3) = 66$
$K'(x) = 3x^2 - 8x + 19$; $K'(3) = 22$; also $m_t = 22$
Tangentengleichung: $y = 22x + b$
Punktprobe mit $B(3 \mid 66)$: $66 = 66 + b \Rightarrow b = 0$
Tangentengleichung: $y = 22x$
Die Tangente an den Graphen von K in x = 3 geht durch den Ursprung. x = 3 ist das Betriebsoptimum.
In x = 3 sind die Stückkosten am geringsten.

69

3 Berechnen Sie die Gleichung der Normalen an das Schaubild von f an der Stelle x = u.

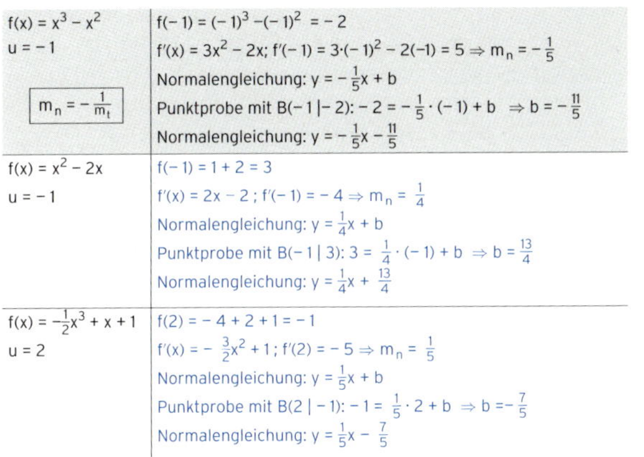

$f(x) = x^3 - x^2$ $u = -1$ $m_n = -\frac{1}{m_t}$	$f(-1) = (-1)^3 - (-1)^2 = -2$ $f'(x) = 3x^2 - 2x$; $f'(-1) = 3\cdot(-1)^2 - 2(-1) = 5 \Rightarrow m_n = -\frac{1}{5}$ Normalengleichung: $y = -\frac{1}{5}x + b$ Punktprobe mit B(−1 | −2): $-2 = -\frac{1}{5}\cdot(-1) + b \Rightarrow b = -\frac{11}{5}$ Normalengleichung: $y = -\frac{1}{5}x - \frac{11}{5}$
$f(x) = x^2 - 2x$ $u = -1$	$f(-1) = 1 + 2 = 3$ $f'(x) = 2x - 2$; $f'(-1) = -4 \Rightarrow m_n = \frac{1}{4}$ Normalengleichung: $y = \frac{1}{4}x + b$ Punktprobe mit B(−1 | 3): $3 = \frac{1}{4}\cdot(-1) + b \Rightarrow b = \frac{13}{4}$ Normalengleichung: $y = \frac{1}{4}x + \frac{13}{4}$
$f(x) = -\frac{1}{2}x^3 + x + 1$ $u = 2$	$f(2) = -4 + 2 + 1 = -1$ $f'(x) = -\frac{3}{2}x^2 + 1$; $f'(2) = -5 \Rightarrow m_n = \frac{1}{5}$ Normalengleichung: $y = \frac{1}{5}x + b$ Punktprobe mit B(2 | −1): $-1 = \frac{1}{5}\cdot 2 + b \Rightarrow b = -\frac{7}{5}$ Normalengleichung: $y = \frac{1}{5}x - \frac{7}{5}$

4 Berechnen Sie die Gleichungen der Tangente und der Normalen an den Graphen von f mit $f(x) = x^2(4 - x)$; $x \in \mathbb{R}$ an der Stelle x = 2.

$f(x) = x^2(4 - x) = 4x^2 - x^3$; $f'(x) = 8x - 3x^2$

$f(2) = 8$; $f'(2) = 4 = m_t$

Ansatz für die Tangente: $y = 4x + b$

Punktprobe mit P(2 | 8): $8 = 8 + b \Rightarrow b = 0$

Tangentengleichung: $y = 4x$

Ansatz für die Normale: $y = -\frac{1}{4}x + b$ — $-\frac{1}{4}$: negativer Kehrwert von 4

Punktprobe mit P(2 | 8): $8 = -\frac{1}{4}\cdot 2 + b \Rightarrow b = 8{,}5$

Normalengleichung: $y = -\frac{1}{4}x + 8{,}5$

5 Die Angebots- und die Nachfragesituation des Unternehmens Waldner sind gegeben durch $p_N(x) = -0{,}4(x^2 + 8x - 35)$ und $p_A(x) = -1{,}15x^2 + 4{,}8x + 1$.
Die Graphen von p_N und p_A schneiden sich im Marktgleichgewicht senkrecht.
Bestätigen oder widerlegen Sie diese Behauptung.

$p_N(x) = p_A(x)$ für x = 2 MG(2 | 6)

$p'_N(x) = -0{,}4(2x + 8) = -0{,}8x - 3{,}2$; $p'_A(x) = -2{,}3x + 4{,}8$

$p'_N(2) = -4{,}8$ $p'_A(2) = 0{,}2$

negativer Kehrwert: $-\frac{1}{-4{,}8} \approx 0{,}208 \neq 0{,}2$

Die Graphen von p_N und p_A schneiden sich im Marktgleichgewicht nicht senkrecht.

3 Grafisches Differenzieren

1 Zeichnen Sie das Schaubild der 1. Ableitungsfunktion.

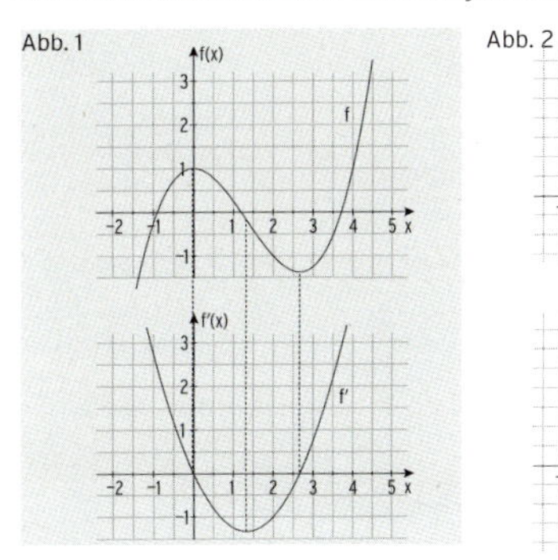

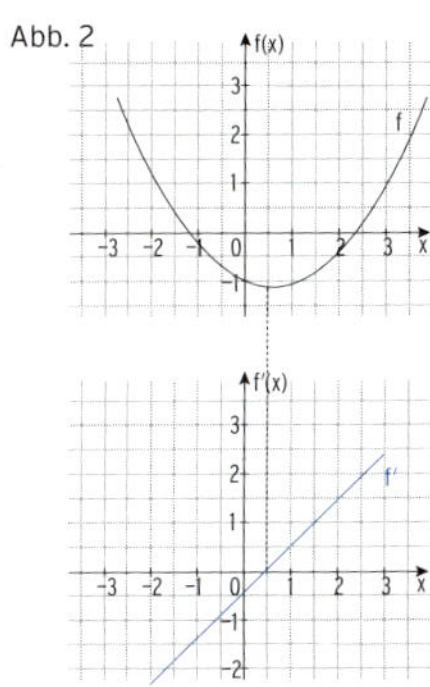

2 Die Abbildungen zeigen die Schaubilder einer Kostenfunktion, einer Erlösfunktion und einer Gewinnfunktion und die Schaubilder der zugehörigen Ableitungsfunktionen. Ordnen Sie zu und begründen Sie.

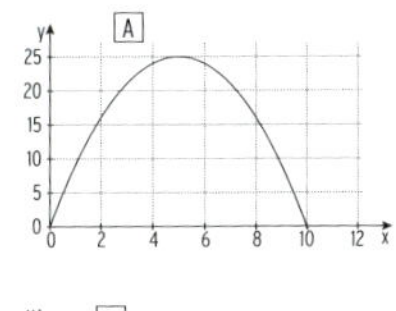

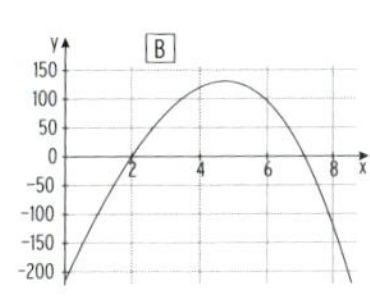

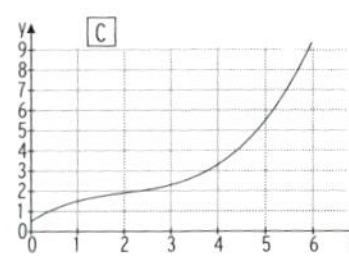

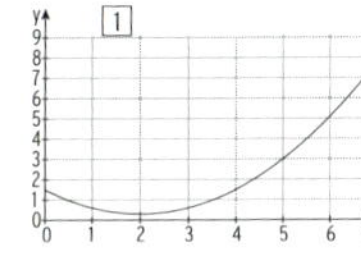

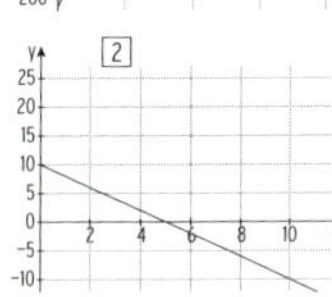

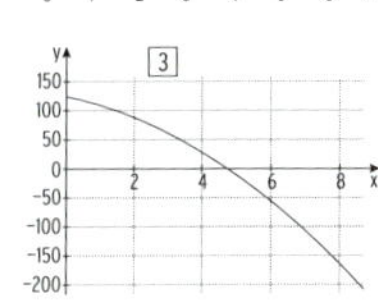

Zuordnung: A → 2; B → 3; C → 1

Begründung: z.B.: In x = 5 hat der Graph in A eine waagrechte Tangente; f'(5) = 0
In x = 0 hat der Graph in B die größte Steigung.
Der Graph in C hat nur positive Steigungen. Der Graph in (1) verläuft oberhalb der x-Achse.

4 Extrem-und Wendepunkte

Monotonie und Extrempunkte

1 Bestimmen Sie die Monotoniebereiche von f mithilfe der Abbildung.

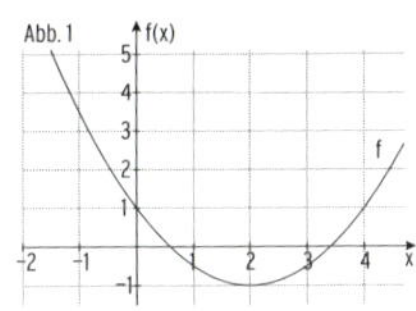

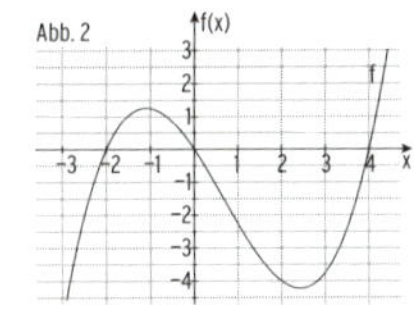

Abb. 1: mon. wachsend für $x \geq 2$
mon. fallend für $x \leq 2$

Abb. 2: mon. wachsend für $x \leq -1{,}2$ oder $x \geq 2{,}5$;
mon. fallend für $-1{,}2 \leq x \leq 2{,}5$

2 Zeigen Sie, f mit $f(x) = x^3 - 6x^2 + 15x + 10$; $x \in \mathbb{R}$, ist monoton wachsend.

Ableitung: $f'(x) = 3x^2 - 12x + 15$

$f'(x) = 0$ $x^2 - 4x + 5 = 0$ hat wegen $D = 2^2 - 5 < 0$ keine Lösung

Wegen $f'(1) = 6 > 0$ ist f monoton wachsend.

3 Gegeben ist die Funktion f. Berechnen Sie die Koordinaten der Hoch- und Tiefpunkte des Graphen von f.

$f(x) = 2x^2 - 2x^3 + 1$; $x \in \mathbb{R}$	$f'(x) = 4x - 6x^2$; $f''(x) = 4 - 12x$	
	Notwendige Bedingung: $f'(x) = 0$	$4x - 6x^2 = 0$
	Ausklammern:	$x(4 - 6x) = 0$
	Satz vom Nullprodukt:	$x = 0 \vee 4 - 6x = 0$
	Stellen mit waagrechter Tangente:	$x = 0 \vee x = \frac{2}{3}$
	Mit $f''(0) = 4 > 0$ und $f(0) = 1$:	T(0 | 1)
	Mit $f''(\frac{2}{3}) = -4 < 0$ und $f(\frac{2}{3}) = \frac{35}{27}$:	$H(\frac{2}{3} \mid \frac{35}{27})$
$f(x) = x^3 - 3x - 1$; $x \in \mathbb{R}$	$f'(x) = 3x^2 - 3$; $f''(x) = 6x$	
	Notwendige Bedingung: $f'(x) = 0$	$3x^2 - 3 = 0$ $x^2 = 1$
	Stellen mit waagrechter Tangente:	$x = -1 \vee x = 1$
	Mit $f''(1) = 6 > 0$ und $f(1) = -3$:	T(1 | −3)
	Mit $f''(-1) = -6 < 0$ und $f(-1) = 1$:	H(−1 | 1)

4 Gegeben ist die Kostenfunktion K und die Erlösfunktion E. Füllen Sie die Tabelle aus.

Kostenfunktion K Erlösfunktion E	$K(x) = x^3 - 4x^2 + 19x + 18$ $E(x) = 30x$	$K(x) = x^3 - 9x^2 + 30x + 41$ $E(x) = -9x^2 + 72x$
Gewinnfunktion	$G(x) = -x^3 + 4x^2 + 11x - 18$	$G(x) = -x^3 + 42x - 41$
Variable Stückkostenfunktion	$k_v(x) = x^2 - 4x + 19$	$k_v(x) = x^2 - 9x + 30$
Stückkostenfunktion	$k(x) = x^2 - 4x + 19 + \frac{18}{x}$	$k(x) = x^2 - 9x + 30 + \frac{41}{x}$
Gewinnmaximum	$G'(x) = -3x^2 + 8x + 11 = 0$ $x_1 = 3{,}67$; $(x_2 = -1 < 0)$ $G''(x) = -6x + 8$ $G''(3{,}67) < 0$ Gewinnmaximum: $G(3{,}67) = 26{,}81$	$G'(x) = -3x^2 + 42 = 0$ $x_1 = \sqrt{14} = 3{,}74$; $(x_2 = -\sqrt{14} < 0)$ $G''(x) = -6x$ $G''(3{,}74) < 0$ Gewinnmaximum: $G(3{,}74) = 63{,}77$
Betriebsminimum; kurzfristige Preisuntergrenze	$k'_v(x) = 2x - 4 = 0$ $x_1 = 2$ $k''_v(x) = 2 > 0$ $x_1 = 2$ Minimalstelle (x_{BM}) $k_v(2) = 15$ kurzfristige Preisuntergrenze	$k'_v(x) = 2x - 9 = 0$ $x_1 = 4{,}5$ $k''_v(x) = 2 > 0$ $x_1 = 4{,}5$ Minimalstelle (x_{BM}) $k_v(4{,}5) = 9{,}75$ kurzfristige Preisuntergrenze
Zeigen Sie: Das Betriebsoptimum liegt bei x_{BO} Langfristige Preisuntergrenze	$x_{BO} = 3$ $k'(x) = 2x - 4 - \frac{18}{x^2}$ $k'(3) = 6 - 4 - 2 = 0$ $k''(x) = 2 + \frac{36}{x^3}$; $k''(3) > 0$ $x_{BO} = 3$ $k(3) = 22$ Langfristige Preisuntergrenze	$x_{BO} \approx 5{,}25$ $k'(x) = 2x - 9 - \frac{41}{x^2}$ $k'(5{,}25) = 10{,}5 - 9 - 1{,}49 = 0{,}01$ $k'(5{,}25) \approx 0$ $k''(x) = 2 + \frac{82}{x^3}$; $k''(5{,}25) > 0$ $x_{BO} = 5{,}25$ $k(5{,}25) = 18{,}12$ Langfristige Preisuntergrenze

Krümmung und Wendepunkte

1 Bestimmen Sie die Krümmungsbereiche des Graphen von f mit Hilfe der Abbildung.

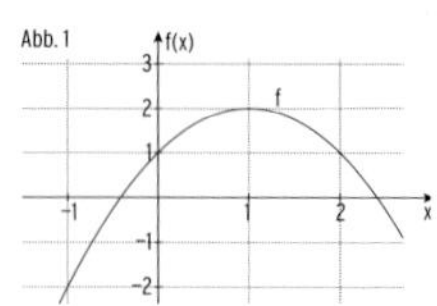

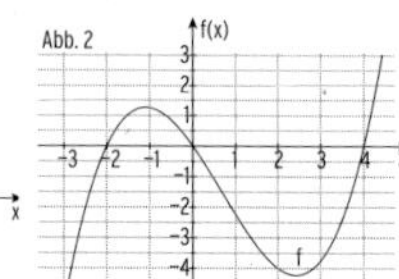

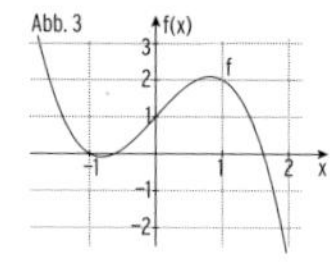

Abb. 1: Der Graph ist eine Rechtskurve.	Abb. 2: Der Graph ist eine Rechtskurve für $x < 1$ eine Linkskurve für $x > 1$	Abb. 3: Der Graph ist eine Rechtskurve für $x > 0$ eine Linkskurve für $x < 0$

2 Gegeben ist die Funktion f mit $f(x) = x^3 - 2x^2 - 3x$; $x \in \mathbb{R}$. Untersuchen Sie das Schaubild von f auf Krümmung.

Ableitungen: $f'(x) = 3x^2 - 4x - 3$; $f''(x) = 6x - 4$; $f'''(x) = 6 \neq 0$

$f''(x) = 0$ für $x = \frac{2}{3}$ einzige einfache Lösung, also mit VZW (Krümmungswechsel)

Wegen $f''(0) = -4$ ist das Schaubild von f für $x < \frac{2}{3}$ rechtsgekrümmt;

für $x > \frac{2}{3}$ linksgekrümmt;

3 Gegeben ist die Kostenfunktion K mit $K(x) = x^3 - 6x^2 + 15x + 10$; $x \geq 0$.

a) Zeigen Sie, das Schaubild von K hat keinen Extrempunkt.

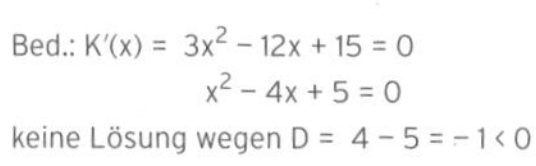

Bed.: $K'(x) = 3x^2 - 12x + 15 = 0$

$x^2 - 4x + 5 = 0$

keine Lösung wegen $D = 4 - 5 = -1 < 0$

K hat keinen Extrempunkt.

b) Auf welchem Bereich wächst K degressiv?

$K''(x) = 6x - 12$; $K'''(x) = 6 \neq 0$

Bed.: $K''(x) < 0$

Wendestelle: $K''(x) = 0$ $\qquad 6x - 12 = 0$; $x = 2$

Mit $K'''(x) \neq 0$ ist $x_1 = 2$ Wendestelle.

Mit $K''(1) < 0$ gilt: $\qquad K''(x) < 0$ für $0 < x < 2$

K wächst degressiv für $0 < x < 2$.

Hinweis: Für $x > 2$ wächst K progressiv.

74

4 Gegeben ist eine Funktion. Berechnen Sie die Koordinaten des Wendepunktes des Schaubildes der gegebenen Funktion.

Funktion	Lösung
$f(x) = x^3 - 2x^2 + 1$; $x \in \mathbb{R}$ 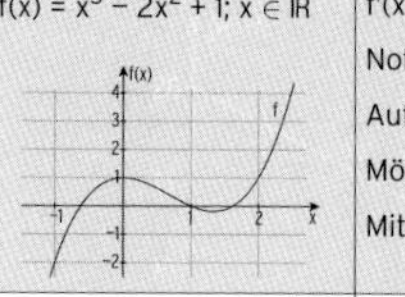	$f'(x) = 3x^2 - 4x$; $f''(x) = 6x - 4$; $f'''(x) = 6$ Notwendige Bedingung: $f''(x) = 0$ $\quad 6x - 4 = 0$ Auflösen nach x: $x = \frac{2}{3}$ Mögliche Wendestelle: $x_1 = \frac{2}{3}$ Mit $f'''(\frac{2}{3}) = 6 \neq 0$ und $f(\frac{2}{3}) = \frac{11}{27}$: $W(\frac{2}{3} \mid \frac{11}{27})$
$f(x) = -x^3 + 2x + 4$; $x \in \mathbb{R}$ 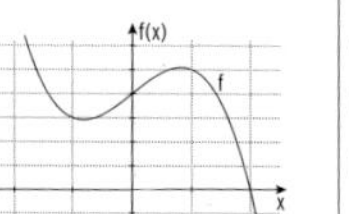	$f'(x) = -3x^2 + 2$; $f''(x) = -6x$; $f'''(x) = -6$ Notwendige Bedingung: $f''(x) = 0$ $\quad -6x = 0$ Auflösen nach x: $x = 0$ Mögliche Wendestelle: $x_1 = 0$ Mit $f'''(0) = -6 \neq 0$ und $f(0) = 4$: $W(0 \mid 4)$
$K(x) = 2x^3 - 12x^2 + 24x + 20$; $x \in \mathbb{R}_+$ 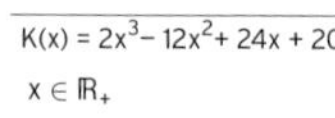 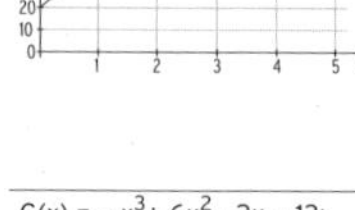	$K'(x) = 6x^2 - 24x + 24$; $K''(x) = 12x - 24$; $K'''(x) = 12$ Notwendige Bedingung: $K''(x) = 0$ $\quad 12x - 24 = 0$ Auflösen nach x: $x = 2$ Mögliche Wendestelle: $x_1 = 2$ Mit $K'''(2) = 12 \neq 0$ und $K(2) = 36$: $W(2 \mid 36)$
$G(x) = -x^3 + 6x^2 - 2x - 12$; $x \in \mathbb{R}_+$ 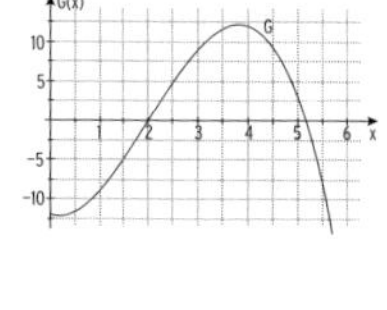	$G'(x) = -3x^2 + 12x - 2$; $G''(x) = -6x + 12$ $G'''(x) = -6 \neq 0$ Notwendige Bedingung: $G''(x) = 0$ $\quad -6x + 12 = 0$ Auflösen nach x: $x = 2$ Mögliche Wendestelle: $x_1 = 2$ Mit $G'''(x) \neq 0$ ist x_1 Wendestelle. $G(2) = 0$: $W(2 \mid 0)$

75

5 Die Abbildung zeigt das Schaubild der 1. Ableitungsfunktion einer Funktion f. Begründen Sie mithilfe der Zeichnung, dass das Schaubild von f einen Hoch-, einen Tief- und einen Wendepunkt mit positiver Steigung besitzt.

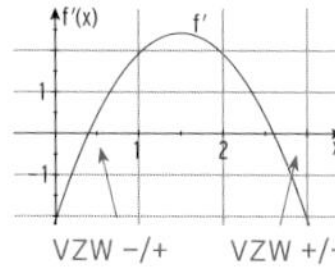

Lösung: Das Schaubild von f' schneidet die Abszissenachse zweimal mit VZW, also hat das Schaubild von f einen Tief- und einen Hochpunkt. Das Schaubild von f' hat einen Hochpunkt oberhalb der Abszissenachse, also hat das Schaubild von f einen Wendepunkt mit positiver Steigung.

6 Vervollständigen Sie folgende Aussagen.

a) Eine ganzrationale Funktion 3. Grades hat höchstens 2 Extremstellen, denn ihre Ableitung ist vom Grad 2.

b) Die Funktion f mit $f(x) = x^3 + 2$; $x \in \mathbb{R}$, ist wachsend, denn ihre Ableitung ist stets positiv.

7 Gegeben ist das Schaubild der Funktion f. Tragen Sie die wichtigen Punkte ein und lesen Sie die Koordinaten ab. Skizzieren Sie das Schaubild der 1. Ableitung. Bestimmen Sie mithilfe der Abbildung die Bereiche, in denen das Schaubild der Funktion f steigend ist bzw. rechtsgekrümmt ist.

Wichtige Punkte:

$H(0,5 \mid 0,3)$;

$T(3,5 \mid -4,3)$; $W(2 \mid -2)$

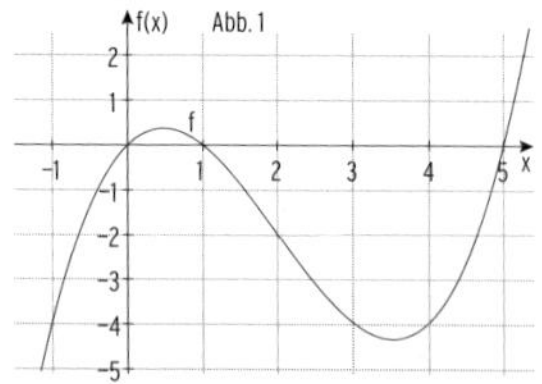

Der Graph von f ist steigend

für $x \leq 0,5 \vee x \geq 3,5$

Der Graph von f ist rechtsgekrümmt

für $x < 2$

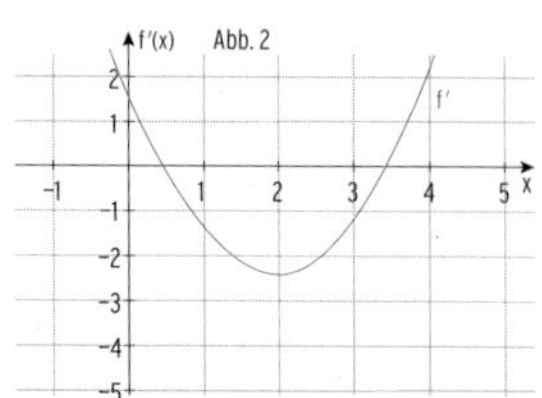

76

8 Die Abbildung zeigt den Graph einer ertragsgesetzlichen Gesamtkostenfunktion, einer Erlösfunktion und der Gewinnfunktion.

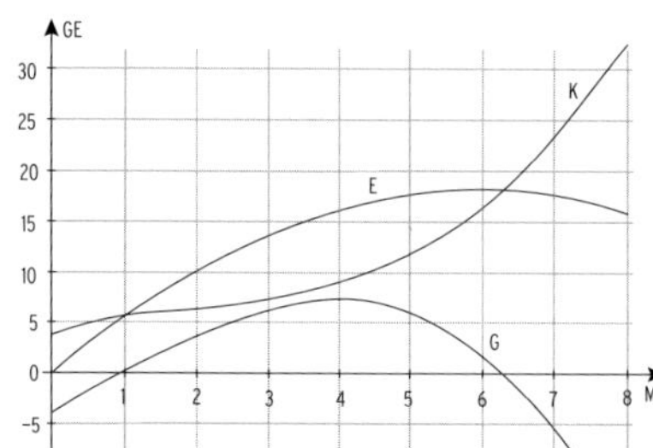

Beschreiben Sie den Verlauf der beiden Graphen, indem Sie den Lückentext mit folgenden Begriffen sinnvoll ergänzen:

degressiv, progressiv, Wendestelle, Wendepunkt, linksgekrümmt, Rechtskrümmung, zu, geringer, geringsten, maximale, Grenzkosten, positiv, K'(x), G'(x), 0,8; 6,4; 7,2

Der Graph der Gesamtkostenfunktion K mit $K(x) = 0,1x^3 - 0,6x^2 + 2x + 4$; $x \in [0; 8]$ ist steigend, da die Grenzkosten auf $D_{ök}$ positiv sind. Bis zu einer Produktionsmenge von 2 ME steigt der Graph degressiv an. Es liegt eine Rechtskrümmung vor, d.h. die Gesamtkosten nehmen zu, aber diese Zunahme pro ME wird geringer. Bei einer Produktion von genau 2 ME steigen die Gesamtkosten am geringsten, die Grenzkosten sind minimal, sie betragen 0,8 GE/ME.

In x = 2 liegt eine Wendestelle vor. Der zugehörige Wendepunkt hat die Ordinate 6,4.

Danach verlaufen die Gesamtkosten progressiv steigend, die Gesamtkostenkurve ist linksgekrümmt, die zweite Ableitung von K ist positiv.

Bei 4 ME wird der maximale Gewinn in Höhe von 7,2 GE erzielt, es gilt hier $E'(x) = K'(x)$ bzw $G'(x) = 0$.

77